Modern Korean

중급

현대 한국어

Modern Korean
An Intermediate Reader

Nam-Kil Kim

University of Hawai'i Press, Honolulu

Printed in the United States of America
05 04 03 02 01 00 5 4 3 2 1

Library of Congress Cataloging-in-Publication Data

Kim, Nam-Kil
Modern Korean : an intermediate reader / Nam-Kil Kim.
p. cm.
Includes index.
English and Korean.
ISBN 0–8248–2222–6 (pbk. : alk. paper)
1. Korean language—Textbooks for foreign speakers—English. I. Title.
PL913.K527 2000
495.7'82421—dc21 99–058188

University of Hawai'i Press books are printed on acid-free paper and meet the guidelines for permanence and durability of the Council on Library Resources.

Camera-ready copy provided by the author

Printed by Maple-Vail Book Manufacturing Group

Contents

Preface

This book, *Modern Korean: An Intermediate Reader*, is intended to give the student of modern Korean sufficient knowledge of a variety of styles and expressions of both written and spoken Korean. The material has been developed for use in an intermediate Korean course at the University of Southern California. It is assumed that students will come to this book with a fairly good knowledge of basic Korean.

My overriding concern while writing this book has not only been to provide students with an aid for acquiring language skills but also to acquaint them well with the cultural background of Korean society. I have tried to include here as many topics as possible that are related to Korean culture.

Students will definitely improve their reading and speaking skills through the study of this text. However, it would be over-optimistic to think that after completing this book they would be able to freely read any material written in the Korean language. Exposing oneself to a wide range of literature is necessary to further develop familiarity with different styles, different usage of vocabulary, various expressions including idioms, and the use of different structural patterns.

The study of a course like *Modern Korean* will be conducted mostly in the classroom; therefore it is the responsibility of each student in the classroom to make an independent effort to improve. *Modern Korean* may be used on a five-hour-per-week class over two academic semesters. There are 24 lessons in the book. The lessons fall into two groups of twelve lessons each, the first group being easier than the second in the progress of learning. Each lesson consists of a main text, a dialogue, the usage of new words, structural patterns, substitution drills, grammar drills, exercises, and a list of vocabulary. The second half of the book (Lessons 13–24) includes a section of Chinese characters in each lesson.

1. **Main Text**. The main text serves as the core of each lesson, and it is written in an expository or a descriptive prose style, sometimes mixed with a conversational style. Each text contains an essay or a story, which incorporates useful words or expressions, and patterns. The student may study the text either visually or orally. In whichever manner he or she does, he or she is meant to read the text fluently with the understanding of its meaning after studying each lesson.

2. **Dialogues**. After each main text, a dialogue is given as a supplement. The content of the dialogue is related to either the content or the topic of the main text. Although the inclusion of the dialogue in the lesson is to improve the student's ability in spoken Korean, it is not required that students memorize and produce it, since the dialogue is considered as supplementary material. It will be enough for the student to

at least recognize and understand the dialogue in each lesson, if there is not enough time to study it in depth in class.

3. **The Usage of New Words**. From the vocabulary list in each lesson, useful words or expressions are selected and each is presented in two sample sentences illustrating its usage. The purpose of this section is to get students acquainted with how a new word or expression is used. The definitions of difficult words are provided within this section to aid students' comprehension. This section can either be studied by students alone for the improvement of Korean or used by the instructor to explain the usage of new words along with structural patterns. As an aid to students' self-study, English translations of the example sentences from lessons 1–12 are given at the end of this textbook.

4. **Structural Patterns**. A brief structural explanation and other explanations about the use of a particular expression are given in this section. This section may be studied either separately or together with the main text in a lesson. In the latter case, the instructor may use the section in order to explain the patterns or useful expressions in the main text. Since examples of pattern sentences for a given structural pattern are given to aid students to master the language rapidly, they should be memorized by students. The first example is provided with a translation for every pattern in this section.

5. **Substitution Drill**. Some patterns chosen from the section of structural patterns are intended for students to practice the usage of those patterns. Students practice substitution drills according to the instructions and examples given.

6. **Grammar Drill**. This section is designed primarily to practice verb conjugation, verb or noun compound formation, and word derivation. Many of the problems in this drill are familiar from the study of beginning Korean. However, they are reintroduced in this section to reinforce a mastery of complex grammatical mechanisms in word and phrase levels.

7. **Exercises**. The section of exercises consists of (1) answering questions, (2) translation of English sentences into Korean by using given patterns, (3) the completion of a dialogue with students' own ideas, (4) aural presentation, (5) the construction of a dialogue and its aural presentation, and (6) a short composition. The first exercise, answering questions, is designed to ensure that students understand the content of the main text and improve their skills in composing sentences. The second exercise, translation, aims to develop students' ability to construct sentences with given patterns. The third exercise is a task to complete a short dialogue consisting of four lines of sentences, of which the fourth line is left blank. The exercise requires students to complete this fourth line with their own ideas. The fourth exercise is designed to improve students' reading comprehension and aural ability. Students will present their own ideas, opinions, or experiences based on what they read. The fifth exercise is a group exercise. Two students in a pair construct a dialogue through consultation based

on the given instruction and present it in the class. The final exercise aims to improve students' writing skills. Students will write a short composition based on the given instructions, questions, or examples.

8. **Chinese Characters**. In the second half of the text, Chinese characters are introduced. The purpose of this section is to introduce Chinese characters to the students, so that they know what Chinese characters look like and how they are pronounced and written. The selection of Chinese characters is not controlled at all. The easy characters, which appear easy to learn, are chosen for illustration. Approximately 150 Chinese characters are introduced in the book. It is up to the instructor to decide whether or not Chinese characters are studied in the class. If the study of Chinese characters is not desired, this section may simply be skipped. When each character is introduced in this section, the Korean pronunciation and the meaning are provided along with the stroke order in writing. In addition, the combination of the newly introduced character with other characters is given in the formation of a word.

9. **Vocabulary**. At the end of each lesson, new words and phrases are listed to help students in studying each section. Vocabulary items appearing in the main text, the dialogue, structural patterns, and exercises are given separately for each section. The lists of some difficult vocabulary items are repeated throughout the lessons for students' easy reference. Although no control was exercised over the vocabulary selection, careful attention was given to the use of easy vocabulary items in the first part of the thirteen lessons. In contrast, more advanced or sophisticated vocabulary items may be found in the second part of *Modern Korean*.

Acknowledgments

The writing of *Modern Korean: An Intermediate Reader* was begun due to the circumstance that there was virtually no intermediate Korean textbook available for college students. During the writing of this book, many people helped me, without whose help this book could not have been completed.

I feel greatly indebted to the following people whose assistance was the most valuable in every aspect of writing this book: Da Mi Lee, Jung Dal Kim, Dong In Cho, Kyung An Kim, Dae Ho Chung, Jong Ha Kim, Hong Keun Park, Sung Woo Choi, Young Hwa Hong, Hye Young Chung, Sun Hee Choi, Hye June Park, Hye Soo Kim, Kyung Sook Cho, and So Young Im.

I also wish to thank So Yoon Noh, Michael Kim, Brad Mattox, En Kyeng Yoo, Woody Mott, and Michelle Kim for editing the English portion of the textbook. Michelle also took upon herself the task of writing the activities for the exercise section of the book.

Special thanks go to Jung Dal Kim and Jong Ha Kim whose computer skill was essential for completing this book. I thank Min Soo Chung who provided illustrations to the book. I also wish to thank two anonymous readers, whose criticism and suggestions greatly improved the final version of this book.

Finally, I would like to render my deepest gratitude to Patricia Crosby, Executive Director of the University of Hawai'i Press, who corresponded abundantly with me and waited with patience during revisions for completion of this book. Without her help and guidance, this book might not have seen the light.

University of Southern California — N. Kim
Los Angeles, California

제 1 과 한국의 풍속

옛날부터 한국은 아름다운 풍속을 많이 가지고 있다. 이 풍속들 중 몇 가지를 알아 보자.

한국 사람은 옛날부터 흰 옷을 입는 풍속이 있었다. 그래서 한국 사람을 가리켜 '흰 옷을 입은 사람들'이라고 불렀다. 옛 한국 사람들은 흰 색깔은 평화를 나타낸다고 생각했다. 그러나 언제나 흰 옷만 입지는 않았다. 명절에 어린이나 여자들은 여러 가지 아름다운 색깔의 한복을 입었다. 요즈음에는 서양 옷을 많이 입게 되어 한국 옷을 입는 풍속이 사라져 가고 있다.

한국 사람의 식사는 밥과 반찬으로 되어 있다. 지금은 주로 쌀밥을 먹지만 옛날에는 쌀에다 다른 곡식을 섞어 먹었다. 한국 음식에서 대표적인 반찬은 김치이다. 김치는 배추나 무우로 만든다. 김치는 맛이 좋고 영양이 많다. 한국 사람들은 옛날부터 음식을 맛있게 만들기 위하여 간장과 된장을 사용했다.

한국에는 옛날부터 내려 오는 명절이 많이 있다. 그 중 대표적인 것이 설날과 추석이다. 설날에는 어른들에게 세배를 드린다. 세배는 설날에 어른들에게 드리는 큰 절이다. 설날에는 온 가족이 모여서 떡국과 여러 가지 맛있는 음식을 먹는다. 또 윷놀이도 한다.

추석은 음력 8월 15일이며, 이 날에는 새로 난 곡식으로 음식을 만들어 먹는다. 특히 추석에는 송편을 만들고, 여러 가지 과일을 먹으며 하루를 보낸다. 또 조상의 산소를 찾아가기도 한다.

대 화 (Dialogues)

(I) 한복과 결혼식

엄마: 영희야, 엄마하고 시장에 같이 갈까?
영희: 네, 엄마. 그런데 뭘 사시려고요?
엄마: 응, 네 언니 결혼식 때 내가 입을 한복을 사려고.
영희: 아니, 엄마. 이 더운 여름에 한복을 입으시려고요?
엄마: 그럼. 결혼식 때 엄마들은 한복을 입어야 해.

(II) 김치 만들기

영수: 수미야, 너 이제 일주일 있으면 미국으로 가겠구나.
수미: 응, 오빠. 그런데 걱정이야. 미국에 가서 김치가 먹고 싶으면 어떻게 하지?
영수: 이젠 미국 슈퍼마켓에도 김치가 있대. 사 먹으면 되잖아.
수미: 슈퍼마켓에서 파는 김치가 맛이 있을까?
영수: 글쎄. 그렇다면 네가 엄마에게 직접 김치를 어떻게 만드는지 배우는 게 좋겠다.
수미: 그거 정말 좋은 생각이야.

(III) 설날과 한복

메리: 영수야, 오늘이 무슨 날이니?
영수: 그건 왜?
메리: 응, 길에서 예쁜 한복을 입고 있는 아이들을 보았어. 그래서 오늘이 무슨 날인지 알고 싶어.
영수: 오늘은 한국의 설날이야.
메리: 설날이 뭐야?

영수: 설날은 음력으로 1월 1일인데, 이 날에는 모두들 한복을 입고 어른들께 세배를 드려.

낱말의 쓰임 (Vocabulary Usage)

1. 풍속: customs

   한국에는 어떤 풍속이 있습니까?
   한 나라의 풍속을 알려면 그 나라에서 사는 것이 제일 좋다.

2. 옛날: old days

   이 이야기는 옛날부터 내려 오는 이야기다.
   옛날 사람들은 먼 곳에 갈 때 걸어 가거나 말을 타고 갔다.

3. 중: among

   이 물건들 중 어느 것을 가지고 싶니?
   오늘 본 여학생들 중 누가 제일 예뻤니?

4. 가지: a kind; variety

   어머니가 시장에서 여러 가지 물건을 사 가지고 오셨어요.
   옷을 사려고 하는데 몇 가지 보여 주십시오.

5. 평화: peace

   평화를 원하지 않는 사람은 없다.
   '평화'라는 말의 뜻을 아십니까?

6. 명절: a festive day; national holiday

   이번 명절에 어디 가시지 않으십니까?
   나는 명절이 많았으면 좋겠다.

7. 서양: the West

   미국 사람들도 서양 사람이다.
   서양에서 들어온 물건은 어떤 것들이 있습니까?

8. 사라지다: to disappear; vanish

옛날 풍속들이 지금은 많이 사라졌다.
기차가 멀리 사라졌다.

9. 주로: mainly; mostly

너는 주로 어떤 책을 읽니?
한국 사람은 주로 밥과 김치를 먹는다.

10. 대표적인: representative; typical; exemplary

수학을 잘 하는 대표적인 학생은 영희이다.
미국의 대표적인 도시는 뉴욕과 로스앤젤레스이다.

11. 영양: nutrition

어떤 음식이 영양이 많은가?
영양이 없는 음식을 먹으면 몸에 좋지 않다.

12. 모이다: to gather (together)

많은 학생들이 운동을 하려고 운동장에 모였다.
동생 친구들이 우리 집에 모여서 놀았다.

13. 특히: in particular; particularly; especially; specially

한국에는 산이 많다. 특히 북쪽에 많다.
나는 한국 음식을 좋아한다. 그 중 특히 불고기를 좋아한다.

14. 하루: a day

오늘 하루를 어떻게 보내시겠습니까?
하루 종일 낮잠만 잤다.

문 형 연 습 (Patterns)

1. ...을/를 ...(이)라고 부르다: to name; call someone (something) so-and-so.

The pattern ...을/를 ...(이)라고 부르다 is used to name something (or someone) so-and-so. The verb 부르다 can be replaced by 하다 without any change of meaning in the pattern.

(1) 한국 사람들을 '흰 옷을 잘 입는 사람들'이라고 불렀다.
They called Koreans 'people who wear white clothes'.
(2) 사람들은 그를 겁쟁이라고 불렀다.
(3) 학생들은 체육 선생님을 호랑이 선생님이라고 불렀다.
(4) 사람들은 얼굴이 비슷한 나와 내 친구를 쌍둥이라고 불렀다.
(5) 우리는 모르는 것이 없는 그를 '걸어 다니는 컴퓨터'라고 불렀다.

2. ...게 되어: because someone (or something) comes to...

The pattern ...게 되어 consists of two constructions, 게 되 and 어. The element 어 is the shortened form of the conjunction 어서, where 서 is optionally deleted. The conjunctive 어(서) in the pattern ...게 되어 expresses a causal relation between the conjunctive clause and the main (or concluding) clause, meaning 'because' or 'since'. The construction 게 되다 denotes a situation which is brought about by certain circumstances, meaning 'someone (or something) comes to ...', or 'someone (or something) is scheduled to ...', where an action verb stem is used with this construction. Thus, the pattern ...게 되어 means 'because someone (or something) comes to ...', 'since (because) someone (or something) is scheduled to ...', or 'because (since) one (something) happens to ...'.

(1) 요즈음은 사람들이 서양 옷을 많이 입게 되어 한국 옷을 잘 입지 않는다.
Because people nowadays (come to) wear European clothes more often, they seldom wear Korean clothes.
(2) 나는 이번 여름에 유럽에 가게 되어 무척 기쁘다.
(3) 영수가 경기에 참가할 수 있게 되어 기쁘다.

(4) 그는 군대를 가게 되어 휴학했다.
(5) 김 선생님은 회의에서 발표를 하게 되어 몹시 바쁘다.

3. ...어 가다: to be ...ing; keep ...ing.

The pattern ...어 가다 indicates that a certain event or state is moving steadily toward the future. The progression expressed by this pattern is very gradual. Usually verbs which do not occur with the progressive form ...고 있다 are used with the pattern ...어 가다 to indicate progressive situations. This pattern roughly corresponds to the English progressive 'to be ...ing' or 'to keep ...ing'.

(1) 사람들이 서양 옷을 많이 입게 되어 한국 옷을 입는 풍속이 사라져 가고 있다.
As people (come to) wear European clothes more often, the custom of wearing Korean clothes is disappearing.
(2) 날이 점점 어두워져 가고 있다.
(3) 강이 더러워져서 새들이 사라져 가고 있다.
(4) 경제 사정이 점점 나빠져 간다.
(5) 숙제를 거의 다 끝내어 가고 있습니다.

4. ...와/과 ... 로 되어 있다: to consist of; be composed of; be made up of

The pattern ...와/과 ...로 되어 있다 indicates that a certain entity consists of something. The pattern denotes several different meanings in English such as 'to consist of', 'to be composed of', 'to be made up of', 'to constitute', 'to form', etc.

(1) 한국 사람의 식사는 밥과 반찬으로 되어 있다.
A Korean meal consists of rice and side dishes.
(2) 한국말은 한글과 한자로 되어 있다.
(3) 한 학년은 봄 학기와 가을 학기로 되어 있다.
(4) 일 년은 봄, 여름, 가을과 겨울로 되어 있다.
(5) 일본은 네 개의 큰 섬과 여러 개의 작은 섬으로 되어 있다.

5. ...기 위하여: in order to...; for the purpose of ...ing

The pattern ...기 위하여 functions as a conjunctive for a clause which indicates purpose. The verb form in the conjunctive clause is the stem form which is attached to the nominalizer 기. Conjunctive clauses in ...기 위하여 mean 'in order to do ...' or 'for the purpose of ...ing'. This pattern ...기 위하여 can be replaced by the pattern ...(으)려고. However, the latter implies a stronger intentional meaning and it is used more in colloquial speech, whereas the pattern ...기 위하여 is used in written and formal styles.

(1) 한국 사람들은 음식을 맛있게 만들기 위하여 간장과 된장을 사용했다.
Koreans used soysauce and soybean paste in order to make the food delicious.
(2) 철수는 돈을 벌기 위하여 여러 가지 힘든 일을 하였다.
(3) 여자들은 예쁘게 보이기 위하여 아름다운 색깔의 옷을 입는다.
(4) 우리는 어른들에게 세배를 드리기 위하여 설날 아침에 일찍 일어났다.
(5) 추석에는 조상의 산소를 찾아가기 위하여 온 가족이 모인다.

6. ...기도 하다: sometimes someone does ...; sometimes something happens

The pattern ...기도 하다 indicates that sometimes a certain event takes place. A sentence containing this pattern implies a contrastive meaning—that a certain event usually does not take place. Thus, a sentence containing the pattern ...기도 하다 denotes that a certain event takes place only sometimes. Only the verb stem occurs with the nominalizer 기. The tense is in the main verb 하다.

(1) 사람들은 추석에 조상의 산소를 찾아가기도 한다.
People sometimes visit their ancestors' graves on Chusok.
(2) 어떤 학생은 수업 시간에 자기도 한다.
(3) 사람들은 기쁠 때 울기도 한다.
(4) 사람들은 달을 보고 고향을 생각하기도 한다.
(5) 어떤 사람들은 주말에 일을 하기도 한다.

Substitution Drill

1. <보기>와 같이 '...을/를 ...(이)라고 부르다'의 표현을 이용하여 문장을 고쳐 쓰세요.

<보기> (사람들) (그 남자) (겁쟁이)
=> 사람들은 그 남자를 겁쟁이라고 불렀다.

(1) (우리) (그 친구) (천재)
(2) (사람들) (그 여자) (천사)
(3) (영희 아버지) (영희) (공주)

2. <보기>와 같이 '...게 되어'를 이용하여 문장을 고쳐 쓰세요.

<보기> 서양 옷을 (입는다). 한국 옷을 입지 않는다.
=> 서양 옷을 입게 되어 한국 옷을 입지 않는다.

(1) 나는 좋은 친구를 (만난다). 기쁘다.
(2) 부모님이 미국에 (오신다). 내가 한국에 가지 않았다.
(3) 영희는 언니와 (산다). 외롭지 않다.

3. <보기>처럼 '...와/과 ...로 되어 있다'를 이용하여 문장을 고쳐 쓰세요.

<보기> 한국 사람의 식사 (밥) (반찬)
=> 한국 사람의 식사는 밥과 반찬으로 되어 있다.

(1) 하루 (낮) (밤)
(2) 지구 (육지) (바다)
(3) 이 모임 (대학생들) (대학원생들)

4. <보기>와 같이 '...기도 하다'의 표현을 이용하여 문장을 고쳐 쓰세요.

<보기> 사람들은 추석에 조상의 산소를 (찾아간다).
=> 사람들은 추석에 조상의 산소를 찾아가기도 한다.

(1) 학생들은 밤을 새워 (공부한다).
(2) 프랑스에서는 개구리를 (먹는다).
(3) 어떤 사람들은 휴일에 (일한다).

Grammar Drill

1. <보기>에서와 같이 복합 동사를 만들고 그 뜻을 말하세요.

<보기> 섞다 + 먹다 => 섞어 먹다; 만들다 + 쓰다 => 만들어 쓰다

(1) 끓이다 + 먹다
(2) 꺼내다 + 쓰다
(3) 집다 + 넣다
(4) 벗다 + 던지다
(5) 뛰다 + 넘다

2. <보기>에서와 같이 '...(어/아)지다' 형용사의 형태를 바꾸고 그 뜻을 말하세요.

<보기> 어둡다 => 어두워지다; 나쁘다 => 나빠지다

(1) 덥다
(2) 춥다
(3) 쉽다
(4) 어렵다
(5) 빠르다
(6) 예쁘다
(7) 바쁘다
(8) 다르다

3. <보기>와 같이 '...게 하다'를 이용하여 형용사의 형태를 바꾸고 그 뜻을 말하세요.

<보기> 맛있다 => 맛있게 하다; 보기 좋다 => 보기 좋게 하다

(1) 재미 있다
(2) 기쁘다
(3) 밝다
(4) 따뜻하다
(5) 예쁘다

4. <보기>와 같이 '...(어/아)가다'를 이용하여 형태를 바꾸고 그 뜻을 말하세요.

<보기> 사라지다 => 사라져가다; 죽다 => 죽어가다

(1) 작아지다
(2) 끝내다
(3) 낫다
(4) 없어지다
(5) 달라지다

연 습 문 제 (Exercises)

1. Answer the following questions.

(1) 한국 사람들의 아름다운 풍속을 말해 보세요.
(2) 옛 한국 사람들은 왜 흰 옷을 잘 입었습니까?
(3) 한국 사람들의 대표적인 반찬은 무엇입니까?
(4) 설날에는 무엇을 합니까?
(5) 추석은 언제입니까?

2. Translate the following sentences using the pattern given in the parentheses.

(1) They called him 'monkey'. (...(이)라고 부르다)
(2) The newspaper labelled him a coward. (...(이)라고 부르다)
(3) I am glad to see you again. (...게 되어)
(4) Chelsoo was sad because he had to leave home. (...게 되어)
(5) The air quality is getting worse in big cities. (...어 가다)
(6) As summer comes near, it gets hotter. (...어 가다)
(7) This cake is made up of flour, eggs, and sugar. (...과/와 ...로 되어 있다)
(8) This book consists of ten chapters. (...과/와 ...로 되어 있다)
(9) Chelsoo studied hard in order to pass the exam. (...기 위하여)
(10) He went to Korea for the purpose of learning Korean. (...기 위하여)
(11) Sometimes I go to see movies on weekends. (...V 기도 하다)
(12) People sometimes call California the Golden State. (...V 기도 하다)

3. Complete each dialogue with your own ideas.

(1) 아침에 무엇을 먹었어요?
밥이랑 반찬을 먹었어요.
점심 때는 무엇을 먹을 거예요?
____

(2) 한국의 명절은 무엇이 있어요?
설날과 추석이 대표적이에요.
미국은 어떤 명절이 있어요?
____

(3) 설날에 무엇을 해요?
떡국을 먹고 윷놀이를 해요.
추수 감사절에는 무엇을 해요?
____

4. Read the following dialogue and tell the class what YOUR favorite food is and why.

철수: 저는 한국 음식을 좋아해요. 그 중에서도 김치 찌개가 제일 맛있어요. 저는 매운 음식이 좋아요.
영희: 저는 매운 음식이 싫어요. 저는 이태리 음식을 좋아해요. 그 중에서도 스파게티가 제일 좋아요. 저는 국수 종류를 좋아해요.

5. Create a dialogue between A and B based on the following situation.

I. Situation

A is a Korean language teacher.
B is a student in his/her Korean class.

II. Role Play

A teaches B the Korean traditional customs: the costume, meals, and traditional holidays. Illustrate and explain in detail.

B asks many questions: why Korean people like to wear white clothes; how to make Kimchi; what Korean people do on the holidays such as 설날 and 추석.

6. What are the differences between Korea and your country? Write about the difference with at least two things for each category given below. (한국과 여러분 나라 사이의 차이점들은 무엇입니까? 아래 주어진 것들에 대해 최소한 두 가지의 차이점들을 적어 보세요.)

(1) 옷

(2) 음식

(3) 명절

낱 말 (Glossary)

[본문]

한국	Korea
옛날	old days; ancient times
풍속	customs
흰	white
...을/를 ...(이)라고 부르다	to name (call) something/someone so-and-so
...중(에서)	among; between
가지	a kind; sort
평화	peace
나타내다	to represent; symbolize; indicate
언제나	always
명절	a holiday; festive day
한복	(traditional) Korean clothes
요즘	these days; nowadays; lately
서양	the West
..게 되어	because someone/something comes to...
사라지다	to disappear; vanish
주로	mostly; mainly
...와/과 ...(으)로 되어 있다	to consist of; be made up of
곡식	grain
섞다	to mix; blend
대표적인	representative; typical
배추	Chinese cabbage
무	radish
영양	nutrition
간장	soy sauce
된장	soybean paste
설날	New Year's Day
추석	the Korean (version of) Thanksgiving Day (celebrated on the 15th day of the eighth lunar month)
세배	formal bow of respect to one's elders on New Year's Day; New Year's greeting
절	a bow
모이다	to gather (together)
떡국	rice cake soup
윷놀이	a game using four wooden sticks
음력	the lunar calendar

새로 난	newly (freshly) harvested; newly born
특히	in particular; particularly; especially; specially
송편	half-moon shaped rice cake steamed on a layer of pine needles
하루	a day
조상	ancestors
산소	a grave
...기도 하다	sometimes someone does...; sometimes something happens

[대화]

결혼식	a wedding (ceremony)
슈퍼마켓	a supermarket
직접	direct(ly); firsthand; personally

[낱말의 쓰임]

물건	a thing; object; article; goods; material; stuff
멀리	far; at a distance
운동장	a playground; schoolyard; athletic park
종일	whole day; all day long
낮잠	a nap

[문형 연습]

겁쟁이	a coward
체육	physical education
쌍둥이	twins
경기	a game; match
참가하다	to participate
군대	an army
휴학하다	to withdraw from school temporarily
회의	a meeting; conference
발표	a presentation
경제 사정	economic conditions
끝내다	to finish
한자	Chinese characters
섬	an island
돈을 벌다	to earn money; make money
힘들다	to be difficult

고향	one's native place
주말	weekends

[Drills]

천재	a genius
천사	an angel
공주	a princess; daughter of a king
외롭다	to be lonely
지구	the earth
육지	the land
모임	a (social) gathering; assembly
대학원생	a graduate student
밤을 새우다	to sit up all night
프랑스	France
개구리	a frog
휴일	a holiday
끓이다	to boil
꺼내다	to take out
집다	to pick up (a thing)
넣다	to put in
던지다	to throw
넘다	to go beyond; exceed; jump
밝다	to be bright

[연습 문제]

추수 감사절	Thanksgiving Day
찌개	a (Korean) stew; pot stew
맵다(매운)	(taste) to be hot; spicy
이태리	Italy
스파게티	spaghetti
국수	noodles
종류	a kind; sort

제 2 과 서울

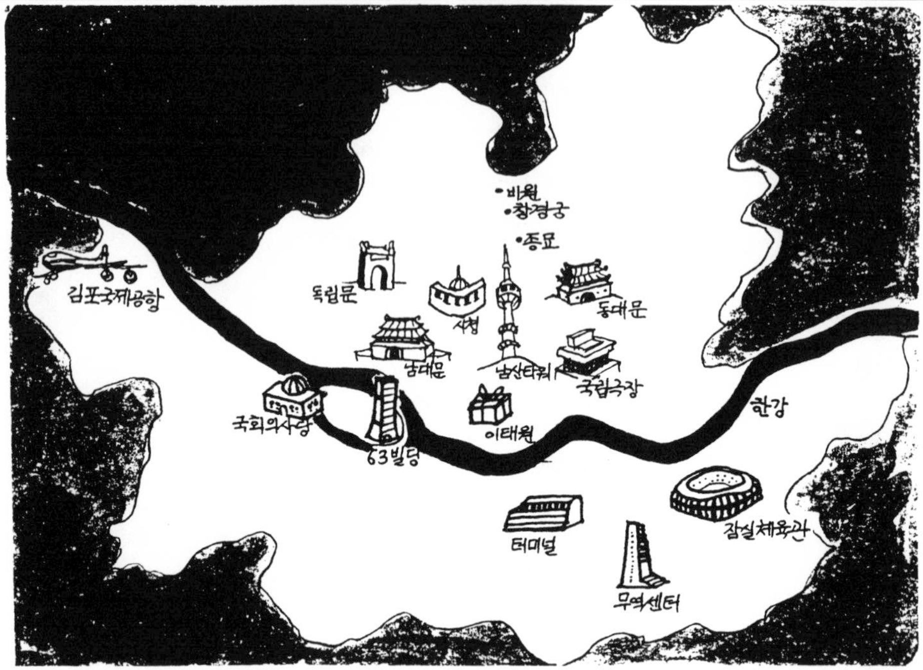

'서울'이라는 말에는 두 가지 뜻이 있다. 첫 번째는 '한 나라의 수도'라는 뜻이다. "이 곳은 서울이기 때문에 관공서가 많다."라고 말할 때는 '수도'의 뜻으로 쓰였다. 두 번째는 도시의 이름을 말한다. "서울은 신라 시대에는 아주 작은 마을이었다."고 말할 때는 '한 지방의 이름'으로 쓰였다.

만일 누가 "한국의 서울은 어디에요?"라고 묻는다면, "한국의 서울은 서울이에요."라는 좀 이상한 대답을 하지 않으면 안된다. 그러나 서울이라는 말이 두 가지 뜻으로 쓰인다는 것을 알면 이상할 것이 없다.

지금으로부터 약 600년 전, 조선 왕조 때 서울이 수도로 정해졌다. 그 전에도 서울은 매우 중요한 곳으로 여겨졌다. 옛날에는 '서울'이라는 이름 대신에 '한양', '한성'이라고 불렀었다. 서울은 조선 시대에는 그렇게 큰 도시가 아니었다. 그러나 지금은 인구가 천만이 넘는 대도시가 되었다.

서울은 약 500년 동안 조선의 수도였기 때문에 궁궐과 같은 사적이 남아 있다. 그 중 가장 큰 궁궐은 경복궁이다. 이 밖에 다른 궁궐로는 창덕궁, 창경궁,

덕수궁이 있다. 창덕궁에는 비원이라는 아름다운 정원이 있으며 창경궁은 벚꽃놀이로 유명하다. 덕수궁은 서울의 한 가운데에 있어서 사람들이 많이 놀러 간다.

서울에는 궁궐 이외에도 다른 사적들이 많다. 이런 사적들 중에 현재 공원이 된 곳도 있다. 옛날에 원각사라는 절이 있던 곳은 현재 탑골공원이 되었다. 지금의 사직공원은 옛날에 나라에서 제사를 지내던 곳이다. 이 밖에 서울의 유명한 사적으로 남대문, 동대문, 종묘, 독립문을 들 수 있다.

대 화 (Dialogues)

(I) 서울의 궁궐

존: 김 선생님, 제가 내일 한국으로 떠납니다.

김선생님: 한국 어디로 가세요?

존: 서울로 갑니다. 약 한 달 동안 있을 예정입니다. 서울에 가서 꼭 가봐야 할 곳은 어디 어디입니까?

김선생님: 여러 곳이 있지만 경복궁, 덕수궁과 같은 궁궐을 꼭 가보세요. 한국의 옛 문화를 한 눈에 볼 수 있을 거예요.

존: 아, 그래요? 그럼 꼭 가보겠습니다.

(II) 경복궁 가는 법

존: 실례합니다. 경복궁으로 가려면 어떻게 가야 됩니까?

영수: 여기서 지하철 삼 호선을 타고 경복궁 역에서 내리시면 됩니다.

존: 경복궁 역에서 나오면 바로 경복궁이 보입니까?

영수: 역에서 나오셔서 북쪽으로 조금 걸어가면 경복궁이 보입니다.

존: 잘 알겠습니다. 정말 고맙습니다.

(III) 서울의 두 가지 뜻

영이: 존, 미국의 서울은 어디니?

존: 뭐? 서울이 어떻게 미국에 있어?

영이: 존, 너 모르고 있었구나. 서울에는 두 가지 뜻이 있어. 하나는 한 나라의 수도라는 뜻이고, 또 하나는 도시 이름이야.

존: 그렇구나. 그렇다면 미국의 서울이라고 할 때는 미국의 수도라는 뜻이구나.

영이: 그래. 이제 알겠니?

존: 응. 미국의 서울은 워싱톤 D.C.야.

낱말의 쓰임 (Vocabulary Usage)

1. 수도: the capital city of a country

   영국의 수도는 런던이다.
   독일의 수도가 어디인지 아니?

2. 도시: a city

   이 도시에는 높은 건물이 많다.
   나는 도시에서 사는 것이 좋다.

3. 시대: a period; era

   오늘날은 과학의 시대라고 불린다.
   그가 살던 시대에는 컴퓨터가 없었다.

4. 지방: a local area; region

   남부 지방에 비가 많이 왔다.
   사장님이 어느 지방에 가셨습니까?

5. 만일: if; in case

   만일 내가 6시까지 안 일어나면 좀 깨워 주세요.
   철수가 만일 그 곳에 간다면 나는 안 가겠다.

6. 정하다: to decide

   선생님은 이 책을 교과서로 정했다.
   철수와 영희는 결혼식을 12월 25일로 정했다.

7. 중심지: the center

서울은 교육의 중심지다.
남한의 한 가운데에 있는 대전은 교통의 중심지가 되었다.

8. 인구: population

현재 세계 인구는 약 50억이다.
이 도시의 인구는 줄어들고 있다.

9. 사적: historical sites

그는 서울에 있는 여러 사적들을 구경했다.
우리는 사적들을 잘 보존해야 한다.

10. 정원: a garden

정원에 아름다운 장미꽃이 피었다.
철수 집에는 큰 정원이 있다.

11. 놀이: play; a game; recreation

나는 어제 부모님과 함께 창경궁으로 벚꽃 놀이를 갔다.
철수는 친구들과 카드놀이를 했다.

12. 제사: a ceremony for ancestral worship

오늘은 돌아가신 할아버지의 제사이다.
어제 밤에 할머니의 제사를 지냈다.

13. 독립: independence

한국은 1945년에 일본으로부터 독립했다.
8월 15일은 한국의 독립기념일이다.

문 형 연 습 (Patterns)

1. ...기 때문에: because...; for the reason that...; due to...

The pattern ...기 때문에 expresses reason or cause. The verb form with the conjunctive 기 때문에 can contain the past tense or the nonpast tense (i.e., no tense marker). The pattern means 'because', 'for the reason that...', or 'due to...'.

(1) 이 곳은 서울이기 때문에 관공서가 많다.
Because this is the capital, there are many government and municipal offices.
(2) 그 물건은 귀하기 때문에 값이 비쌉니다.
(3) 영희는 말이 많기 때문에 믿을 수가 없다.
(4) 그 약을 먹었기 때문에 병이 나았어요.
(5) 국민 모두가 노력하였기 때문에 한국이 발전하였다.

2. ...지 않으면 안 된다: must; should

The pattern ...지 않으면 안 된다 literally means 'if someone does not do... (or something is not...), it is not all right (or okay)'; thus, it expresses the meaning 'must' or 'should'. Only the verb stem occurs with 지.

(1) 좀 이상한 대답을 하지 않으면 안 된다.
One must answer a little bit of a strange answer.
(2) 아무리 한국말이 쉬워도 공부하지 않으면 안 된다.
(3) 모든 사람이 듣게 큰 소리로 말하지 않으면 안 된다.
(4) 학교에서 배운 것은 매일 복습하지 않으면 안 된다.
(5) 철수에게 내일까지 편지를 쓰지 않으면 안 된다.

3. ...(으)로 여겨지다: to be considered to be...; to be regarded as...

The pattern ...(으)로 여겨지다 consists of two elements: the particle (으)로 and the verb 여겨지다. The pattern means 'someone (or something) is considered to be...' or 'someone (or something) is regarded as...'.

(1) 그 전에도 서울은 매우 중요한 곳으로 여겨졌다.
Even in the old days, Seoul was considered a very important place.
(2) 세종대왕은 한국 역사에서 가장 훌륭한 인물로 여겨진다.
(3) 제주도는 한국에서 가장 아름다운 섬으로 여겨진다.
(4) 어리석은 행동 때문에 그는 바보로 여겨졌다.
(5) 한국어는 미국에서 중요한 외국어로 여겨지지 않고 있다.

4. ...었었: to have/had ...en; V-ed

The construction 었었 which consists of two past tense forms indicates that a certain situation took place at least once prior to the present, but it is not now the case. The pattern is usually used with specific time adverbs. When the subject is animate, the sentence containing 었었 denotes that the subject has the experience of doing something. The construction 었었 means 'something happened in the past, but it does not happen any more (or something was...but it is not...any longer)'.

(1) 옛날에는 '서울'이라는 이름 대신에 '한양, 한성'이라고 불렀었다.
In the old days it had been called 'Hanyang, Hangsung' instead of 'Seoul'.
(2) 어제는 날씨가 꽤 추웠었다.
(3) 나는 지난 주에 서울에 갔었다.
(4) 영희는 어렸을 때 엄마를 많이 닮았었다.
(5) 그 여자는 가끔 빨간 모자를 썼었다.

5. V+던: was ...ing; was in the state of...; used to...

The element 던 is the adnominal aspectual form indicating that a certain action or state continues for a period of time in the past. Thus, this element can be called the past imperfective. In many cases, the pattern also indicates the subject's past habitual actions. The equivalent meaning of English is 'was ...ing', 'was in the state of...', or 'used to...'.

(1) 사직공원은 옛날에 나라에서 제사를 지내던 곳이다.
Sajik Park is the place where the state performed the ceremony for the ancestral worship in the past.

(2) 여기가 내가 다니던 학교다.
(3) 책상 위에 있던 책이 없어졌다.
(4) 따뜻하던 날씨가 추워졌다.
(5) 철수는 형이 입던 옷을 입기를 싫어한다.

6. ... 으로 ...을 들다: to cite... as...; name... as...

The pattern ...으로 ...을 들다 is used when someone cites or names something (or someone) as something (or someone). The elements ...으로 and ...을 can be substituted without any change of meaning; thus the pattern can become like ...을 ...으로 들다.

(1) 서울의 유명한 사적으로 남대문, 동대문, 종묘, 독립문을 들 수 있다.
We can cite the South Gate, the East Gate, the Ancestral temple, and the Independence Gate as famous historical sites.
(2) 한국과 가까운 나라로 중국과 일본을 들 수 있다.
(3) 학생들은 공부하기 어려운 과목으로 수학과 외국어를 든다.
(4) 남한에서 유명한 산으로는 설악산, 한라산, 지리산 등을 든다
(5) 비타민 C가 풍부한 과일로 오렌지를 들 수 있다.

Substitution Drill

1. <보기>와 같이 '...기 때문에'의 표현을 이용하여 문장을 고쳐 쓰세요.

<보기> 이곳은 (서울이다). 관공서가 많다.
=> 이곳은 서울이기 때문에 관공서가 많다.

(1) 오늘은 숙제가 (많다). 놀 수가 없다.
(2) 한국에서 손님이 (오신다). 공항에 나가야 한다.
(3) 철수는 (바쁘다). 내가 대신 청소했다.

2. <보기>와 같이 '...지 않으면 안 된다'를 이용하여 문장을 고쳐 쓰세요.

<보기> 좀 이상한 대답을 (해야 한다).
=> 좀 이상한 대답을 하지 않으면 안 된다.

(1) 지금 집에 (가야 한다).
(2) 내일까지 이 숙제를 (해야 한다).
(3) 이 소식을 아버지께 (알려야 한다).

3. <보기>처럼 '...(으)로 여겨지다'를 이용하여 문장을 고쳐 쓰세요.

<보기> 서울은 중요한 (곳이다).
=> 서울은 중요한 곳으로 여겨진다.

(1) 영어는 한국에서 가장 중요한 (외국어이다).
(2) 이 그림은 한국에서 가장 오래된 (그림이다).
(3) 샌프란시스코는 가장 아름다운 도시 중의 (하나이다).

4. <보기>처럼 '...(으)로 ...을/를 들 수 있다'를 이용하여 문장을 고쳐 쓰세요.

<보기> 서울의 유명한 (사적) (독립문).
=> 서울의 유명한 사적으로 독립문을 들 수 있다.

(1) 미국의 (큰 도시) (뉴욕과 로스앤젤레스).
(2) 여름에 많이 먹는 (과일) (수박과 참외).
(3) 한국과 가까운 (나라) (중국과 일본).

Grammar Drill

1. <보기>와 같이 '...게 하다'를 이용하여 동사의 형태를 바꾸고 그 뜻을 말하세요.

<보기> 성을 쌓다 => 성을 쌓게 하다
안과 밖을 통하다 => 안과 밖을 통하게 하다

(1) 공부를 하다
(2) 돈을 벌다
(3) 차를 운전하다
(4) 음식을 준비하다
(5) 크리스마스 트리를 만들다

2. <보기>와 같이 동사를 피동형(passive form)으로 바꾸고 그 뜻을 말하세요.

<보기> 쓰다 => 쓰이다; 닦다 => 닦이다

(1) 놓다
(2) 쌓다
(3) 차다
(4) 파다
(5) 묶다
(6) 깎다
(7) 닦다
(8) 섞다

3. <보기>와 같이 동사의 시제 형태를 바꾸고 그 뜻을 비교하세요.

<보기> 이 곳에 임금들이 (살았다).
=> 이 곳에 임금들이 살았었다.

(1) 철수는 한국에 (갔다).
(2) 나는 영희와 약속을 (했다).
(3) 나는 그 학교에 (다녔다).

(4) 존은 한국어 공부를 (했다).
(5) 나는 그 곳에서 (놀았다).

연 습 문 제 (Exercises)

1. Answer the following questions.

(1) 서울에는 두 가지 뜻이 있는데, 그것은 무엇입니까?
(2) 서울의 옛 이름을 두 개만 말해 보세요.
(3) 창덕궁은 무엇으로 유명합니까?
(4) 사직공원은 옛날에 무엇을 하는 곳이었습니까?
(5) 서울의 유명한 사적을 세 개만 들어보시오.

2. Translate the following into Korean using the given expressions.

(1) He could not work because he was sick. (...기 때문에)
(2) I had a stomachache from drinking spoiled milk. (...기 때문에)
(3) I must finish my homework by this coming Friday. (...지 않으면 안 된다)
(4) You must go now. (...지 않으면 안 된다)
(5) She is regarded as one of the best poets in this country. (...으로 여겨지다)
(6) To meet the King was considered a great honor(영광) at that time. (...으로 여겨지다)
(7) My uncle visited us last year. (...었었다)
(8) I used to know his phone number, but now I have forgotten it. (...었었다)
(9) This is the house where I used to live when I was a child. (...던)
(10) He closed the book he was reading and answered the phone. (...던)
(11) We can cite Sydney as a beautiful port. (... 으로 ...을 들다)
(12) We can cite Lincoln as a famous president. (... 으로 ...을 들다)

3. Complete each dialogue with your own ideas.

(1) 서울에 있는 궁궐 중에서 무엇이 제일 유명해요?
경복궁이 제일 유명해요.
L.A.는 무엇으로 유명해요?
____

(2) 창덕궁에 가면 무엇을 볼 수 있어요?
비원이라는 아름다운 정원을 볼 수 있어요.
뉴욕에 가면 무엇을 볼 수 있어요?
____

(3) 왜 사람들이 덕수궁에 많이 놀러 가요?
서울의 한 가운데 있기 때문이죠.
하와이에 왜 사람들이 많이 놀러 가요?
____

4. 다음 대화를 읽고 압구정동에서 경복궁까지 어떻게 가는지 설명해 보세요.

존: 실례합니다. 경복궁으로 가려면 어떻게 가야 됩니까?
영수: 여기가 압구정동이니까, 여기서 지하철 3호선을 타고 가서 경복궁 역에서 내리시면 됩니다.
존: 경복궁 역에서 나오면 바로 경복궁이 보입니까?
영수: 역에서 나오셔서 북쪽으로 조금 걸어가면 경복궁이 보입니다.
존: 잘 알겠습니다. 고맙습니다.

5. Create a dialogue between A and B based on the following situation.

I. Situation

A and B are students in Korean class.
A has been to Seoul this summer.
B has never been to Korea, but is planning to take a trip to Seoul next year.

II. Role Play

A tells in as much detail as possible what he/she remembers about the trip. Explain that Seoul has been the capital city of Korea since the Chosun dynasty and introduce many old palaces and historical places to go and see.

B asks many questions, requesting more specific information. Ask whether A likes Seoul or not; what kind of historical sites Seoul has, etc.

6. What is the capital city of your country? Write some interesting things about it, such as its location, population, when and/or how it was established, historic scenes, etc. (여러분 나라의 수도는 어디입니까? 그 곳에 대해 재미있는 것들, 예를 들어 그 곳의 위치, 인구수, 언제 그리고/또는 어떻게 수도가 되었는지, 사적지 등등에 대해 적어 보세요.)

낱 말 (Glossary)

[본문]

수도	the capital city of a country
...기 때문에	because
신라	the Shilla dynasty [57 B.C. - A.D. 935]
시대	a period; era
마을	a village
지방	a local area; region
만일	if; in case
이상한	strange
...지 않으면 안 된다	must; should
조선	the Chosun (Yi) Dynasty [1392-1910]
왕조	a dynasty
정하다	to decide (on)
...(으)로 여겨지다	to be considered to be
인구	a population
궁궐	a palace
사적	historical sites
경복궁	the Kyungbok Palace

창덕궁	the Changduk Palace
창경궁	the Changkyung Palace
덕수궁	the Toksu Palace
비원	the Secret Garden (in the Changduk Palace)
정원	a garden
벚꽃 놀이	cherry-blossom viewing
가운데	in the middle of; centered
공원	a park
원각사	the Wongak Temple
절	a temple
사직공원	Sajik Park
제사	a ceremony for ancestral worship
지내다	to perform; hold
유명하다	to be famous
남대문	the South Gate (of Seoul)
동대문	the East Gate (of Seoul)
종묘	the Ancestral Temple of the royal family
독립	an independence
독립문	the Gate of Independence
...으로 ...을/를 들다	to cite... as...; name.... as...

[대 화]

...ㄹ 예정이다	to plan to do
꼭	certainly; without fail
문화	culture
한눈에	at a glance
지하철	a subway
역	a station
바로	right away
정말	really

[낱말의 쓰임]

사장님	a president of a company (honorific expression)
교육	education
50억	five billion
보존하다	to preserve; maintain
장미꽃	a rose
기념일	a day (of remembrance)

[문형 연습]

귀하다	to be precious; be rare
믿다	to believe
발전하다	to be developed
아무리	however; no matter how
복습	review
세종대왕	the King Sejong
인물	a person; figure
제주도	Cheju Island
어리석다	to be foolish; be stupid
행동	a behavior
외국어	a foreign language
꽤	fairly; very
닮다	to resemble; take after
과목	a subject; course
남한	South Korea
설악산	Sulak Mountain
한라산	Halla Mountain
지리산	Cheeree Mountain
풍부하다	to be abundant
오렌지	an orange

[Drills]

공항	an airport
대신	instead
청소하다	to clean
소식	news
오래되다	to be old
수박	a watermelon
참외	Korean melon
이용하다	to use
형태	a form
쓰이다	to be written
닦다	to wash
닦이다	to be washed
놓다	to put
쌓다	to pile
차다	to kick
파다	to dig

묶다	to bind
깎다	to cut
시제 형태	a tense form
비교하다	to compare
약속	a promise

제 3 과 황희 정승

어느 봄날, 젊은 사람이 길을 가고 있었습니다. 이 사람은 말동무가 없어서 심심했습니다. 그 때 마침 소 두 마리로 밭을 갈고 있는 농부가 보였습니다. 한 마리는 누렁 소, 또 한 마리는 검정 소였습니다. 젊은 사람은 장난삼아 큰 소리로 농부에게 물었습니다. "어느 소가 일을 더 잘 해요?" 이 말을 들은 농부는 젊은 사람에게로 다가와서 귓속말을 했습니다. "누렁 소가 더 잘 해요." 어이가 없는 젊은 사람은 "뭐 그까짓 것을 귓속말로 해요?"라고 농부에게 말했습니다. 그러자 농부는 "검정 소가 들으면 서운할까 봐 그래요. 사람도 자기가 남만 못하다고 하면 서운하지 않겠어요?" 농부의 이 말은 젊은이에게 큰 교훈이 되었습니다. 그 후 남의 잘못을 함부로 말하지 않았고 또 언제나 남에게 너그럽게 대했습니다. 이 젊은이가 바로 조선 시대에 유명한 정승이 된 황희였습니다.

황정승은 마음이 곧은 분으로 유명했습니다. 어느 날, 황희 정승이 일을 하는 곳에서 회의를 하다 보니 날이 어두워졌습니다. 저녁 때 음식상이 들어 왔는데 그것은 마치 잔칫상과 같았습니다. "이게 어떻게 된 일입니까?"하고 황희 정승이 물으니, 그 때 높은 자리에 있는 사람이 말했습니다. "황희 정승께서 시장하실 것 같아 제가 이렇게 하도록 시켰습니다." 이 말을 들은 황희 정승은 몹시 화를 내었습니다. "뭐라고요? 이렇게 규칙을 어기면 어떻게 합니까? 당장 임금님께 말씀을 드려서 벌을 받게 하겠습니다!" 그러자 주위에 있던 다른 사람들이 황희 정승을 말렸습니다. 음식을 준비하게 했던 사람도 용서를 빌었습니다. 황희 정승은 이렇게 곧은 마음으로 오랫 동안 백성을 위하여 훌륭한 일을 많이 했습니다.

대 화 (Dialogues)

(I) 농부의 교훈

수미: 인수야, 황희 정승 이야기를 읽어 보았니?
인수: 응. 어제 수업 시간에 읽었어.
수미: 참 재미있지?
인수: 응. 특히 황희 정승이 농부의 말에서 교훈을 얻는 부분이 좋았어.
수미: 그 농부는 정말 생각이 깊은 사람이었던 것 같아.
인수: 그래, 맞아.

(II) 황희 정승 이야기

수미: 개가 두 마리나 있네요?
존: 네. 개를 아주 좋아해요.
수미: 이 둘 중 어느 개가 더 영리해요?
존: 나중에 얘기해 줄께요.
수미: 왜 그러세요?
존: 둘 중에 다른 한 마리가 서운할까 봐 그래요.
수미: 존도 황희 정승 이야기를 읽었군요!

(III) 황희 정승의 교훈

영수: 무슨 책을 읽고 있니?
수미: 황희 정승에 관한 책을 읽고 있어.
영수: 어떤 이야기가 있어?

수미: 규칙을 어기고 음식을 많이 차린 사람에게 화를 내셨대.
영수: 아주 마음이 곧은 분이셨구나.

낱말의 쓰임 (Vocabulary Usage)

1. 말동무: a conversation partner
   긴 여행에는 말동무가 있으면 좋다.
   나는 말동무도 없이 10시간 동안 비행기를 탔다.

2. 갈다: to cultivate
   봄에는 밭을 갈아야 새 곡식을 심을 수 있다.
   전에는 논밭을 가는데 소를 썼다.

3. 장난삼아: playfully
   메리는 심심해서 장난 삼아 친구에게 전화를 했다.
   철수가 영희를 장난 삼아 밀었다.

4. 그까짓 것: a worthless thing
   그까짓 것 잊어버려!
   그까짓 것을 가지고 불평하지 마시오.

5. 서운하다: to be sorry; (feel) displeased/hurt; miss
   그 사람이 전화도 안 하고 가 버려서 서운하다.
   친구가 한국에 가고 나니 서운하다.

6. 남: others
   남의 물건은 더욱 조심해서 쓰자.
   자기 가족뿐 아니라 남에게도 친절해야 한다.

7. 함부로: thoughtlessly
   돈을 함부로 쓰면 금새 없어진다.
   물건을 함부로 쓰면 오래 가지 못한다.

8. 너그럽게: generously

너그럽게 놓아 주십시오!
인수는 마음을 너그럽게 써서 친구가 많다.

9. 대하다: to treat

황희 정승은 사람들을 너그럽게 대했다.
어머니는 아이들을 언제나 사랑으로 대한다.

10. 마음이 곧은: with upright value; straight forward

이 세상에 마음이 곧은 사람이 많다.
그 사람은 마음이 곧은 사람이다.

11. 시장하다: to be hungry

점심을 안 먹어서 너무 시장하다.
시장하면 어서 밥을 먹어라.

12. 당장: immediately

당장 이 일을 해라.
지금 당장 학교에 가라.

13. 주위: the surroundings

주위를 둘러보니 아무도 없었다.
밤이 깊어 주위가 몹시 조용하다.

14. 말리다: to dissuade

그 사람이 일찍 떠나려고 하자 모두들 말렸다.
인수는 싸움을 말리다가 조금 다쳤다.

15.마련하다: to have something ready

음식을 미리 마련한 후 손님을 기다리자.
돈을 따로 마련하여 아버지께 드렸다.

문 형 연 습 (Patterns)

1. ...을까 봐(서): for fear that ...; lest ...; in the case that ...

The pattern ...을까 봐서 is used as a conjunctive to indicate the subject's worry or fear about the event expressed in the conjunctive clause. The pattern consists of the interrogative complementizer (the grammatical element which makes the sentence the complement of the main verb) plus the verb form 봐서. The verb form 봐 is the contracted form of 보아, and the last element 서 in 봐서 can be optionally deleted without any change of meaning. The pattern ...을까 봐서 means 'for fear that ...', 'lest...', or 'in the case that ...'.

(1) 검정 소가 들으면 서운할까 봐 그래요.
I did it for fear that the black cow might feel sorry if he overheard me.
(2) 철수는 비가 올까 봐 우산을 가지고 갔다.
(3) 시험이 어려울까 봐 공부를 열심히 하였다.
(4) 어머니는 아기가 배가 고플까 봐 우유를 먹였다.
(5) 영희가 모임에 안 올까 봐 미리 전화를 했다.

2. ... 만 못하다: to be inferior to ...; be worse than...; not as good as ...

The pattern ...만 못하다 indicates that A is inferior to B in ability or quality when comparing the two entities A and B. The pattern can be paraphrased as ...만큼 좋지 않다 'not as good as'; thus, the sentence A는 B만 못하다 can be said A는 B 만큼 좋지 않다. The pattern ...만 못하다 means 'is worse than ...', 'not as good as ...', or 'is inferior to ...'.

(1) 사람도 자기가 남만 못하다고 하면 서운하지 않겠어요?
If we human beings hear that we are worse than others, don't we feel hurt?
(2) 그 사람은 자기 형만 못하다.
(3) 그 차는 내 차만 못하다.
(4) 그 농부는 마음씨가 부인만 못하다.
(5) 쇠고기는 맛이 돼지고기만 못하다.

3. ...다 보니: while doing something

The pattern ...다 보니 denotes that while someone is engaged in an activity, some unexpected event occurs. The stem of verb forms occurs before the pattern ... 다 보니. The meaning of the pattern ...다 보니 is 'while (someone is) doing something'.

(1) 회의를 하다 보니 날이 어두워졌습니다.
It got dark while they were holding a meeting.
(2) 졸다 보니, 수업이 끝났습니다.
(3) 공부하다 보니, 밤이 깊었습니다.
(4) 이야기를 하다 보니, 시간 가는 줄 몰랐습니다.
(5) 이것저것 사다 보니, 돈이 많이 들었습니다.

4. ...었던: that (someone) had ...been

The construction ...었던 can be considered the adnominal form of the construction ...었었, since both indicate a similar meaning in different environments; the former in the adnominalized sentence (which modifies the noun similar to English relative clauses) and the latter in the finite sentence (or in the sentence-final ending form). Thus, the construction ...었던 denotes a certain situation took place in the past but does not hold any longer. The meaning of the construction ...었던 is 'that (or who) (someone) had V-en ...'.

(1) 음식을 준비하게 했던 사람도 용서를 빌었습니다.
The person who had ordered the food also begged his pardon.
(2) 지난 해 남쪽으로 갔던 제비가 돌아왔다.
(3) 나는 지난 여름 어렸을 때 살았던 집에 가 보았다.
(4) 그것은 내가 어제까지도 몰랐던 일이다.
(5) 우리가 노력을 안 했던 것은 사실이다.

Substitution Drill

1. <보기>와 같이 '...을까 봐(서)'를 이용하여 문장을 완성하세요.

<보기> 검정 소가 들으면 (서운하다). 그러지요.
=> 검정 소가 들으면 서운할까 봐 그러지요.

(1) 음식이 (상한다). 냉장고에 넣었다.
(2) 약속에 (늦다). 택시를 탔다.
(3) 감기에 (걸리다). 옷을 많이 입었다.

2. <보기>처럼 '...다 보니'의 표현을 이용하여 문장을 고쳐 쓰세요.

<보기> 회의를 (했다). 날이 저물었다.
=> 회의를 하다 보니 날이 저물었다.

(1) TV를 (보았다). 새벽 1시가 지났다.
(2) 친구집에서 (놀았다). 날이 어두워졌다.
(3) 운전을 (했다). 길을 많이 알게 되었다.

Grammar Drill

1. <보기>와 같이 '...(으)려 하다'를 이용하여 동사의 형태를 바꾸고 그 뜻을 말하세요.

<보기> 부르다 => 부르려 하다; 가다 => 가려 하다

(1) 자다
(2) 먹다
(3) 공부하다

(4) 찾다
(5) 돕다

2. <보기>와 같이 동사구의 형태를 바꾸고 비교해 보세요.

<보기> (들을 구경)했습니다
=> 들 구경을 했습니다

(1) (한국어를 공부)하다
(2) (제2과를 복습)하다
(3) (철수를 칭찬)하다
(4) (한국말을 연습)하다
(5) (한국 역사를 연구)하다

연 습 문 제 (Exercises)

1. Answer the following questions.

(1) 농부는 왜 귀에다 대고 말했습니까?
(2) 선비는 농부에게서 무엇을 배웠습니까?
(3) 황희 정승은 왜 음식 만드는 사람을 부르려 하였습니까?
(4) 이 글은 황희 정승의 어떤 점이 잘 나타나 있습니까?
(5) 높은 벼슬 자리에 있는 사람은 어떤 규칙을 어겼습니까?

2. Translate the following sentences.

(1) John ran to the classroom in order not to be late for class. (...을까 봐)
(2) Mary studied hard in order not to get a bad grade. (...을까 봐)
(3) This yellow ox is not as good as that black one. (...만 못하다)
(4) This new book is not as good as that one. (...만 못하다)
(5) Talking to his friend, he was late for the appointment. (... 다 보니)

(6) Working hard in the room, I did not even notice the person come in. (...다 보니)
(7) That is a new finding that nobody thought of before. (...었던)
(8) Yesterday I met my friend whom I had worked with in Korea. (...었던)

3. Complete each dialogue with your own ideas.

(1) 사람들은 자기가 남만 못하다는 소리를 들으면 어떻지요?
무척 서운합니다.
그럼 남이 나에게 너그럽게 대해 주면 어때요?
____

(2) 황희 정승은 잔칫상 같은 저녁상을 보고 몹시 화를 냈어.
규칙을 어겼기 때문이야.
너는 그 때 왜 그렇게 화를 많이 냈니?
____

(3) 저녁이 되면 여기서 무엇을 하기로 했어요?
간단한 식사를 하기로 되어 있어요.
내일 아침에는 무엇을 하기로 했어요?
____

4. Create a dialogue between A and B based on the following situation.

I. Situation

A and B are close friends. They are talking about the classes they are taking this semester.

II. Role Play

A complains about the chemistry class that he/she is taking. He/she doesn't like the teaching assistant and speaks ill of him.

B doesn't like to hear that kind of gossip. He/she just learned about 황희 정승 from the Korean class. Illustrate the story and advise A not to speak ill of others.

5. What can we learn from the two stories of the text? Write down some brief thoughts. (본문의 두 이야기를 통해 우리는 무엇을 배울 수 있습니까? 간략하게 써 보세요.)

낱 말 (Glossary)

[본문]

정승	a prime minister
젊다	to be young
길	a street
말동무	a conversation partner
심심하다	to be bored
밭	a farm
갈다	to cultivate
농부	a farmer
누렁 소	a yellow ox
검정 소	a black ox
장난 삼아	playfully
다가오다	to come close; step up to
귓속말	a whisper
그까짓	worthless
서운하다	to be sorry; feel displeased (hurt); miss
...ㄹ 까 봐	for fear that; lest
남	others
...만 못하다	to be inferior to ...; not as good as ...; be worse than ...
잘못	a mistake
함부로	thoughtlessly
너그럽게	broad-mindedly
대하다	to treat
마음이 곧은	honest; straightforward; upright
...다 보니	while doing something
마치	just; just (exactly) like
잔칫상	a feast table

자리	a government position
시장하다	to be hungry (honorific form)
시키다	to make (let) a person do; order
화를 내다	to lose one's temper; be angry
규칙	a rule
어기다	to violate
당장	immediately
주위	the surroundings
말리다	to dissuade
마련하다	to have something ready; prepare
용서	forgiveness; pardon
빌다	to beg

[대화]

교훈	a lesson
생각이 깊다	to be thoughtful
영리하다	to be smart
나중에	later

[낱말의 쓰임]

심다	to plant
논밭	paddy fields and dry fields
불평하다	to complain
금새	at once; in a moment
마음을 너그럽게 쓰다	to be generous
미리	in advance; beforehand
따로	separately; additionally

[문형 연습]

마음씨	nature; disposition; temper
졸다	to doze; fall asleep
밤이 깊었다	The night grew late.
돈이 들다	to cost; spend money
제비	a swallow

[Drills]

상하다	to be injured; be spoiled
냉장고	a refrigerator
감기에 걸리다	to catch a cold

새벽	early morning; dawn; break
운전을 하다	to drive a car
돕다	to help
동사구	a verb phrase
칭찬하다	to praise
연구하다	to study

[연습 문제]

어떤 점	what kind of characteristics

제 4 과 한석봉과 어머니

어느 시골에 한석봉이라는 소년이 어머니와 같이 살고 있었습니다. 어머니가 떡을 만들어 팔며 가난하게 살았습니다. 그래서 석봉은 다른 아이들처럼 학교에도 다닐 수 없었습니다. 석봉은 혼자서 손가락으로 땅 위에 글씨를 쓰며 놀았습니다.

어느 날 한 노인이 석봉의 글씨를 보고 칭찬을 하였습니다. 이 사실을 안 석봉의 어머니는 석봉이 공부를 할 수 있도록 절로 보내기로 했습니다. 석봉은 공부를 할 수 있게 되어 기뻤지만, 어머니와 떨어져 살 것을 생각하면 슬펐습니다. 어머니는 "글 공부란 재주보다 노력이 더 필요하다. 앞으로 10년 동안은 집에 올 생각을 하지 말고 글씨 공부만 열심히 하여라." 라고 말씀하시며 석봉을 절로 보냈습니다.

3년이 지난 후 석봉은 절을 떠나 집으로 돌아왔습니다. 어머니가 빨리 보고 싶었고 그동안 배운 글 솜씨도 자랑하고 싶었기 때문입니다. 그런데 어머니는 석봉을 보고도 조금도 반가워하시지 않았습니다. 오히려 어머니는 "10년이 되려면 아직 멀었는데 왜 벌써 왔느냐?"고 하셨습니다. 석봉은 "어머니 이제 글씨 공부는 더 필요 없습니다. 이제부터 제 힘으로 어머니를 잘 모시겠습니다."하고 자신있게 대답했습니다.

이 말에 어머니는 "나는 잘 살기를 원하지 않는다. 그보다 네가 훌륭한 사람이 되기를 원한다. 네가 얼마나 글씨를 잘 쓰는지 보자. 나는 떡을 썰 테니 너는 글씨를 써라."라고 말씀하신 후 불을 끄셨습니다.

얼마 후 불을 켜고 보니 석봉의 글씨는 삐뚤어져 있었지만 어머니가 썰어 놓은 떡은 크기가 똑같았습니다. 석봉은 그 자리에서 일어나 어머니께 인사를 드리고 다시 절로 돌아갔습니다. 그 후 석봉은 더욱 열심히 공부하여 훌륭한 명필이 되었습니다.

대 화 (Dialogues)

(I) 한석봉 이야기를 읽고 느낀 점

선생님: 한석봉 이야기를 읽고 뭘 느꼈어요?

존: 네. 어머니가 아주 훌륭한 분임을 느꼈어요.

선생님: 맞아요. 훌륭하게 된 사람 중에는 훌륭한 어머니를 가진 사람들이 많아요.

존: 그리고 저도 한석봉처럼 공부를 열심히 해야겠다고 생각했어요.

선생님: 네, 아주 좋은 생각이에요.

(II) 떡 썰기와 글씨 쓰기

수미: 엄마, 엄마도 한석봉 어머니처럼 불을 끄고 떡을 썰 수 있으세요?

어머니: 한석봉 어머니는 떡을 만들어 파는 사람이었으니까 그렇지.

수미: 맞아, 엄마가 하면 분명히 손을 다치실 거야.

어머니: 나도 파 써는 건 할 수 있다.

수미: 그럼, 불을 끄고 엄마는 파를 썰고 나는 글씨를 써 볼까요?

어머니: 장난 그만 하고 가서 공부나 해라.

(III) 오랜 시간과 노력이 필요해

수미: 한석봉은 10년을 공부해서 명필이 되었대.

인수: 그래. 무슨 일이건 잘 하려면 오랜 시간과 노력이 필요해.
수미: 나는 앞으로 얼마나 더 공부를 해야 할까?
인수: 해도 해도 끝이 없는 게 공부라고 사람들이 말하잖아.
수미: 그렇다면 난 아무래도 훌륭한 어머니가 되는 편이 빠르겠어.
인수: 그래. 하지만 그것도 쉬운 일은 아닐 거야.

낱말의 쓰임 (Vocabulary Usage)

1. 혼자서: alone
   그는 늘 혼자서 여행을 한다.
   혼자서 걱정하지 말고 내게 얘기해라.

2. 떨어지다: to be separated from; be away from
   그는 식구들과 떨어져서 몹시 외로웠다.
   우리 집에서 조금 떨어진 곳에 철수의 집이 있다.

3. 재주: a talent
   우리 누나는 여러 가지 재주가 있다.
   사람마다 재주가 다르다.

4. 노력: an effort
   노력하면 안 될 일이 없다.
   노력하지 않는 사람은 너 뿐이야!

5. 앞으로: from now on; in the future; hereafter
   앞으로 누가 대통령이 될지 아무도 알 수 없다.
   우리 앞으로 함께 일하도록 합시다.

6. 지나다: to pass; go by
   몇 달이 지나자 그는 다시 건강해졌다.
   이번 달이 지나면 미국에 온 지 꼭 7년이 됩니다.

17. 그 동안: these days; in the meantime; during that time

그 동안 안녕하셨습니까?

왜 그 동안 전화를 한 번도 하지 않았니?

8. 솜씨: skill; tact; deftness

메리의 글 솜씨가 아주 좋다.

철수의 노래 솜씨는 보통이 아니다.

9. 조금도: not at all; not in any way

그 소식을 듣고도 영수는 조금도 놀라지 않았다.

나는 그 여자가 조금도 예쁜 것 같지 않아.

10. 오히려: rather (than); preferably

철수는 내게 고맙다고 하지 않고 오히려 화를 냈다.

그 곳에 가는 것보다는 오히려 여기에 있는 것이 낫다.

11. 모시다: to accompany (honorific form); live with

저는 결혼 후에도 부모님을 모시고 살 생각입니다.

선생님을 모시고 여행을 갔다.

12. 자신있게: confidently; with confidence

영희는 자신 있게 말했다.

존은 자신 있게 그 일을 했다.

13. 얼마 후: after a while

그가 나간지 얼마 후 불이 꺼졌다.

얼마 후 그가 나를 찾아와 용서를 빌었다.

14. 삐뚤어지다: to become crooked; get out of the straight

글씨가 너무 삐뚤어졌다.

그 사람은 삐뚤어진 마음씨를 가지고 있다.

15. 똑같다: to be even; to be the same

그는 10년 전이나 똑같다.
이 세상에 너와 똑같은 사람은 없다.

문 형 연 습 (Patterns)

1. ...와/과 같이: together with ...

The pattern ...와/과 같이 indicates that someone does something together with someone else or something. Only nouns or noun phrases occur with this pattern. The pattern means '(together) with...'.

(1) 한석봉이라는 소년이 어머니와 같이 살았다.
A boy named 'Han SokBong' lived together with his mother.
(2) 철수는 영희와 같이 여행을 떠나기로 했다.
(3) 나는 그 사람과 같이 일하기 싫다.
(4) 석봉은 영희와 같이 놀았다.
(5) 우리는 남수와 같이 도서관에서 공부할 수 없었다.

2. ...도록: in order to ...; for ... to ...; so that ...

The pattern ...도록 has several uses. We will study some of these in this book. The conjunctive clause headed by the pattern ...도록 in this lesson expresses a definite purpose; thus, the sentence containing the conjunctive clause with the pattern ...도록 expresses that someone did something for the purpose of achieving such-and-such. The meaning of the pattern ...도록 is 'in order to ...', 'so as to ...', or 'for ... to ...'.

(1) 어머니는 석봉이 공부를 더 할 수 있도록 석봉을 절로 보냈다.
The mother sent Sokbong to the temple so that he could study more.
(2) 학교에 늦지 않도록 일찍 일어났다.
(3) 위에서도 들을 수 있도록 크게 말하세요.
(4) 나는 아이들이 건강하도록 매일 운동을 시키고 있다.

(5) 학생들이 한국말을 더 잘 공부할 수 있도록 나는 재미있는 비디오를 보여주었다.

3. ...지 말다: don't ...; let's not ...

The negative form ...지 말 is used only in imperative and propositive sentences. The verb stem is attached to the pattern ...지 말. The meaning of the pattern is 'let's not...' or 'don't...'.

(1) 앞으로 10년 동안은 집에 올 생각을 하지 말아라.
Don't think about coming home for the next ten years!
(2) 너 혼자서 가지 말고 친구들이랑 같이 가라.
(3) 오늘은 비가 오니까 밖에 나가지 말자.
(4) 철수야, 오늘 오지 말고 내일 와라.
(5) 선생님, 아직 들어 오지 마세요.

4. ...기로 하다: to decide to...; plan to...

The pattern ...기로 하다 is used with a verb stem to express the sentential subject's decision among many alternatives or to express the subject's decision on a plan. The pattern ...기로 하다 means 'to decide to...' or 'to plan to...'.

(1) 더 배울 것이 없다고 생각한 석봉은 절을 떠나기로 했습니다.
Sokbong who thought there was nothing more to learn decided to leave the temple.
(2) 영수는 일주일간 여행을 하기로 했다.
(3) 순이는 내일 서울에 가기로 했다.
(4) 김 선생님은 새 차를 안 사고 헌 차를 사기로 했다.
(5) 우리는 내년에 결혼하기로 했다.

Substitution Drill

* 주어진 문형과 표현을 이용하여 <보기>에서와 같이 문장을 완성하세요.

1. ...도록

<보기> 공부를 더 할 수 있다. / 석봉을 절로 보냈다.
=> 공부를 더 할 수 있도록 석봉을 절로 보냈다.

(1) 시원한 바람이 들어오다. / 창문을 열었다.
(2) 감기에 걸리지 않다. / 두꺼운 옷을 입었다.
(3) 소화가 잘 되다. / 밥을 천천히 먹었다.

2. ...지 말다

<보기> 10년 동안 돌아올 생각을 하다.
=> 10년 동안 돌아올 생각을 하지 말아라.

(1) 술을 먹고 운전하다.
(2) 약속 시간에 늦다.
(3) 수업 시간에 졸다.

3. ...기로 하다

<보기> 석봉은 절을 떠난다.
=> 석봉은 절을 떠나기로 했다.

(1) 저녁에 갈비를 먹는다.
(2) 우리는 내년에 이사한다.
(3) 나는 건강을 위해 술을 마시지 않는다.

Grammar Drill

1. <보기>에서와 같이 '...(아/어)하다'를 이용하여 형용사의 형태를 바꾸고 그 뜻의 차이를 말하세요.

<보기> 반갑다 => 반가워하다; 힘들다 => 힘들어하다

(1) 기쁘다
(2) 재미 있다
(3) 즐겁다
(4) 괴롭다
(5) 어렵다

2. <보기>에서와 같이 '것', '곳', '때'를 이용하여 명사구를 만들고 그 뜻을 말하세요.

<보기> 배우다 => 배우는 것, 배우는 곳, 배우는 때
배운 것, 배운 곳, 배운 때
배울 것, 배울 곳, 배울 때

(1) 공부하다
(2) 사다
(3) 먹다
(4) 만들다
(5) 돕다

3. <보기>에서와 같이 '...기'를 이용하여 두 동사를 연결하고 그 뜻을 말하세요.

<보기> 뛰다 + 시작하다 => 뛰기 시작하다
잘 살다 + 원하다 => 잘 살기 원하다

(1) 먹다 + 시작하다
(2) 공부하다 + 쉽다
(3) 학교에 가다 + 싫다

(4) 선생님을 만나다 + 원하다
(5) 놀다 + 좋아하다

4. <보기>에서와 같이 '...(어/아) 놓다'를 이용하여 동사의 형태를 바꾸고 그 뜻을 말하세요.

<보기> 썰다 => 썰어 놓다

(1) 쌓다
(2) 열다
(3) 닫다
(4) 숨기다
(5) 살리다

연 습 문 제 (Exercises)

1. Answer the following questions.

(1) 석봉은 절에 가는 것이 왜 기뻤습니까?
(2) 석봉의 어머니는 왜 아들이 돌아왔는 데도 반가워하지 않았나요?
(3) 석봉의 어머니는 왜 불을 끄고 글을 쓰라고 했습니까?
(4) 석봉의 어머니는 왜 석봉을 다시 절에 보냈습니까?
(5) 이 글에 따르면 재주와 노력 중 어느 것이 더 중요하다는 것 을 알 수 있나요?

2. Translate the following sentences.

(1) John walked to the library with his girlfriend, Mary. (... 와 같이)
(2) I went to see a movie with my brother. (...와 같이)
(3) Review what you have learned so that you can do better. (...도록)
(4) I bought a piano for the children to study music. (...도록)
(5) Don't bring your friend here. (...지 말다)

(6) Don't fool around too much but study hard. (...지 말다)
(7) I decided to read that book. (...기로 하다)
(8) John decided to leave California. (...기로 하다)

3. Complete each dialogue with your own ideas.

(1) 석봉은 혼자서 놀 때 뭐 했는지 아세요?
땅 위에 손가락으로 글씨를 썼대요.
(여러분은) 혼자 있을 때 무엇을 하세요?
____

(2) 석봉의 어머니는 왜 석봉을 절로 보내려고 했나요?
글씨 공부를 더 할 수 있게 하려고요.
(여러분은) 왜 한국말 공부를 하려고 하세요?
____

(3) 석봉의 어머니는 무엇을 잘 했는지 아세요?
떡을 아주 잘 써셨어요.
(여러분은) 무엇을 잘 할 줄 아세요?
____

4. 다음은 영희가 자기 어머니의 훌륭한 점에 대해 말한 것입니다. 이것을 읽고 자신의 어머니 (또는 가족 중 한 명)의 훌륭한 점이나 장점에 대해 말해 보세요.

저희 어머니는 항상 친절하세요. 다른 사람들과 말할 때 항상 웃으면서 이야기하세요. 또 저희 어머니는 음식 솜씨가 아주 좋아요. 어머니가 해 주시는 음식은 정말 맛있어요.

5. Create a dialogue between A and B based on the following situation.

I. Situation

A is a son/daughter who will leave for the East Coast of the United States from California. A is supposed to stay there for the next four years until he graduates from the university.
B is the mother who has supported A through his/her studies.

II. Role Play

A expresses his/her feeling and appreciation to B. A tells B about his/her study plans and wishes in detail.

B encourages A to study hard and advises him/her about many things.

6. You should know many stories similar to the one we've read in class. Choose one of them and write the story, providing the main characters and what his/her mother (or father) did for his/her successful education, etc. (수업 시간에 우리가 읽은 것과 비슷한 이야기가 많이 있을 것입니다. 그 중 한 가지를 조금 자세하게 적어 보세요. 즉, 그 사람들이 누구인지, 어머니 (또는 아버지)가 아들/딸의 교육을 위해 어떤 일을 했는지 등등.)

낱 말 (Glossary)

[본문]

시골	a countryside
...와 같이	together with
가난하다	to be poor
혼자서	alone
땅	ground
글씨	handwriting
어느 날	one day
...도록	for ... to ...; in order to ...
보내다	to send
...기로 하다	to decide to ...; plan to ...
떨어지다	to be away from; be separated from
재주	a talent
노력	an effort
앞으로	hereafter; from now on; in the future
...지 말다	don't ...; let's not ...
지나다	to pass; go by
떠나다	to leave
그 동안	during that time; in the meantime
솜씨	skill; tact; deftness

조금도	not at all; not in the least
반가워하다	to be delighted
오히려	rather (than)
필요 없다	to be unnecessary
힘	physical strength
모시다	to accompany (honorific form); to live with
자신 있게	confidently
얼마 후	after a while
삐뚤어지다	to become crooked; get out of the straight
크기	size; bulk
똑같다	to be even; be the same
명필	a master of calligraphy

[대화]

파	a green onion
...편	a direction; inclination
빠르다	to be fast

[낱말의 쓰임]

용서를 빌다	to beg (one's) pardon; to apologize for

[문형 연습]

건강하다	to be healthy
...간	for (a period of)
헌 차	a used car

[Drills]

두껍다	to be thick
소화가 되다	to be digested
갈비	rib
술	alcohol
이사하다	to move
즐겁다	to be pleasant; to be delightful
괴롭다	to be painful; to be agonizing
명사구	noun phrase
숨기다	to hide
살리다	to let (a person) live

[연습 문제]

...에 따르면	according to ...
친절하다	to be kind
항상	always
자세하게	in detail

제 5 과 서울의 교통

한국에는 '교통 지옥'이라는 말이 있다. 교통 체증이 심하기 때문에 나온 말이다. 서울 시민들은 교통 체증 때문에 많은 시간을 길에서 허비한다. 또 약속에 늦을 때도 많다. 기다리는 사람이 약속 장소에 나타나지 않으면, 사람들은 길이 막히기 때문이라고 흔히 생각한다.

대부분의 서울 시민들은 버스나 지하철을 이용하여 출퇴근을 한다. 그래서 출퇴근 시간의 버스나 지하철은 사람들이 많아서 복잡하다. 어떨 때는 너무 복잡해서 내려야 할 정류장을 놓치기도 한다. 출근 시간이 오래 걸리게 되자 직장인들의 생활도 달라지고 있다. 많은 직장인들이 길이 막히기 전에 일찍 출근하여 회사 근처에서 아침을 먹거나 운동을 한다. 어떤 회사는 출퇴근 시간을 두 세 시간씩 앞당기기도 했다.

정부는 교통 문제를 해결하기 위해 여러 가지 노력을 하고 있다. 하지만 대도시, 특히 서울의 교통은 여전히 복잡하다. 그래서 교통 체증을 피하기 위해 다음과 같은 몇 가지 요령을 알아두는 것이 좋다.

첫째, 외출할 때는 출퇴근 시간을 피한다. 둘째, 사람이 많이 모이는 시간과 장소를 피한다. 가령, 주말의 결혼 식장 근처, 세일 기간의 백화점 주위에는 가지 않는 것이 좋다. 셋째, 비나 눈이 많이 오는 날에는 될 수 있으면 운전을 하지 않는다. 길이 미끄러워 사고가 많이 일어나고, 따라서 교통 체증이 심해지기 때문이다. 넷째, 약속이 있으면 버스나 지하철을 이용한다. 교통 체증에 관계없이 약속 장소에 정확한 시간에 도착할 수 있다. 마지막으로, 지방을 여행할 때는 기차나 고속버스와 같은 대중교통을 이용한다.

대 화 (Dialogues)

(I) 수영장에서

재현: 어, 이거 영미 씨 아니에요?

영미: 어머, 재현 씨, 이 시간에 이 곳에 웬 일이세요?

재현: 오늘부터 일찍 나와 회사 근처에서 운동을 하기로 했어요. 아침마다 길이 너무 막혀서요.

영미: 저도 마찬가지에요. 이 수영장에 다닌 지 벌써 한 달이 되었어요.

재현: 그랬군요. 이따가 같이 아침 먹을까요?

영미: 좋아요.

(II) 학교에서

수미: 존, 어디를 그렇게 급히 가세요?

존: 7시까지 종로에 가야 하는데 늦었어요.

수미: 빨리 가야겠네요. 벌써 6시 반이에요.

존: 택시를 타야 될까요?

수미: 그냥 전철을 타는 게 나을 거예요. 길이 막힐 시간이니까요.

존: 그렇군요. 고마워요.

(III) 까페에서

수미: 왜 이렇게 늦었어?

인수: 정말 미안해. 교통 사고가 나서 길이 너무 막혔어.

수미: 큰 사고였어?

인수: 아니야. 서로 먼저 가려고 하다가 난 사고였어. 그런데 네가 웬 일로 이렇게 오래 기다렸니?
수미: 길이 막혀서 늦는 건 줄 알고 기다려준 거야. 대신 네가 저녁 사.
인수: 물론이지. 뭐 먹고 싶어?

낱말의 쓰임 (Vocabulary Usage)

1. 교통 체증: traffic congestion
서울은 교통 체증으로 길이 자주 막힌다.
교통 체증 때문에 공항까지 두 시간 걸렸다.

2. 심하다: to be excessive; be extreme
서울은 교통 체증이 심하다.
두통이 심해서 약을 먹었다.

3. 대부분: most; majority; the better part (of ...)
이 학교의 선생님들은 대부분 여자이다.
이 책의 내용은 대부분 재미 있다.

4. 복잡하다: to be complicated; be complex; (as of a bus) be crowded
이 드라마의 내용은 아주 복잡하다.
이 책은 너무 복잡해서 이해하기 어렵다.

5. 놓치다: to miss; fail to catch
교통 체증 때문에 기차를 놓쳤다.
버스를 놓친 영희는 택시를 탔다.

6. 허비하다: to waste
시간을 허비하지 말고 아껴 써라.
그는 단 한 푼도 허비하지 않는다.

7. 길이 막히다: a road is blocked; traffic is jammed
   길이 막혀서 수업에 늦었다.
   교통 사고가 나서 길이 막혔다.

8. 앞당기다: to move a date up; advance a date
   수미는 결혼식 날을 앞당기고 싶어한다.
   나는 시험을 앞당겨 미리 보았다.

9. 해결하다: to solve; settle
   이 일을 해결할 수 있는 사람은 누구인가?
   많은 과학자들이 이 문제를 해결하기 위해 노력하고 있다.

10. 여전히: still; as before
   수미는 여전히 예쁘다.
   철수는 여전히 공부를 잘 한다.

11. 피하다: to avoid
   수미는 달려오는 차를 피했다.
   비를 피해 가게 안으로 들어갔다.

12. 요령: a gist; point; tip
   이 책에는 좋은 과일을 고르는 요령이 적혀 있다.
   수미는 내게 시험을 잘 보는 요령을 알려 주었다.

13. 외출하다: to go out
   지금 수미는 외출하고 없다.
   나는 창문을 닫지 않고 외출했다.

14. 미끄럽다: to be slippery; be sleek
   이 길은 눈이 오면 아주 미끄럽다.
   길이 너무 미끄러워서 넘어졌다.

15. 대중 교통: mass transportation
미국에서는 대중 교통보다 자기 차를 많이 이용한다.
한국은 대중 교통이 잘 발달되어 있다.

문 형 연 습 (Patterns)

1. ...(라)는 말이 있다: there is a saying that ...; people often say that ...

The pattern ...(라)는 말이 있다 is derived from the original form ...라고 하는 말이 있다; that is, the quotative marker 고 and the main verb 하 are deleted. The pattern is used to express a hearsay, rumor, quotation, common saying, etc.

(1) 한국에는 교통 지옥이라는 말이 있다.
In Korea, there is a saying that traffic is hell.
(2) 시작이 좋으면 끝도 좋다는 말이 있다.
(3) 세 살 버릇 여든까지 간다는 말이 있다.
(4) 사람은 사회적 동물이라는 말이 있다.
(5) "아는 것이 힘이다."라는 말이 있다.

2. ...(어)야 할: (a thing) that (one) has to ...; that is supposed to ...

The pattern ...(어)야 할 is an adnominal (or attributive) form of ...(어)야 하 which was studied in Lesson 4. Thus, the pattern expresses obligation or necessity.

(1) 어떤 때는 너무 복잡해서 내려야 할 정류장을 놓치기도 한다.
Sometimes, they are so crowded that people fail to get off at the bus stop they're supposed to do so.
(2) 만나야 할 사람이 많아서 바쁘다.
(3) 한국어는 네가 꼭 들어야 할 과목이다.
(4) 지켜야 할 약속은 꼭 지키는 것이 좋다.
(5) 오늘은 해야 할 일이 많다.

3. ...자: upon V-ing; when ...; as ...

The suffix 자 is a conjunctive, to which action verb stems are added. In this lesson the conjunctive ...자 means 'upon V-ing', 'when', or 'as', which must be distinguished from the meaning of 'as soon as ...'.

(1) 출근 시간이 오래 걸리게 되자 직장인들의 생활도 달라지고 있다.
As it takes longer going to the office, the workers' lifestyle also changes.
(2) 학생들이 모두 나가자 교실이 조용해졌다.
(3) 철수는 영희를 사랑하게 되자 여러모로 변하였다.
(4) 크리스마스가 다가오자 비행기 표 값이 올랐다.
(5) 갑자기 불이 꺼지자 무서운 생각이 들었다.

4. ...는 것이 좋다: it is good (or better) for someone/something to do ...

The pattern ...는 것이 좋다 consists of four grammatical elements, the present imperfective 는, the nominalizer 것, the copula 이, and the descriptive verb 좋다. Verb stems are added to this pattern in order to express the meaning 'it is good (or better) for someone (or something) to ...'.

(1) 몇 가지 요령을 알아두는 것이 좋다.
It's good to have handy a few know-hows.
(2) 몸이 아플 때는 쉬는 것이 좋다.
(3) 건강을 위해서 담배를 끊는 것이 좋다.
(4) 숙제는 미리 해두는 것이 좋다.
(5) TV는 멀리서 보는 것이 좋다.

5. ...에 관계 없이: regardless of ...; irrespective of ...; in spite of ...

The pattern ...에 관계 없이 consists of three elements, 에 'with' or 'to', 관계 'relation' or 'connection', and 없이 'without' to form an adverbial phrase, meaning regardless of, irrespective of, in spite of, or notwithstanding. Nouns are added to this pattern to form an adverbial phrase.

(1) 교통 체증에 관계 없이 약속 장소에 정확한 시간에 도착할 수 있다.
It's possible to get to one's destination on time regardless of traffic congestion.
(2) 시간에 관계 없이 아무 때나 전화하세요.
(3) 날씨에 관계 없이 우리는 내일 출발한다.
(4) 이 운동은 나이에 관계 없이 누구나 할 수 있다.
(5) LA에서는 계절에 관계 없이 수영을 할 수 있다.

Substitution Drill

1. 다음 두 문장을 '...어야 할'을 사용하여 <보기>와 같이 바꾸세요.

<보기> 어떤 사람들은 정류장을 놓치기도 한다 / 내려야 한다.
=> 어떤 사람들은 내려야 할 정류장을 놓치기도 한다.

(1) 오늘은 숙제가 있다 / 끝내야 한다
(2) 물건을 꼭 챙겨라 / 학교에 가져가야 한다
(3) 책이 많이 있다 / 다음 주까지 읽어야 한다

2. 다음 두 문장을 '...자'를 사용하여 <보기>와 같이 바꾸세요.

<보기> 출근 시간이 오래 걸리게 되었다 / 직장인들의 생활도 달라지고 있다.
=> 출근 시간이 오래 걸리게 되자 직장인들의 생활도 달라지고 있다.

(1) 비가 왔다 / 날씨가 추워졌다
(2) 방학이 되었다 / 학교가 텅 비었다
(3) 눈이 많이 왔다 / 교통 사고가 많이 났다

3. 다음 문장들을 '...는 것이 좋다'를 사용하여 <보기>와 같이 바꾸세요.

<보기> 한국에서 교통 체증을 피하려면 몇 가지 요령을 알아둔다.
=> 한국에서 교통 체증을 피하려면 몇 가지 요령을 알아두는 것이 좋다.

(1) 일기를 매일 쓴다.
(2) 규칙적으로 운동한다.
(3) 시험을 잘 보려면 미리 열심히 공부한다.

Grammar Drill

1. 다음 보기처럼 주어진 표현을 바꾸고 적절한 예문을 만드세요.

<보기> 길이 막히다 => 길이 막히기 전에; 길이 막힌 후에
=> 직장인들은 길이 막히기 전에 일찍 출근한다.

(1) 보다
(2) 읽다
(3) 울다
(4) 듣다
(5) 타다

2. 다음과 같이 동사를 바꾸고 그 뜻을 비교하세요.

<보기> 알다 + 아/어 두다 => 알아 두다

(1) 적다
(2) 먹다
(3) 넣다
(4) 찾다
(5) 씻다

3. 다음과 같이 동사를 바꾸고 그 차이를 말해 보세요.

<보기> 막다 => 막히다

(1) 묻다
(2) 찍다
(3) 잡다
(4) 먹다
(5) 입다

연 습 문 제 (Exercises)

1. Answer the following questions.

(1) 사람들이 내려야 할 정류장을 놓치는 이유는 무엇입니까?
(2) 기다리는 사람이 약속 장소에 나타나지 않으면 사람들은 어떤 생각을 합니까?
(3) 출근 시간이 오래 걸리게 되자 많은 직장인들의 생활에 어떤 변화가 생겼습니까?
(4) 사람들이 많이 모이는 시간과 장소의 예를 들어 보세요.
(5) 약속이 있을 때 왜 버스보다 지하철을 타는 것이 좋을까요?

2. Translate the following sentences.

(1) There is a saying that "Time is money." (...라는 말이 있다)
(2) There is a saying that "Knowledge is power." (...라는 말이 있다)
(3) I have many books that I have to read by Saturday. (...어야 할)
(4) Paris is the city you have to visit in Europe. (...어야 할)
(5) When she became a president, she worked a lot. (...자)
(6) It started to rain as I got off the bus. (...자)
(7) You'd better leave now if you don't want to be late for school. (...는 것이 좋다)

(8) I think you had better take some cold medicine. (...는 것이 좋다)
(9) Regardless of age, anyone can see this movie. (...에 관계 없이)
(10) She always wears short pants regardless of the weather. (...에 관계 없이)

3. Complete each dialogue with your own ideas.

(1) 출근 시간이 오래 걸려서 직장인의 생활이 어떻게 달라졌어요?
일찍 출근하거나 회사 근처에서 운동을 해요.
(여러분은) 출근 시간이 오래 걸리면 어떻게 하겠어요?
____

(2) 서울에서 학생들은 학교에 어떻게 다녀요?
버스나 지하철 같은 대중교통을 이용해요.
(여러분은) 어떻게 학교에 다녀요?
____

(3) 한국에서는 길이 막혀서 약속에 늦을 때가 많아요.
차가 많이 막혀서 그렇지요. 그래서 좀 일찍 나가요.
(여러분은) 약속에 늦지 않기 위해서 어떻게 해요?
____

4. 다음을 읽고 만약 여러분이 영희와 같은 상황에 처했을 때 어떻게 할 것인지 말해 보세요.

영희는 저녁 7시에 서울 시내에서 철수와 만나서 영화를 보기로 했습니다. 영희는 약속 시간에 늦지 않기 위하여 6시에 집에서 출발했습니다. 그런데 중간에 길이 막혀 차들이 움직이지 못했습니다. 영희는 약속 시간까지 도저히 도착할 수 없을 것 같았습니다.

5. Create a dialogue between A and B based on the following situation.

I. Situation

A and B are supposed to meet in front of Kyung-Bok Palace. A is visiting Seoul for the first time. Even though A took a taxi, A arrives an hour late. B who lives in Seoul arrives almost on time because he/she left home two hours earlier.

II. Role Play

A asks some questions regarding the difficult traffic situations that he/she experiences in Seoul and asks for some tips to avoid them in the future. B feels sorry for what happened to A. B tries to give some tips: for example, A would have arrived earlier if he/she took the subway.

6. Suppose you live in a city with traffic congestion like Seoul. Then choose one of the following four ways to solve the traffic problem; which one would you do or recommend and why? (서울처럼 교통 체증이 심한 도시에 살고 있다고 생각해 보세요. 그렇다면, 아래 주어진 네 가지 방법들 가운데 어떤 것을 하거나 추천하고 싶으십니까? 이유는 무엇입니까?)

(i) To go to and leave the office two hours earlier than usual. (출근과 퇴근 시간을 두 시간씩 앞당긴다.)
(ii) To reduce the number of cars by imposing a law of just one car per household. (한 가족이 자동차 한 대만 가질 수 있게 해서 자동차 수를 줄인다.)
(iii) To increase the public transportation facilities such as buses and subways. (버스를 늘리고 지하철을 많이 만든다.)
(iv) To construct as many streets as possible. (도로를 많이 건설한다.)

낱 말 (Glossary)

[본문]

교통	traffic; transportation
지옥	the hell; inferno
체증	indigestion; digestive disorders
심하다	to be excessive; be extreme
허비하다	to waste
약속	an appointment; promise
장소	a place
나타나다	to show up; appear
길이 막히다	traffic is held up or jammed (lit. a road is blocked)
흔히	usually; oftentimes
대부분	most; majority; greater/better part (of ...)
시민	citizens; townsmen; civilians
지하철	a subway; underground railway
이용하다	to use; utilize; make use of
출퇴근	office attendance; going to work and leaving work
복잡하다	to be complicated; be complex; be intricate
정류장	a bus stop
놓치다	to miss; fail to catch
걸리다	to be taken; be needed; be required
직장인	a salaryman; company worker
달라지다	to become different; be changed
근처	vicinity; neighborhood
앞당기다	to move a date up; advance a date
정부	government
해결하다	to solve; settle
피하다	to avoid; shun
요령	a gist; point; tip
외출하다	to go out
결혼 식장	a place for a wedding ceremony
세일 기간	a time(period) for sale
백화점	a department store
미끄럽다	to be slippery; be sleek
...에 관계 없이	regardless of
정확하다	to be accurate; be correct; be exact
여행	a journey; trip
고속버스	a high-speed bus
대중교통	mass transportation

[대화]

마찬가지	the same; likewise; too; either
이따가	later
급히	in a hurry

[낱말의 쓰임]

두통	headache
내용	a content
한 푼	a penny (used in a negative sentence)
과학자	a scientist
고르다	to choose; pick (out)

[문형 연습]

버릇	a habit; acquired tendency; customary practice
여든	eighty
사회적	social
동물	an animal
여러모로	in many ways
표 값	a ticket price
갑자기	suddenly; all of a sudden
끊다	to quit; stop doing something
출발	starting; departure; leaving
계절	a season

[Drills]

챙기다	to tidy things up; pick up; put things in order
텅 비다	to be totally empty; be entirely vacant
규칙적으로	regularly
찍다	to dot; print; cut down

[연습 문제]

중간	in the middle of
도저히	not at all; by any possibility
추천하다	to recommend
이유	a reason; cause
건설하다	to construct; build

제 6 과 약손

여섯 살 난 막내딸이 밖에서 놀다가 울면서 들어왔다. 눈에 티가 들어갔다고 말했다. 내가 아프지 않게 치료해 주겠다고 아무리 말해도 큰 소리로 울면서 할머니에게 가 버렸다. 주사라도 놓을까 봐 무서워했다. 어린 아이들에게는 의사라면 모두 무서운 모양이다.

할머니는 손녀를 안으시고 아이의 눈을 가만히 만지면서 노래하듯 말씀하셨다.

"까치야, 까치야, 네 새끼 물에 빠지면 내가 건져 줄 테니, 우리 민옥이 눈의 티 좀 꺼내어 줘."

아이는 곧 울음을 그치고 할머니의 품 안에서 잠이 들었다.

나는 어머니의 손을 가만히 바라보았다. 이제 연세가 여든을 넘으셔서 어머니의 손은 마르고 거칠어지셨다. 그러나 그 손에는 우리 의사들이 가지지 못한 신비한 힘이 숨어 있는 것만 같았다.

옛날에 우리 집은 무척 가난해서 형제들이 병에 걸려도 약을 먹어 보지 못했다. 병으로 누우면 어머니가 옆에 앉으셔서 우리들의 아픈 배나 머리를 따뜻한 손으로 쓰다듬어 주셨다. 그러면 신기하게도 아픈 배나 머리가 금방 나았다. 그래서 우리는 어머니의 손을 '약손'이라고 불렀다.

나는 내 손을 펴 보았다. 소독약 냄새가 심하게 났다. 현대의 약손이라고 부르는 의사의 손이다. 그러나 내 손에는 무엇인가 중요한 것이 빠져 있는 것만 같았다. 어린 손녀의 아픈 눈을 만져 주고 계신 어머니의 손을 바라보면서, 어머니의 뜨겁고 진한 사랑을 다시 한 번 느꼈다. 거친 어머니의 손이 오늘은 더욱 아름답게 보였다.

대 화 (Dialogues)

(I) 엄마의 약손

엄마: 얼굴이 안 좋구나. 어디 아프니?

철수: 배가 좀 아파요. 아마 어제 밤에 아이스크림을 너무 많이 먹어서 그런 모양이에요.

엄마: 그래. 많이 아프니? 내가 배를 쓰다듬어 줄 테니 여기 좀 누워라.

철수: 고마워요.

엄마: 다음부터는 찬 것 너무 많이 먹지 말아라.

철수: 그럴께요. 그런데 엄마 손은 정말 약손인가 봐요. 벌써 다 나은 것 같아요.

(II) '뭐가 무서웠니?'

철수: 넌 어릴 때 뭐가 제일 무서웠니?

영희: 밤에 혼자 자는 게 가장 무서웠어. 너는?

철수: 난 병원이 제일 무서웠어.

영희: 병원? 왜?

철수: 소독약 냄새도 싫었고 주사 맞는 것도 무서웠으니까.

영희: 맞아! 나도 주사 맞는 게 무척 무서웠어. 그래서 아무리 아파도 병원에 가기가 싫었어.

(III) 감기

철수: 나 감기에 걸린 것 같아요. 콧물도 나오고 기침도 해요.
민수: 감기약은 먹었어요?
철수: 네. 먹었는데도 잘 낫지 않아요.
민수: 감기에 걸렸을 땐 물을 많이 마시고 푹 쉬는 것이 제일 좋대요.
철수: 네. 그래야겠어요.

낱말의 쓰임 (Vocabulary Usage)

1. ...살 나다: to be ... years old
   그에게는 다섯 살 난 딸이 있다.
   그 아이는 일곱 살 났다.

2. 티: a mote; particle; foreign element
   눈에 티가 들어가서 아프다.
   청소할 때는 눈에 티가 들어가지 않도록 조심해야 한다.

3. 치료: to treat; remedy
   그는 발을 다쳐서 병원에 가서 치료를 받았다.
   이 병은 치료가 어렵다.

4. 가만히: quietly; tenderly
   그 아이는 가만히 있지 않는다.
   나는 가만히 방문을 닫았다.

5. 새끼: a young animal
   어미 소와 새끼 소가 같이 놀고 있다.
   이 개는 다섯 마리의 새끼를 낳았다.

6. 빠지다: to fall in (into)
   그 사람이 물에 빠진 아이를 구했다.
   그는 너무 피곤해서 깊은 잠에 빠졌다.

7. 건지다: to take out (of water); rescue

물에 빠진 사람을 누가 건져 주었니?

물에서 시계를 건졌다.

8. 품: a bosom; breast; a place between one's chest and breast

아기는 엄마 품을 좋아한다.

아기가 할머니 품에서 잠들었다.

9. 그치다: to stop

비가 그쳤으니 가자.

엄마가 오자 아이는 울음을 그쳤다.

10. 연세: someone's age (honorific word)

저 분은 연세가 어떻게 되세요?

이제 어머님도 연세가 많이 드셨다.

11. 거칠다: to be rough

요즘 피부가 많이 거칠어졌다.

거친 손에는 어떤 로션을 써요?

12. 신비하다: to be mysterious

그 아이는 신비한 재주가 있다.

나는 지난 여름에 신비한 경험을 했다.

13. 병에 걸리다: to contract a disease

그 사람 무슨 병에 걸렸니?

병에 걸린 사람은 이 곳에 올 수 없어요.

14. 쓰다듬다: to stroke

선생님이 그 학생의 머리를 쓰다듬어 주셨다.

할아버지는 턱을 쓰다듬었다.

15. 빠지다: to be missing; lack

여기 여러 가지 반찬이 많은데 김치만 빠졌다.
오늘 신문에 그 얘기가 빠졌다.

문 형 연 습 (Patterns)

1. 아무리 ...(어)도: however ... may be ...; no matter how ...

The pattern 아무리 ...(어)도 is used to express the meaning 'no matter how...' or 'however ... may be'. The verb stems are attached to ...(어)도.

(1) 내가 치료해 주겠다고 아무리 말해도 더 큰 소리로 울면서 할머니에게 가 버렸다.
No matter how many times I told her that I would treat her, she went to her grandmother, crying more loudly.
(2) 영희가 아무리 예뻐도 나는 영희와 결혼하지 않겠다.
(3) 우리는 아무리 먹어도 배가 부르지 않는다.
(4) 철수가 아무리 사과를 해도 나는 용서할 수 없다.
(5) 순희는 아무리 아파도 병원에 가지 않는다.

2. ...어 버리다: to do something completely; to end up doing something

The verb 버리다 in the pattern ...어 버리다 functions as an auxiliary verb in the composite verb construction of the action verb stem plus 어 버리다. The pattern ...어 버리다 denotes the completion or termination of the event or the action. The pattern also implies that as a result of doing something thoroughly, it was accomplished. The English equivalent of the pattern ...어 버리다 is 'to do something completely' or 'to end up doing something'.

(1) 아이가 울면서 할머니에게로 가 버렸다.
The child ended up going to his grandmother while she was crying.
(2) 아저씨는 외국에 오래 살아서 한국말을 거의 다 잊어 버리셨다.

(3) 김 선생님이 제일 먼저 가 버리셨다.
(4) 나는 목이 말라서 물 한 병을 다 마셔 버렸다.
(5) 너무 피곤해서 사람들이 모두 병이 나 버렸다.

3. ...모양이다: it seems that; it appears that ...

The pattern ...모양이다 is used in construction with a preceding adnominalized sentence: thus, all adnominalized forms can precede the pattern ...모양이다. The pattern expresses the speaker's inference on the basis of indirect evidence such as circumstantial situations, states, events, or conditions. Usually, the speaker's direct experience cannot be inferred by the pattern ...모양이다. Thus, the first person 나 'I' cannot occur as a subject in the sentence containing ...모양이다. The English equivalent of ...모양이다 is 'to appear that ...', 'to seem that ...', or 'to look as if ...'.

(1) 아이들에게는 의사라면 모두 무서운 모양이다.
It appears that if one is a doctor, a child is afraid of him.
(2) 하늘이 갑자기 컴컴해지는 것을 보니까 비가 올 모양이다.
(3) 그 두 남녀는 요즘 자주 만나는 것을 보니 서로 사랑하는 모양이다.
(4) 철수는 이미 학교에 간 모양이다.
(5) 영희가 오늘 학교에 오지 않은 것을 보니 몹시 아픈 모양이다.

4. ...듯(이): as if; with the appearance of

The pattern ...듯(이) in this lesson is mostly used with the stems of action verbs to indicate the state or quality which resembles something denoted by verbs. The pattern means 'as if' or 'with the appearance of'. The element 이 of the pattern ...듯이 can be optionally deleted.

(1) 할머니는 노래하듯 말씀하셨다.
The grandmother said it as if she were singing.
(2) 저 분은 한국말을 자기 나라 말하듯 잘 합니다.
(3) 철수는 거짓말을 밥 먹듯이 합니다.
(4) 너는 네 자신을 사랑하듯 남도 사랑해라.
(5) 영희는 슬퍼서 비오듯 눈물을 흘렸다.

5. ...것만 같다: it really seems that; it really looks like ...

The pattern ...것만 같다 is similar to the pattern ...모양이다 in its inferential use. As shown already above, the pattern ...모양이다 expresses the speaker's inference based on indirect evidence, such as circumstantial situations, states, events, or conditions. In contrast to this, the pattern ...것 같다 expresses the speaker's inference based on the direct evidence, such as the speaker's experience or a certain situation or event. Thus, unlike the pattern ...모양이다, the pattern ...것 같다 can occur with the first person subject. In the pattern ...것만 같았다, the element 만 lost its original meaning 'only' and functions as an intensifier, meaning 'really', emphasizing the action denoted by the verb. All adnominalized tense forms of the verb occur with ...것. The English equivalent is 'it really seems that...' or 'it really looks like ...'.

(1) 어머니의 손에는 신비한 힘이 숨어 있는 것만 같았다.
It really seemed that there was a concealed, mysterious power in the mother's hand.
(2) 이 선생님께서는 쉰 살도 안 되신 것만 같다.
(3) 그는 마치 사장님이 된 것만 같았다.
(4) 나는 다음 주 일본에 갈 것 같다.
(5) 날씨가 추워서 감기에 걸릴 것만 같았다.

Substitution Drill

* 주어진 문형과 표현을 이용하여 <보기>에서와 같이 문장을 완성하세요.

1. 아무리 ...(어)도

<보기> 아프다 / 순희는 병원에 가지 않는다
=> 아무리 아파도 순희는 병원에 가지 않는다.

(1) 먹다 / 살이 찌지 않는다.
(2) 물어보다 / 철수는 대답을 하지 않았다.
(3) 피곤하다 / 너는 이 숙제를 끝내야 한다.

2. ... 모양이다

<보기> 제 아버지라도 의사라면 무섭다.
=> 제 아버지라도 의사라면 무서운 모양이다.

(1) 영희가 늦는다.
(2) 하늘을 보니 눈이 오겠다.
(3) 아기가 우는 것을 보니 배가 고프다.

3. ...것만 같다

<보기> 어머니의 손에는 큰 힘이 숨어 있다.
=> 어머니의 손에는 큰 힘이 숨어 있는 것만 같다.

(1) 왠지 오늘 좋은 일이 있겠다.
(2) 이 건물은 너무 낡아서 곧 무너지겠다.
(3) 배가 너무 아파서 죽겠다.

Grammar Drill

1. <보기>에서와 같이 '...(어/아) 주다'를 이용하여 복합 동사를 만들고 그 뜻을 말하세요.

<보기> 치료를 하다 (+주다) => 치료를 해 주다

(1) 만지다
(2) 문을 열다
(3) 돕다

(4) 차에 태우다
(5) 밥을 먹이다

2. <보기>에서와 같이 '...(어/아) 보다'를 이용하여 복합 동사를 만들고 그 뜻을 말해 보세요.

<보기> 먹다 (+보다) => 먹어 보다; 만지다 (+보다) => 만져 보다

(1) 하다
(2) 일어나다
(3) 노래하다
(4) 창문을 열다
(5) 피아노를 치다

3. 다음의 형용사/동사들을 <보기>에서와 같이 '...면' 형태로 바꾸어 보세요.

<보기> 눕다 => 누우면; 가렵다 => 가려우면

(1) 쉽다
(2) 어렵다
(3) 덥다
(4) 춥다
(5) 가볍다
(6) 돕다
(7) 고맙다
(8) 반갑다
(9) 아름답다
(10) 맵다

연 습 문 제 (Exercises)

1. Answer the following questions.

(1) 막내딸은 왜 울었나요?
(2) 막내딸은 왜 할머니에게로 갔나요?
(3) 약손이 현대 의학보다 나은 점이 무엇인가요?

(4) 글쓴이에게 왜 할머니의 손이 아름답게 보였나요?
(5) 어머니의 손을 왜 약손이라고 불렀나요?

2. Translate the following sentences.

(1) No matter how hard he studied, he couldn't get a good grade. (아무리 ...(아/어)도)
(2) No matter how hard I tried, the door would not open. (아무리 ...(아/어)도)
(3) I spent all my money. (...아/어 버리다)
(4) Finally, John ran away from home. (...아/어 버리다)
(5) It seems that he will buy the book to prepare for the test. (모양이다)
(6) It appears that we have to discuss the problem in class. (모양이다)
(7) John ran out as if he were flying. (...듯(이))
(8) He drank the medicine as if he were drinking water. (...듯(이))
(9) It looks like it will snow. (...것만 같다)
(10) It appears the house will fall down because of heavy rain. (...것만 같다)

3. Complete each dialogue with your own ideas.

(1) 아이들은 병원에 가는 것을 무서워 해요.
주사를 맞을까봐 무서운가 봐요.
(여러분은) 뭐가 무서우세요?

____

(2) 민옥이 눈에 티가 들어 갔을 때 할머니가 어떻게 하셨어요?
약손으로 만져 주셨어요.
(여러분은) 눈의 티가 들어가면 어떻게 해요?

____

(3) 저는 머리가 자주 아파요.
그럼, 약을 드세요.
약을 먹어도 낫지 않으면 어떻게 해요?

____

4. 다음은 철수의 이야기입니다. 이것을 읽고 자신이 최근에 아팠던 경험에 대해서 말해 보세요.

저는 심한 감기에 걸려서 3일 동안 누워 있었어요. 열이 많이 나고 머리가 심하게 아팠어요. 나중에는 기침이 많이 나오고 목도 아팠어요.

5. Create a dialogue between A and B based on the following situation.

I. Situation

A is a five-year-old daughter who has a stomachache.
B is a mother/father who is taking care of her.

II. Role Play

A keeps saying that she does not want to take any medicine or to see a doctor while constantly complaining about her stomachache.

B keeps telling A to take some medicine or else see a doctor. B finally has A calm by massaging her stomach with B's hand. And A says that B's hand is a medicine hand (약손).

6. The author of the text is thankful to his mother for her love (or devotion), realizing that the mysterious power of her healing hands is nothing less than the love for her granddaughter. Write about some unforgettable moments when you realized that your parents really love you. (글쓴이는 아픈 곳을 낫게 하는 어머니 손의 신비한 힘이 바로 손녀에 대한 사랑임을 깨닫고 어머니의 사랑 (또는 헌신)에 감사드리고 있습니다. 부모님이 여러분을 정말 사랑한다는 것을 느꼈던 잊을 수 없는 순간들에 대해 써 보세요.)

낱 말 (Glossary)

[본문]

약손	a soothing touch of the hand; a comforting hand
...살 나다	to be ... years old
막내딸	the youngest daughter
티	a mote; particle; foreign element
치료하다	to treat; remedy
아무리 ...도	no matter how ...
주사	injection (주사를 놓다: give an injection)
무섭다(무서운)	to be scared; be frightened
... ㄴ/은/는 모양이다	it appears that ...
손녀	a granddaughter
안다	to hold (a baby) in one's arms; hug
가만히	quietly; tenderly
만지다	to stroke; pat
...듯(이)	as if ...
까치	a magpie
새끼	a newborn (or young) animal
빠지다	to drown; fall in (into)
건져주다	to take ... out of water
울음	crying
그치다	to stop
품	a bosom; breast; a place between one's chest and breast
연세	age
마르다	to be dry
거칠다	to be rough
신비하다	to be mysterious
숨다	to hide
...ㄴ/은/는 것만 같다	it really seems that ...
형제	brothers
병에 걸리다	to contract a disease
눕다	to lie down
쓰다듬다	to stroke; fondle
신기하게도	magically; miraculously
금방	immediately
펴다	to open
소독약	a disinfectant; antiseptic
냄새	smell

심하게	severely; extremely
나다	(smell, sound, taste, etc.) to come out; issue
현대	modern
빠지다	to be omitted; be missing
진하다	to be thick; be rich (in certain qualities)

[대화]

주사를 맞다	to get a shot
콧물	runny nose
감기약	a cold medicine
푹	thoroughly; completely

[낱말의 쓰임]

마리	a head (used when counting certain kinds of animal)
낳다	to bear; give birth (to ...)
피부	skin
로션	a lotion
경험	an experience
턱	a jaw; chin
신문	a newspaper

[문형 연습]

사과(를) 하다	to apologize
용서하다	to forgive
오래	for a long time
잊다	to forget
목이 마르다	to be thirsty
병이 나다	to get sick; contract a disease
쉰	fifty

[Drills]

살이 찌다	to gain weight
낡다	to be old
무너지다	to collapse; fall down
가렵다	to be itchy
맵다	to be hot

[연습 문제]

낫다	to be better (than ...)
열	fever
헌신	devotion; dedication
순간	a moment; instant

제 7 과 효자 호랑이

옛날에 어느 나무꾼이 산에서 호랑이를 만났습니다. 나무꾼은 너무나 무서웠지만 마침 좋은 꾀가 떠올랐습니다. 호랑이가 나무꾼을 잡아 먹으려고 하는 순간, 나무꾼은 호랑이 앞에 엎드리며 외쳤습니다. "어이구, 형님! 저를 몰라보시겠습니까?" 그 소리에 호랑이는 깜짝 놀라 물었습니다. "아니, 내가 어째서 너의 형님이라는 말이냐?"

나무꾼은 눈물을 흘리며 거짓말을 하기 시작했습니다. "형님이 오래 전에 산에 나무를 하러 간 뒤 돌아오지 않아 죽은 줄만 알았습니다. 그런데 얼마 전 어머니 꿈 속에 형님이 나타나서 '제가 호랑이로 변했기 때문에 집에 돌아갈 수 없어요.'라고 말했답니다. 그래서 어머니께서는 밤낮으로 형님을 생각하면서 눈물을 흘리고 계십니다."

'내가 사람이었다고? 내게도 어머니가 계신다고?' 호랑이는 나무꾼의 말을 믿고 어머니를 생각하며 눈물을 흘렸습니다. 그런 호랑이의 모습을 보고 나무꾼은 더욱 다정하게 말했습니다. "형님, 어서 저와 함께 어머니께 갑시다. 어머니께서 형님을 보시면 얼마나 기뻐하시겠습니까?" 호랑이는 잠시 생각에 잠겼습니다. 나무꾼은 '호랑이가 진짜 따라오면 어쩌나' 하고 걱정했습니다. 이때 호랑이가 말했습니다. "아니다. 이런 짐승의 모습으로는 어머니를 뵐 수가 없다. 네가 내 대신 어머니를 잘 보살펴 드려라. 대신 나는 한 달에 두 번씩 짐승을 잡아 집에다 가져다 주겠다." 이렇게 해서 나무꾼은 무사히 집으로 돌아왔습니다.

다음 날 아침 나무꾼의 집 마당에는 죽은 산돼지 한 마리가 놓여 있었습니다. 그 뒤 호랑이는 한 달에 두 번씩 짐승들을 잡아다 주었습니다. 호랑이의 도움으로 나무꾼은 잘 살게 되었고 약속대로 어머니를 정성껏 모셨습니다. 몇 해가 지난 후 어머니가 돌아가셨고 호랑이는 더 이상 나타나지 않았습니다. 어느 날 나무꾼은 산 속에 있는 어머니의 무덤을 찾아갔습니다. 무덤 곁에는 호랑이가 슬프게 울다가 죽어 있었습니다. 나무꾼은 호랑이의 효성에 큰 감동을 받았습니다. 그래서 어머니의 무덤 곁에 호랑이의 무덤을 만들어 주고 마을 사람들에게 호랑이의 효성을 널리 알렸습니다.

대 화 (Dialogues)

(I) 효자 호랑이

영이: '효자 호랑이' 이야기 들어 봤어?

영수: 아니. 뭔데?

영이: 어느 나무꾼이 숲속에서 호랑이를 만났는데, 살기 위해 꾀를 내어 호랑이를 형님이라고 불렀대.

영수: 그래서?

영이: 그때부터 호랑이는 나무꾼의 어머니를 자기 어머니라고 생각하고 짐승을 잡아다 드리며 효성을 다했대.

(II) '호랑이가 말을 해?'

수미: 선생님, 오늘 읽은 '효자 호랑이' 이야기 정말 재미있었어요.

선생님: 그래?

수미: 선생님, 그런데 어떻게 호랑이가 사람처럼 말도 하고 눈물을 흘릴 수 있어요?

선생님: 그건 우리에게 교훈을 주기 위해서 만들어 낸 이야기니까 그렇지.

수미: 아, 그렇구나!

(III) 선녀와 나무꾼

영식: 할머니, '효자 호랑이' 이야기에 나오는 나무꾼은 꾀가 아주 많은 것 같아요.

할머니: 그 이야기 말고, 꾀가 많은 나무꾼 이야기가 또 하나 있단다.

영식: 어떤 이야기인데요?

할머니: '선녀와 나무꾼'이라는 이야기야.

영식: 선녀가 뭐에요?

할머니: 선녀는 하늘에 사는 착한 아가씨야. 어느날 한 선녀가 땅에 내려와 목욕하는 동안, 나무꾼이 옷을 감춰서 그 선녀가 하늘로 올라가지 못하게 되었단다. 그 후 어쩔 수 없이 선녀는 나무꾼의 아내가 되었지.

영식: 와, 정말 꾀가 많았군요.

낱말의 쓰임 (Vocabulary Usage)

1. 마침: in the nick of time

   영희가 친구의 집으로 가려고 할 때, 마침 그 친구가 찾아 왔다.
   너를 기다리고 있었는데 마침 잘 왔다.

2. 떠오르다: to occur to; come into one's mind

   철수는 갑자기 좋은 생각이 떠올랐다.
   어머니는 보고 싶은 아들의 얼굴이 떠올랐다.

3. 엎드리다: to prostrate oneself

   곰을 보자 영수는 얼른 엎드렸다.
   아이가 엎드려서 잠을 잔다.

4. 몰라보다: to fail to recognize

영수가 키가 커져 몰라볼 사람이 많다.
십 년 후에 만난 아버지는 처음에 영수를 몰라봤다.

5. 깜짝: with a surprise; with a start

영희는 큰 소리에 깜짝 놀랐다.
아이는 기차 소리에 깜짝 놀라 울기 시작했다.

6. 아니: well (used as a consideration, thought)

아니, 이게 누구야?
아니, 어떻게 네가 학교에서 벌써 왔니?

7. 어째서: why; for what reason

어째서 넌 요즘 말이 없니?
어째서 김 선생님은 저렇게 바쁠까?

8. 밤낮으로: every day and night; everytime

어머니는 밤낮으로 아이를 돌보신다.
철수는 영희에게 밤낮으로 전화한다.

9. 다정하게: friendly

철수는 다정하게 영희와 손을 잡고 걸어 갔다.
어머니는 영희를 다정하게 안아 주셨다.

10. 생각에 잠기다: to be absorbed in thoughts

아버지는 그 편지를 읽으시고 깊은 생각에 잠기셨다.
영수는 영희와 한국에서 찍은 사진을 보고 생각에 잠겼다.

11. 보살펴 주다/드리다: to take good care of (senior) people

나이 많은 부모님들은 잘 보살펴 드려야 한다.
미국은 어느 곳에서나 장애인들을 잘 보살펴 주는 나라이다.

12. 무사히: safely

제가 이곳에 무사히 도착했으니 걱정하지 마세요.

아버지가 아프리카에서 무사히 돌아오셨다.

13. 정성껏: wholeheartedly

영수는 결혼 후에도 부모님을 정성껏 돌봐 드렸다.

영희는 김선 생님께 정성껏 음식을 대접했다.

14. 돌아가시다: to pass away

영수의 아버지는 삼년 전에 돌아가셨다.

부모님이 모두 교통사고로 돌아가시자 영희는 갑자기 고아가 되었다.

15. 감동을 받다: to become impressed

많은 사람들이 그 소설을 읽고 감동을 받았다.

철수는 그 이야기를 듣고 감동을 받아 눈물을 흘렸다.

문 형 연 습 (Patterns)

1. ...는 순간: (at) the moment ...; just as ...

The pattern ...는 순간 consists of two elements, the present imperfective 는 and the noun 순간. The word 순간 means 'moment', 'instant', or 'second'. The pattern ...는 순간 is used as a temporal conjunctive, meaning '(at) the moment...', '(at) the instance...', or 'just as ...'.

(1) 호랑이가 나무꾼을 잡아 먹으려고 달려드는 순간, 나무꾼은 호랑이 앞에 엎드리며 외쳤습니다.
The moment the tiger was about to pounce on the woodcutter, the woodcutter kneeled in front of the tiger and cried out.

(2) TV를 켜려고 하는 순간, 전기가 나갔다.

(3) 내가 차에서 내리는 순간, 비가 내리기 시작했다.

(4) 방에서 나가려고 하는 순간, 전화가 왔다.
(5) 내가 막 집에서 나가려고 하는 순간, 어머니께서 돌아오셨다.

2. ...ㄴ 줄만 알다: (someone) only thinks (or believes) that ...

The pattern ...ㄴ 줄만 알다 consists of three constructions, the dependent noun 줄 'that', the particle of limitation 만 'only', and the verb 알다 'know', meaning (someone) only thinks that... or (someone) only believes that.... The pattern often implies that the content of the complement clause is a mistaken belief or thought. Under this meaning, only the present imperfective adnominal form and the past perfective form occur with this pattern.

(1) 형님이 오래 전에 산으로 나무를 하러 간 뒤 돌아오지 않아 죽은 줄만 알았습니다.
We for sure thought that our brother was dead when a long time ago he went into the mountains to gather some wood and never returned.
(2) 불이 꺼져 있어서 집에 아무도 없는 줄만 알았다.
(3) 철수가 약속한 시간에 나타나지 않아 사고가 난 줄만 알았다.
(4) 나는 수미가 보이지 않아서 집에 간 줄만 알았다.
(5) 메리는 한국 친구가 많아서 한국말을 잘 하는 줄만 알았다.

3. ...고?: you mean that ...?; you said that ...?

The element 고 is a quotative marker, but it is used here as an ending indicating the speaker's inquiry about what (s)he has just heard. The question containing this element usually implies that the speaker is not sure of what (s)he heard. Thus, it means 'you mean that...?' or 'you said that ...?'.

(1) 내가 사람이었다고? 내게도 어머니가 계셨다고?
You mean that I was a human being before? You mean I had a mother before?
(2) 네가 내일 서울에 간다고?
(3) 한국말을 배우고 싶다고?

(4) 지금 밖에 비가 온다고?
(5) 내일 수업이 없다고?

4. ...면 어쩌나: if (something happens), what to do (or what shall I do)

The pattern ...면 어쩌나 consists of the conditional marker 면 'if' and the phrase 어쩌나 'what to do'. The phrase 어쩌나 is a contracted form from the archaic form 어찌 하나, whose modern form is 어떻게 하나 'what shall I do?'. The pattern expresses the speaker's worry or anxiety. The pattern means 'if (something happens), what to do (or what shall I do)?'.

(1) 나무꾼은 '호랑이가 진짜 따라오면 어쩌나'하고 걱정했습니다.
The woodcutter worried, wondering if the tiger would really follow him.
(2) 그 책이 벌써 다 팔렸으면 어쩌나...
(3) 혹시 영희가 길을 잃어버렸으면 어쩌나...
(4) 내일 비가 오면 어쩌나...
(5) 내가 만든 음식이 맛이 없으면 어쩌나...

5. 더 이상... negation: not ... any more; no longer; no more

The pattern 더 이상 consists of the adverb 더 'more' and another adverb 이상 'more than', 'over', or 'beyond'. The pattern is used only in negation. The pattern 더 이상... negation means 'not any more', 'no longer', or 'no more'.

(1) 어머니가 돌아가신 후 호랑이는 더 이상 나타나지 않았습니다.
After his mother passed away, the tiger no longer appeared.
(2) 너무 배가 불러서 더 이상 못 먹겠다.
(3) 아이는 더 이상 큰 소리로 울지 않았습니다.
(4) 아버지는 더 이상 게으른 아들을 도와주지 않았다.
(5) 그는 병이 다 나아서 더 이상 병원에 가지 않아도 된다.

Substitution Drill

1. <보기>와 같이 '...는 순간'을 이용하여 문장을 고쳐 쓰세요.

<보기> 호랑이가 나무꾼을 잡아 먹으려고 달려들었다. 그 순간 나무꾼은 호랑이 앞에 엎드리며 외쳤다.
=> 호랑이가 나무꾼을 잡아 먹으려고 달려드는 순간, 나무꾼은 호랑이 앞에 엎드리며 외쳤다.

(1) 밖으로 나가려고 했다. 그 순간 어머니가 부르셨다.
(2) 차에서 내렸다. 그 순간 비가 내리기 시작했다.
(3) 아기가 엄마를 보았다. 그 순간 울음을 그쳤다.

2. <보기>와 같이 '...ㄴ 줄만 알다'를 이용하여 문장을 고쳐 쓰세요.

<보기> 형님이 오래 전에 산으로 나무를 하러 간 뒤 돌아오지 않아 죽었다고 생각했다.
=> 형님이 오래 전에 산으로 나무를 하러 간 뒤 돌아오지 않아 죽은 줄만 알았다.

(1) 길이 너무 막혀서 학교에 늦었다고 생각했다.
(2) 눈이 너무 많이 와서 학교가 쉰다고 생각했다.
(3) 철수가 아무 말도 하지 않아서 화가 났다고 생각했다.

3. <보기>와 같이 '...면 어쩌나'를 이용하여 문장을 고쳐 쓰세요.

<보기> 호랑이가 진짜 따라온다.
=> 호랑이가 진짜 따라오면 어쩌나...

(1) 내일 날씨가 너무 덥다.
(2) 컴퓨터가 고장난다.
(3) 영수가 화를 낸다.

4. <보기>와 같이 '더 이상 ... neg.'을 이용하여 문장을 고쳐 쓰세요.

<보기> 어머니가 돌아가신 후 호랑이는 (나타났다).
=> 어머니가 돌아가신 후 호랑이는 더 이상 나타나지 않았다.

(1) 영이와 철수는 싸워서 (만난다).
(2) 민수는 건강을 위해서 (담배를 피운다).
(3) 철수는 (미국에서 산다).

Grammar Drill

1. 다음 <보기>와 같이 바꾸세요.

<보기> 나무하는 사람 => 나무꾼

(1) 사냥하는 사람
(2) 일하는 사람
(3) 노름하는 사람
(4) 장사하는 사람
(5) 구경하는 사람

2. 다음 <보기>와 같이 바꾸세요.

<보기> 밤과 낮 => 밤낮

(1) 남과 북
(2) 안과 밖
(3) 남과 여
(4) 동과 서
(5) 위와 아래

3. 다음 단어들을 <보기>와 같이 고치고 그 뜻을 영어로 말해 보세요.

<보기> 정성 => 정성껏

(1) 마음
(2) 힘
(3) 재주
(4) 실력
(5) 욕심

연 습 문 제 (Exercises)

1. Answer the following questions.

(1) 나무꾼은 호랑이를 왜 형님이라고 불렀습니까?
(2) 나무꾼의 이야기를 들은 호랑이가 눈물을 흘린 이유는 무엇입니까?
(3) 나무꾼이 호랑이에게 함께 집으로 가자고 했을 때 호랑이는 왜 가지 않았습니까?
(4) 호랑이가 나무꾼에게 한 약속은 무엇입니까?
(5) 어머니가 돌아가신 후 호랑이는 왜 더 이상 나타나지 않았습니까?

2. Translate the following sentences.

(1) The moment I entered the room, the baby began crying. (...는 순간)
(2) The moment Sumi opened the window, a cat came in. (...는 순간)
(3) It was so late that I just thought you went to sleep. (... ㄴ 줄만 알다)
(4) Because John bought a Mercedes, I just thought he was rich. (...ㄴ 줄만 알다)
(5) You mean you're coming now? (... 다고?)
(6) You mean we have a Korean test tomorrow? (...다고?)
(7) What if Sumi doesn't come today? (...면 어쩌나)
(8) What if nobody comes to my birthday party? (...면 어쩌나)

(9) Sumi is not my friend any more. (더 이상 ... 않다)
(10) Youngsu doesn't live in L.A. any more. (더 이상 ... 않다)

3. Complete each dialogue with your own ideas.

(1) 나무꾼의 어머니는 무슨 꿈을 꾸었어요?
호랑이를 만난 꿈을 꾸었어요.
(여러분은) 대개 무슨 꿈을 꾸어요?
____

(2) 나무꾼은 누구와 결혼했어요?
예쁜 여자와 결혼했어요.
(여러분은) 어떤 사람과 결혼하고 싶어요?
____

(3) 호랑이는 어머니에게 무엇을 드렸어요?
짐승을 잡아서 드렸어요.
(여러분은) 부모님에게 무엇을 드리고 싶어요?
____

4. 다음은 철수가 어머니를 기쁘게 해드리기 위해 한 일들입니다. 여러분이 부모님이나 다른 어른을 기쁘게 해드리기 위해 한 일들을 말해 보세요.

저는 이번 어머니날에 어머니를 아주 기쁘게 해드리고 싶었습니다. 그래서 어머니께 드릴 선물을 샀습니다. 어머니가 오페라를 좋아하시기 때문에 오페라 공연 티켓 두 장을 선물로 샀습니다. 그리고 카드도 한 장 사서 카드에 이렇게 썼습니다. "어머니, 사랑해요."

5. Create a dialogue between A and B based on the following situation.

I. Situation

A is a tiger living in the mountains.
B is a traveler who is unfortunately faced with the tiger in the deep mountains.

II. Role Play

A is very hungry and wants to eat B. Though B makes some excuses, A does not believe them.
B is scared stiff but soon makes a desperate effort to escape B's death. Make up a story that A was B's human brother and their mother is still waiting for A. B must convince A to believe his story.

6. 여러분이 본문의 나무꾼과 같이 호랑이와 마주치는 상황에 처했다고 상상해 보세요. 여러분은 어떤 방법으로 그 위험에서 빠져 나오겠습니까? 간단하게 글로 써 보세요.

낱 말 (Glossary)

[본문]

효자	a devoted son
너무나	too (adjective/adverb)
마침	in the nick of time; fortunately
꾀	resourcefulness; a trick
떠오르다	to occur (to one); come into one's mind
잡아 먹다	to catch and eat
...으려고	in order to do something
...는 순간	the moment ...
엎드리다	to prostrate oneself
외치다	to cry out
어이구	Oh!
몰라보다	to fail to recognize
깜짝 놀라다	to be surprised
아니	well; why; dear me; good heavens
어째서	why; for what reason; how is it that
거짓말을 하다	to tell a lie
오래 전에	long time ago
...ㄴ 뒤	after ...
...줄만 알다	to know only that
꿈	dream
변하다	to change

밤낮으로	day and night; everytime
다정하게	friendly
잠기다	to be absorbed (in ...)
진짜	really
어쩌나	What shall I do?
짐승	an animal
모습	appearance
뵙다	to see; meet; have the honor to see (a person)
...대신	instead of ...
보살펴 드리다	to take care of
한 달에 두 번씩	twice a month
잡다	to catch
무사히	safely
마당	yard
산돼지	a wild boar
도움	help
...대로	as ...
정성껏	wholeheartedly; devotedly
돌아가시다	to pass away
무덤	a tomb
곁에	beside
슬프게	sadly
효성	filial piety
감동을 받다	to be impressed
널리	far and wide; all over (a certain place)
알리다	to inform; report

[대화]

선녀	a fairy; nymph
아가씨	young lady; Miss
목욕	a bathing; bath
감추다	to hide; conceal

[낱말의 쓰임]

얼른	quickly; swiftly
돌보다	to take care (of ...)
장애인	handicapped person
대접하다	to treat
고아	orphan
소설	novel

[문형 연습]

켜다	to turn on
전기	electricity
전기가 나가다	the power is cut off
팔리다	to be sold
길을 잃다	to get lost
배가 부르다	to have a full stomach
게으르다	to be lazy
낫다	to recover; be cured

[Drills]

막히다	to be blocked
학교가 쉬다	school is closed
고장나다	to be out of order
싸우다	to fight
건강	health
사냥	hunt
노름	gambling
장사	trade; business
구경	a spectacle; attraction; sight
실력	competency; ability
욕심	greed

[연습 문제]

대개	usually
공연	performance
상황	situation
위험	danger
상상하다	to imagine
간단하게	shortly

제 8 과 한국의 대도시들

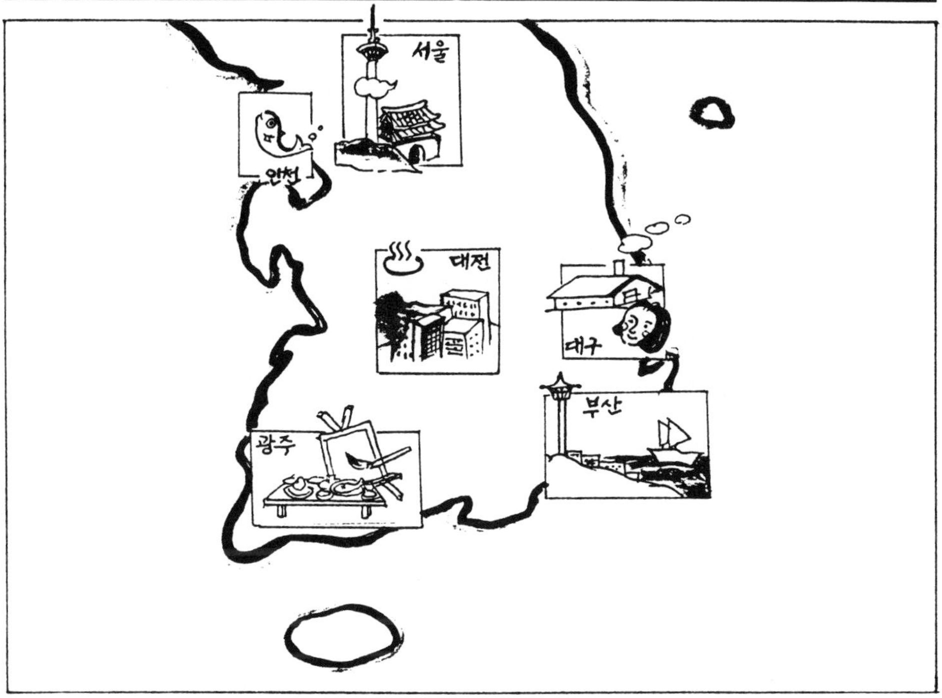

한국에는 서울특별시 외에도 다섯 개의 대도시가 있다. 이 대도시들은 저마다 독특한 매력을 가지고 있다.

[부산]

부산은 서울에 이어서 한국에서 두 번째로 큰 도시이며 제 1의 항구도시이다. 바다와 바로 맞닿아 있어서 날씨가 아주 온화하며 한 겨울에도 그리 춥지 않다. 부산은 피서지로도 유명하다. 전국적으로 유명한 해운대 해수욕장에는 여름이면 많은 사람들이 몰린다.

[대전]

대전은 남한의 한가운데에 위치해 있어서 옛날부터 교통의 중심지였다. 서울에서 자동차로 두 시간 가량 걸리는 대전은 살기가 편리하고 깨끗한 도시이다. 지금은 많은 정부기관과 과학 연구단지가 있다. 또한 대전은 근교에 유명한 온천이 있어서 한 번 가 볼 만하다.

[인천]

서해안에서 가장 큰 항구도시인 인천은 남한의 대도시 중 서울과 가장 가깝다. 중국과 거리가 가까워서 아시아에서 중요한 무역항 중의 하나이다. 인천의 부두에서는 싱싱한 회를 바로 먹을 수 있고 많은 젊은이들이 데이트를 즐긴다.

[광주]

광주는 한국의 남서 지역에서 가장 큰 도시이다. 많은 화가와 작가들이 광주 지역에서 태어나 활동했기 때문에 예술의 도시로 불린다. 역사적으로 광주는 저항 운동으로 유명하다. 1980년에는 독재에 대항한 민주화 운동이 일어나기도 했다. 광주는 또한 음식 맛이 좋기로 소문이 나 있다. 광주에 가면 다른 곳에서 볼 수 없는 특이한 음식들을 많이 볼 수 있고 음식상이 아주 푸짐하다.

[대구]

한국의 남동 지역 중심에 위치한 대구는 옛날부터 산업과 상업의 중심지였다. 대구에는 전국에서 가장 큰 재래시장이 있다. 대구는 더운 날씨로도 유명하다. 한국에서 여름에 기온이 가장 높은 곳이다. 대구는 사과 생산지로도 유명하다. 한국에는 사과를 많이 먹으면 미인이 된다는 말이 있는데 그래서 대구에는 미인이 많다고들 한다.

대 화 (Dialogues)

(I) 한국 여행

메리: 이번 여름에 한국에 가려고 하는데 어디를 가보면 좋겠니?
수미: 복잡한 도시가 좋으니 아니면 조용한 시골이 좋으니?
메리: 나는 도시가 좋아. 그리고 바다에도 가 보고 싶어.
수미: 바다에 가고 싶다니까 부산에 가는 것이 좋겠어.
메리: 부산은 어디에 있어? 서울에서 멀어?
수미: 서울에서 기차를 타고 남쪽으로 한 다섯 시간쯤 가면 돼.
메리: 알았어. 여러 가지 얘기해줘서 고마워.

(II) 부모님 고향

선생님: 수지는 부모님 고향이 어디인지 아니?
수지: 네. 광주에요.
선생님: 그곳은 음식이 맛있기로 유명한 곳이지. 거기 가 봤니?
수지: 이제까지 세 번 가 봤어요.
선생님: 거기 갔을 때 맛있는 음식을 많이 먹었니?
수지: 음식은 맛 있었는데 살이 찔까봐 많이 못 먹었어요.

(III) 대도시 여행

영수: 챨리! 정말 오래간만이다. 그동안 어떻게 지냈니?
챨리: 지난 일 년 동안 한국에 가서 일을 했어. 미국에 돌아온 지 얼마 안 됐어.
영수: 그랬구나. 한국에서 구경은 많이 했니?
챨리: 주중에는 일을 해야 하니까 주말을 이용해서 대도시 여행을 많이 했어.
영수: 어디 어디 다녔는데?
챨리: 부산, 대구, 인천, 광주, 대전에 가 봤어.
영수: 야! 정말 많이 다녔구나. 그래 어디가 제일 마음에 들었어?
챨리: 나는 인천이 좋았어. 내가 일하던 서울에서도 가깝고 바다 경치도 멋있어서.

낱말의 쓰임 (Vocabulary Usage)

1. 저마다: each (one); respectively; one's own

    학생들은 저마다 좋아하는 가수가 있다.
    사람들에게는 저마다 장점이 있다.

2. 독특하다: to be peculiar (to)

    그 사람의 목소리는 매우 독특하다.
    영희는 독특한 버릇을 가지고 있다.

3. 바로: just; right; immediately; properly; directly; straight

    철수의 집은 바로 학교 앞에 있다.
    학교가 끝나면 바로 집으로 오세요.

4. 맞닿아 있다: to be in touch (physically); be right next to

그의 집은 공원과 맞닿아 있다.
한국과 중국은 서로 맞닿아 있다.

5. 온화하다: [the weather] to be mild or temperate

이 곳은 날씨가 항상 온화하다.
나는 온화한 날씨가 좋다.

6. 피서지: a summer resort

제주도는 유명한 피서지 중의 하나이다.
방학이 되어서 많은 학생들이 피서지로 떠났다.

7. 전국적으로: nationwide; all across the country

이 식당은 전국적으로 유명하다.
그 소문이 전국적으로 퍼졌다.

8. 몰리다: to crowd

주말에는 이 공원에 많은 사람들이 몰린다.
세일 기간에는 백화점에 사람들이 많이 몰린다.

9. 중심지: the center

로스앤젤레스는 미국 영화 산업의 중심지이다.
프랑스 파리는 유럽 문화의 중심지였다.

10. 가량: or so; about; approximately

집에서 학교까지 한 시간 가량 걸린다.
철수가 집에서 나간 지 삼십 분 가량 되었다.

11. 역사적으로: historically

그것은 역사적으로 중요한 사건이었다.
역사적으로 한국은 중국과 가까운 사이였다.

12. 활동하다: to be active; to be actively engaged
그 작가는 미국에서 활동했다.
영희는 가수로 활동하기를 원한다.

13. 대항하다: to confront
철수는 그 사람과 대항하여 싸웠다.
강도를 만나면 대항하지 않는 게 좋다.

14. 특이하다: to be unique; to be distinctive
이 곳에는 특이한 물건들이 많다.
그 사람은 별로 특이한 점이 없다.

15. 푸짐하다: (food) to be abundant; be copious
저녁상이 아주 푸짐하다.
푸짐한 음식을 보니 먹지 않아도 배가 부른 것 같다.

문 형 연 습 (Patterns)

1. ...외에도: besides; in addition to...; other than ...

The pattern ...외에도 consists of three elements, the dependent noun 외 'outside', the particle 에 'to' or 'in', and 도 'also'. The particle 도 'also' can be deleted without change in the meaning. With the particle 도 'also', the 'addition' meaning is emphasized. Thus, the pattern means 'something (someone) in addition to something (or someone)'.

(1) 한국에는 서울특별시 외에도 다섯 개의 대도시가 있다.
In Korea, there are five other metropolises besides Seoul.
(2) 그 식당에는 비빔밥 외에도 맛있는 것들이 많다.
(3) 김 선생님 외에도 다섯 분이 더 오실 겁니다.
(4) 한국에는 서울 외에도 가 볼 만한 곳이 많다.
(5) 나는 한국어 외에 다른 과목도 듣고 있다.

2. ...에 이어서: following...; next to...

The pattern consists of three elements, the particle 에 'to' or 'at', the verb form 이, whose stem form is 잇 'to succeed' or 'to continue', and the conjunctive 어서 'and'. Nouns or noun phrases occur before this pattern. The pattern roughly means 'following...', 'next to...', and 'after ...'.

(1) 부산은 서울에 이어서 한국에서 두 번째로 큰 도시이다.
Pusan, following Seoul, is the second largest city in Korea.
(2) 철수에 이어서 영희가 두 번째로 들어왔다.
(3) 나는 수학에 이어서 생물을 두 번째로 좋아한다.
(4) 미국과 일본에 이어서 한국이 올림픽에서 많은 메달을 땄다.
(5) 나는 우리 반에서 철수, 민수에 이어서 세 번째로 키가 크다.

3. 한: right (in the middle of ...)

The word 한 means that something such as a day or season is in its peak state, meaning 'right in the middle of...'.

(1) 부산 사람들은 한 겨울에도 춥지 않은 날씨를 즐긴다.
Even in the peak of winter, residents from Pusan can enjoy the mild weather.
(2) 그 방 한 가운데에 의자가 놓여 있다.
(3) 한 밤중에 영희한테서 전화가 왔다.
(4) 그 사람은 한 여름에도 긴팔 옷만 입는다.
(5) 어린아이가 길 한 가운데에서 놀고 있다.

4. ...ㄹ /을 만하다: to be worth ...ing; be worthwhile ...

The pattern ...ㄹ /을 만하다 is used with action verbs. It means that something is worth doing.

(1) 부산에서는 유명한 어시장인 자갈치 시장도 가볼 만하다.
In Pusan, it's worthwhile to visit the Jakalchi fish market.
(2) 이 음식은 한 번 먹어볼 만하다.

(3) 이 책은 어린 아이들에게도 읽어줄 만하다.
(4) 서울의 인사동은 한 번 구경할 만하다.
(5) 이 영화는 꼭 한 번 볼 만하다.

Substitution Drill

1. <보기>와 같이 '...외에도'를 이용하여 문장을 고치세요.

<보기> 한국에는 다섯 개의 대도시가 있다. (서울특별시)
=> 한국에는 서울특별시 외에도 다섯 개의 대도시가 있다.

(1) LA에는 가 볼 만한 곳이 많다. (디즈니랜드)
(2) 나는 장갑이 필요하다. (모자)
(3) 우리 학교에는 일본어와 중국어 수업이 있다. (한국어)

2. <보기>와 같이 '...에 이어서'를 이용하여 문장을 고치세요.

<보기> 부산은 한국에서 두 번째로 큰 도시이다. (서울)
=> 부산은 서울에 이어서 한국에서 두 번째로 큰 도시이다.

(1) 메리가 우리 반에서 두 번째로 한국말을 잘 한다. (존)
(2) 한라산은 한국에서 두 번째로 높은 산이다. (백두산)
(3) 미국은 세 번째로 큰 나라이다. (러시아와 캐나다)

3. <보기>와 같이 '...ㄹ/을 만하다'를 사용하여 문장을 고쳐 쓰세요.

<보기> 부산에서는 유명한 어시장인 자갈치 시장도 가보다.
=> 부산에서는 유명한 어시장인 자갈치 시장도 가볼 만하다.

(1) 김 선생님 강의는 한 번 들어보다.
(2) 서울에서 부산 가는 기차는 한 번 타보다.
(3) 이 맥주는 한 번 마셔보다.

Grammar Drill

1. <보기>와 같이 접두사 '맞'을 사용하여 동사의 형태를 바꾸고 뜻을 말하세요.

   <보기> 닿아 있다 => 맞닿아 있다

   (1) 붙어 있다
   (2) 대다
   (3) 잡다

2. <보기>와 같이 '가'를 붙여서 형태를 바꾸고 뜻을 말하세요.

   <보기> 바다 => 바닷가

   (1) 시내
   (2) 귀
   (3) 호수

3. <보기>와 같이 '-적으로'를 붙여서 형태를 바꾸고 뜻을 말하세요.

   <보기> 역사 => 역사적으로; 전통 => 전통적으로; 전국 => 전국적으로

   (1) 과학
   (2) 시대
   (3) 세계
   (4) 정신
   (5) 학문

연 습 문 제 (Exercises)

1. 다음 질문에 답하세요.

(1) 부산의 날씨는 어떤 특징이 있습니까?
(2) 대전이 옛날부터 교통의 중심지였던 이유는 무엇입니까?
(3) 인천이 아시아에서 중요한 무역항 중의 하나인 이유는 무엇입니까?
(4) 광주는 왜 예술의 도시로 불립니까?
(5) 왜 대구에는 미인이 많다고들 합니까?

2. 다음 문장들을 주어진 문형을 사용하여 번역하세요.

(1) Mr. Kim has two more daughters other than Mary. (...외에도)
(2) Other than this homework, I have lots of things to do today. (...외에도)
(3) Los Angeles is the third largest city in the U.S. following New York and Chicago. (...에 이어서)
(4) I like tennis best of all and swimming next. (...에 이어서)
(5) There is a Christmas tree right in the middle of the restaurant. (한)
(6) Most people go to the beach in midsummer. (한)
(7) It is worthwhile to visit Korea once. (...ㄹ/을 만하다)
(8) This food is not worth eating. (...ㄹ/을 만하다)

3. Complete each dialogue with your own ideas.

(1) 부산은 무엇이 유명해요?
해운대 해수욕장이 유명해요.
(여러분의) 고향은 무엇이 유명해요?
____

(2) 대전은 서울에서 얼마나 걸려요?
자동차로 두 시간 가량 걸려요.
(여러분이) 사는 곳은 학교에서 얼마나 걸려요?
____

(3) 여름에 부산에 왜 사람들이 몰려요?
피서지이기 때문이에요.
(여러분은) 피서지로 어디에 가고 싶어요?

____

4. 다음에서와 같이 가장 가보고 싶은 곳과 그 이유를 말해 보세요.

저는 한국의 제주도에 제일 가보고 싶어요. 제주도에는 경치가 좋은 곳이 아주 많다고 해요. 그리고 제주도의 한 가운데에 한라산이라는 아주 높은 산이 있는데 그 산에도 올라가보고 싶어서요.

5. Create a dialogue between A and B based on the following situation.

I. Situation

A and B are friends. They are going to plan a trip together, but have not decided on the place yet.

II. Role Play

A chooses one city among five cities in the text. He/she explains the characteristics of the city and exaggerates the merit, insisting to go there.

B also chooses one city from the text. He/she has a different opinion than A because he/she thinks his/her choice is much better to try out. B tells A about the advantages of visiting that city and persuades him/her to take a trip over there instead.

6. 본문을 통해 우리는 한국의 대도시들과 그 곳들의 특징을 배웠습니다. 여러분이 여행한 도시들 가운데 기억에 남는 도시에 대해 간략하게 써 보세요. (특히 아래 주어진 질문들에 대해 적으세요.)

(1) 그 도시의 이름은 무엇입니까?
(2) 언제, 어떤 일로 그 도시를 여행했습니까?
(3) 그 도시의 위치는 어디입니까?
(4) 그 도시는 무엇으로 유명합니까? (또는 왜 그 도시가 기억에 남습니까?)

낱 말 (Glossary)

[본문]

대도시	a metropolis
특별시	the special city [district]
저마다	each (one); respectively
독특한	peculiar
매력	a charm; appeal
항구	a port
바로	just; right; immediately; properly; directly; straight
맞닿아 있다	to be in touch (physically); be right next to
온화하다	[the weather] to be mild, temperate
그리	so (much); (not) so....
즐기다	to enjoy
피서지	a summer resort
...로 유명하다	to be famous for ...
전국적으로	nationwide
해수욕장	a resort on the beach
몰리다	to crowd
위치하다	to be located
가량	or so; about; approximately
편리하다	to be convenient
기관	an organization; an institution; an organ
단지	a complex
근교	the suburbs; outskirts
온천	a hot spring
서해안	the west coast
거리	distance
아시아	Asia
무역항	a trade port
부두	a wharf; a pier
회	(sliced) raw fish; sashimi
젊은이	a youngster
남서	southwest
지역	a region; an area
화가	a painter; an artist
작가	a writer
태어나다	to be born
활동하다	to be active; to be actively engaged

예술	art
역사적	historical
저항	resistance; defiance
운동	movement
독재	dictatorship; tyranny
대항하다	to confront
민주화	democratization
민주화 운동	a movement for democratization
소문	a rumor; gossip
소문이 나다	to be talked about
특이하다	to be unique; to be distinctive
음식상	the dinner table
푸짐하다	(food) to be abundant; be copious
남동	southeast
산업	industry
상업	commercial
재래시장	a conventional market
기온	temperature
생산지	a producing center/area

[대화]

아니면	either... or...
한	about; approximately
쯤	about; around; nearly
부모님	parents
주 중	weekdays
멋있다	to be tasteful; be elegant; be fine

[낱말의 쓰임]

장점	a strong point; an advantage; a merit
퍼지다	to spread
사건	a happening; an accident; an event
사이	relationship
강도	a robber; a burglar
별로	in particular; especially

[문형 연습]

메달을 따다	to obtain a medal
반	a class

긴 팔 (옷)	(a dress with) long sleeves
인사동	Insa-Dong [a district located in Seoul]

[Drills]

장갑	gloves; mittens
강의를 듣다	to attend a lecture
맥주	beer
붙어 있다	to stick; adhere; cling
대다	to connect; link; bring into; contact
시내	a brook(let); a stream(let)
호수	a lake
정신	mind; spirit; soul
학문	studies; learning

[연습 문제]

기억에 남다	to remain in one's memory

제 9 과 편 지

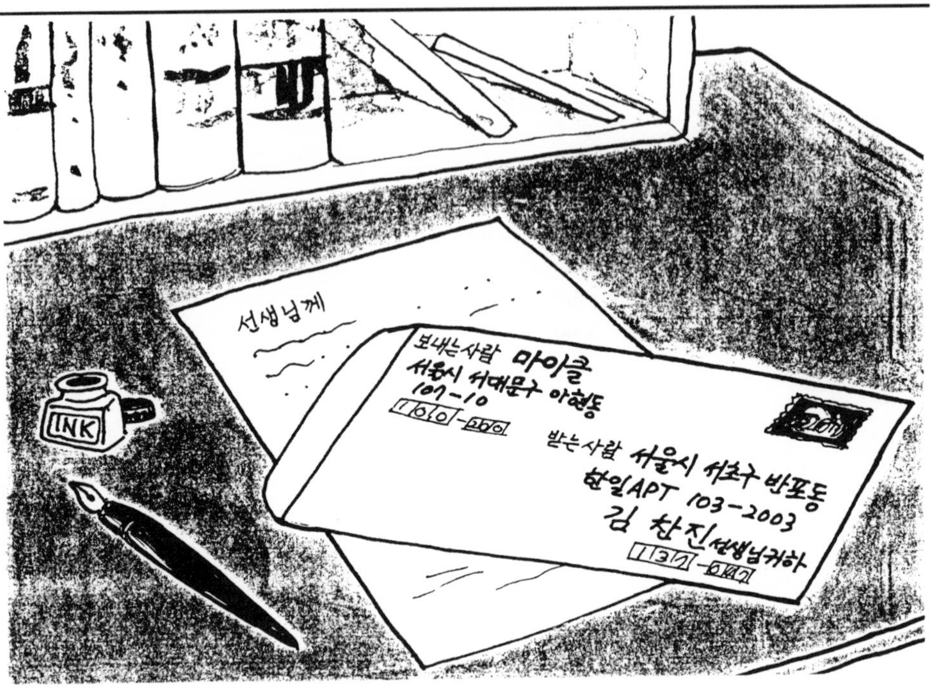

선생님께

선생님 그 동안 안녕하셨어요? 학교에 계시는 선생님들께서도 안녕하시겠지요? 저도 건강하게 잘 지내고 있습니다. 지금 생각해 볼 때 선생님과 같이 공부하던 때가 가장 즐거웠습니다. 학교에서는 장난도 할 수 있고 농담도 할 수가 있었는데 사회에서는 점잖게만 행동해야 하니까 답답해서 죽겠어요.

며칠 전에 우리 반에서 같이 공부하던 존을 길에서 우연히 만났는데 곧 귀국할 모양이더군요. 그래서 저희들이 파티를 해 주기로 했는데 선생님도 모시기로 했습니다. 4월 25일 토요일 오후 5시 종로 한일관 3층에서 만나기로 했으니 꼭 참석해 주셨으면 좋겠습니다.

그럼 몸 건강히 안녕히 계십시오.

2000년 4월 10일

마이클 올림

형식에게

참 오래간만이구나. 그동안 아버지, 어머니께서도 안녕하시고 너도 잘 있었니? 나도 잘 지내. 내가 한국에 가 있는 동안 너무나 잘 해 주어서 참 고마웠어. 네 부모님의 따뜻한 사랑도 많이 받았고, 또 너에게서 배운 것도 많았어.

내가 아직 대학을 마치지 못했다는 것 너도 알고 있지? 그것은 경제적 이유 때문이야. 돈 벌어서 공부를 끝내야 할 것 같아. 그래서 요즘 주유소에서 일하고 있어.

너희 집에 있을 때 내가 한 번 데려간 적이 있는 호주 친구 기억하니? 그 친구한테서 편지가 왔는데 이 번 여름에 한국 여자와 결혼을 한대. 한국에서 결혼해서 자기 고향에 가서 살 거라고 하더군. 네가 내 대신 찾아가 좀 돌봐줘. 다른 나라에서 결혼한다는 게 그리 쉬운 일은 아니잖니? 이제 주유소에 일하러 가야겠다. 다음에 또 편지할게. 그럼 잘 있어.

3월 5일

LA에서 찰스가

대 화 (Dialogues)

(I) 답장 쓰기

메리: 어휴, 어떻게 하지?

영희: 메리야, 왜 그러니? 무슨 걱정이 있니?

메리: 응. 어제 서울에 계신 이모에게서 편지를 받았는데 답장을 어떻게 해야 할 지 고민이다.

영희: 왜?

메리: 한국말로 말하는 건 괜찮은데, 글로 쓰는 건 자신이 없어서 그래.

영희: 너무 걱정하지마. 네가 원한다면 내가 도와줄게.

(II) '편지가 더 좋아'

철수: 영희야, 나 친구에게서 편지 받았다.

영희: 그래? 좋겠다. 왜 나한테는 편지를 보내는 사람이 없지? 요즘 사람들은 옛날보다 편지를 훨씬 덜 쓰는 것 같아.

철수: 글쎄, 그런 것 같기도 해. 아마 전화를 쓰는 게 더 편하니까 그럴 거야.

영희: 그래도 나는 편지를 받는 게 더 기분이 좋더라. 왠지 더 가깝게 느껴지는 것 같아.

철수: 그래? 그렇다면 네가 먼저 다른 사람한테 편지 좀 써 봐라.

(III) 편지 봉투 쓰는 법

철수: 존, 뭐 하고 있니?

존: 한국에 있는 친구한테 보낼 편지를 한 장 썼어. 이제 편지 봉투에 주소만 쓰면 돼.

철수: 너 한국에서는 편지 봉투에 주소를 쓰는 순서가 여기와 다르다는 것 알고 있니?

존: 그럼, 먼저 받는 사람 이름을 쓰고, 다음 줄에 지역, 도시, 동네, 번지 수 순서로 쓰면 되지. 우편 번호는 맨 아래에 쓰고.

철수: 그래, 맞아. 너 참 똑똑하구나.

낱말의 쓰임 (Vocabulary Usage)

1. ...동안: during ...; for ...

    우리 가족은 삼 년 동안 독일에서 살았다.
    그 선생님은 17년 동안 그 대학에서 가르쳤다.

2. ...겠지요: (I) assume that ...

    시험 준비는 잘 돼 가고 있겠지요?
    이번에는 모든 것이 잘 되겠지요.

3. 지내다: to live; to pass (spend) one's time

    요즈음 어떻게 지내고 계세요?
    우리 가족은 모두 잘 지내고 있어요.

4. 점잖게: decently; gently; in a dignified way

그 교수님은 점잖게 말씀하셨다.
그 남자는 다른 사람들 앞에서 점잖게 행동했다.

5. 답답하다: to be bored; be boring; be clumsy; be slow

공부만 매일 하니까 아주 답답하다.
저 사람은 하는 행동이 아주 답답하다.

6. ...고 싶다: to want to ...

우리는 그 영화를 보고 싶었다.
오늘은 아파서 일찍 자고 싶다.

7. 모시다: to invite

그 음악회에 아버지를 모시기로 했다.
이번 모임에 여러 선생님들을 모시자.

8. 참석하다: to attend

우리 아버지는 그 회의에 참석하러 가셨다.
바빠서 친구 여동생의 결혼식에 참석할 수 없었다.

9. 참: really

그 여학생은 참 즐겁게 그 일을 했다.
그 부부는 참 행복하게 살았다.

10. 마치다: to finish

철수는 모든 일을 마치고 집에 돌아갔다.
그 청년은 이미 대학을 마쳤다.

11. 경제적: economic

경제적 이유 때문에 학교를 그만 두었다.
이것은 정치적 문제가 아니라 경제적 문제다.

12. 돈을 벌다: to make money

 존은 그 일을 해서 돈을 많이 벌었다.

 공부를 하면서 돈을 버는 것은 쉽지 않다.

13. 기억하다: to remember

 당신은 아직도 그것을 기억하고 계세요?

 그 사람은 머리가 좋아서 많은 것을 기억하고 있다.

14. 찾아 가다: to go and visit

 나는 아픈 친구를 병원으로 찾아 갔다.

 그 학생은 그 박물관을 자주 찾아 간다.

15. 그리: so

 이 문제는 왜 그리 어려울까?

 나는 지금 그리 배고프지 않아.

문형 연습 (Patterns)

1. ...께서: honorific subject marker

The element 께서 is an honorific subject marker; thus, ...께서 substitutes for the regular subject marker 가/이 to indicate the speaker's reverence to the subject. However, the element 께서 is different from the regular subject marker 가/이 in its use with other particles 는 and 도; that is, the topic marker 는/은 and the particle 도 'also' can occur after 께서, but cannot occur after the regular subject marker.

(1) 선생님들께서도 안녕하시겠지요?

 I assume that all teachers are alright.

(2) 박 선생님께서도 우리에게 좋은 말씀을 해 주셨다.

(3) 사장님께서 교통 사고를 당하셔서 병원에 입원하셨다.

(4) 할머니께서는 이번 일요일에 우리 집에 오시지 않는다.

(5) 어머니께서 우리들에게 옛날 얘기를 해주셨다.

2. ...어(서) 죽겠다: I am dying to ...

The pattern ...어(서) 죽겠다 expresses the speaker's extreme emotional or physical state, such as strong desire, a state of deep emotion, fatigue, sickness, injury, etc. This pattern is used mostly in colloquial casual speech.

(1) 사회에서는 점잖게만 행동해야 하니까 답답해서 죽겠어요.
Because I have to behave well in the society, I am bored to death.
(2) 가족들이 보고 싶어 죽겠어요.
(3) 어젯 밤에 잠을 충분히 못자서 피곤해 죽겠어요.
(4) 어려운 일을 자꾸 하니까 힘들어 죽겠어요.
(5) 오랫 동안 걸었더니 다리가 아파서 죽겠어요.

3. ...은/ㄴ 적이 있다: to have done something; have the experience of doing something

The pattern ...은/ㄴ 적이 있다 is used with the verb stem to express that an event of a certain type took place at least once during the period before the time of the speech event. We can simply say that this pattern expresses one's past experience. This pattern can be substituted by the pattern ...은/ㄴ 일이 있다 without any change of meaning. The meaning of this pattern is roughly '(someone) has done ...' or 'one has the experience of doing ...'. The negative form of this pattern is 은/ㄴ 적이 없다 '(someone) has never done ...' or 'one does not have the experience of doing ...'.

(1) 내가 한번 데려간 적이 있는 호주 친구 기억나니?
Do you remember my Australian friend whom I once brought to your home with me?
(2) 철수는 그 책을 읽은 적이 있다.
(3) 나는 작년에 그 사람을 만난 적이 있다.
(4) 나는 그 곳에 놀러 간 적이 있다.
(5) 그 학생은 시험에 떨어진 적이 있다.

4. 아니잖니?: something (or someone) is not ..., is it(he)?; (as you know) something/ someone is not ...

The pattern 아니잖니 is a contracted form of the double negation form 아니지 않니. Although the pattern involves two negative forms, it still denotes negation for the content of the sentence. The last element 니 in this pattern indicates a question. In the use of this pattern, the speaker assumes that the hearer knows what the speaker is talking about, thus soliciting the hearer's consent or agreement about what he is talking about. Therefore, the pattern denotes the meaning of English tag questions such as 'something is not ..., is it?' or it implies meanings such as 'as you know' or 'as you can see'. The pattern 아니잖니 expresses the meaning 'someone/something is not ..., is it/he?', '(as you know), something/someone is not ...', or '(as you know or as you can see) it is not Adj. to do ...'.

(1) 사고 방식이 다른 나라에서 결혼한다는 게 그리 쉬운 일은 아니잖니?
It's not easy to get married in a country where people's way of thinking is different from one's own, is it?
(2) 잠을 조금 늦게 자는 것이 어려운 일은 아니잖니?
(3) 오랫 동안 일을 하는 것이 쉬운 일은 아니잖니?
(4) 비가 많이 올 때 운전하는 것은 쉬운 일이 아니잖니?
(5) 친구가 다친 것이 기쁜 일은 아니잖니?

Substitution Drill

* 주어진 문형과 표현을 이용하여 <보기>에서와 같이 문장을 완성하세요.

1. ...어서 죽겠다

<보기> 사회에서는 점잖게만 행동해야 하니까 답답하다.
=> 사회에서는 점잖게만 행동해야 하니까 답답해서 죽겠다.

(1) 아침에 너무 일찍 일어났더니 졸리다.
(2) 점심을 먹지 않아서 배가 고프다.
(3) 한국 음식이 먹고 싶다.

2. ...은 적이 있다.

<보기> 한 번 호주 친구를 데려갔었다.
=> 한 번 호주 친구를 데려간 적이 있다.

(1) 전에 한국말을 배웠었다.
(2) 이 영화를 보았었다.
(3) 나는 일 년 전에 제주도를 여행했었다.

3. ...아니잖니?

<보기> 다른 나라에서 결혼한다는 게 쉽지 않다.
=> 다른 나라에서 결혼한다는 게 쉬운 일은 아니잖니?

(1) 다른 나라에서 공부하는 것이 쉽지 않다.
(2) 음식을 만드는 것이 어렵지 않다.
(3) 아이를 돌보는 것이 쉽지 않다.

Grammar Drill

1. 다음의 동사/형용사들을 <보기>에서와 같이 '...(어/아)서'의 형태로 바꾸어 보세요.

<보기> 게으르다 => 게을러서

(1) 기르다
(2) 이르다
(3) 빠르다

(4) 모르다
(5) 고르다

2. <보기>에서와 같이 '...스럽다'를 이용하여 주어진 명사를 형용사로 바꾸고 그 뜻을 말하세요.

<보기> 고생 => 고생스럽다

(1) 자연
(2) 변덕
(3) 영광
(4) 멋
(5) 바보

3. <보기>에서와 같이 sentence ending을 바꾸고 문장의 뜻을 말하세요.

<보기> 이번 여름에 결혼을 한다. => 이번 여름에 결혼을 한대.

(1) 철수가 이번 방학에 한국에 간다.
(2) 저 분이 철수의 어머니이다.
(3) 한국은 지금 날씨가 춥다.
(4) 그 곳에서 교통 사고가 났다.
(5) 영희가 내일 집으로 올 것이다.

연 습 문 제 (Exercises)

1. Answer the following questions.

(1) 선생님께 드리는 편지는 어느 계절에 쓴 것입니까?
(2) 왜 마이클은 선생님께 편지를 드렸습니까?
(3) 찰스는 지금 무슨 일을 하고 있습니까?

(4) 찰스는 왜 일을 하고 있습니까?
(5) 찰스의 호주 친구가 무엇을 하려고 합니까?

2. Translate the following sentences.

(1) My grandmother went to meet her friend. (...께서)
(2) My uncle also sent me many books. (...께서)
(3) I am starving to death because I have not had any food all day. (...어(서) 죽겠다)
(4) Do you have something to drink? I am dying of thirst. (...어(서) 죽겠다)
(5) I have an experience of fighting with my best friend. (...은/ㄴ 적이 있다)
(6) I have hiked the mountain. (...은/ㄴ 적이 있다)
(7) Solving a difficult problem is not easy, is it? (아니잖니?)
(8) Learning a foreign language is not easy, is it? (아니잖니?)

3. Complete each dialogue with your own ideas.

(1) 마이클은 언제 가장 즐거웠어요?
한국말을 공부할 때 즐거웠어요.
(여러분은) 언제 가장 즐거워요?
____

(2) 마이클은 누구에게 편지를 썼어요?
선생님께 썼어요.
(여러분은) 누구에게 편지를 썼어요?
____

(3) 언제, 어디에서 존은 위해 파티를 하기로 했어요?
토요일 오후 5시, 종로 한일관에서 하기로 했어요.
(여러분의) 생일 파티는 언제, 어디에서 했어요?
____

4. 다음 영희의 이야기를 읽고, 여러분이 받은 편지들 중에서 어떤 편지가 가장 기억에 남는지 말해보세요.

저는 지난 달에 제 친구 수미로부터 받은 편지가 가장 기억에 남아요.
수미는 저의 가장 친한 친구인데 일 년 전에 영국으로 공부하러 갔어요.
가장 친한 친구인 수미한테 오랜만에 편지를 받아서 아주 기뻤어요.

5. Create a dialogue between A and B based on the following situation.

I. Situation

A is a Korean language teacher.
B is a foreigner who was in A's class before and is now working in a Korean company.

II. Role Play

A meets B in a restaurant a year later.
A asks B about B's current situation; where he/she works; how he/she likes it; how much his/her Korean has improved, etc.

B meets A after 1 year. B likes A very much and has missed the times when he/she was in A's class. B describes how much he/she loved A's class and how much he/she appreciated being taught by A. B also tells A about his/her recent life, where he/she works, and what he/she does, etc.

6. Write a letter to one of your friends.

낱 말 (Glossary)

[본문]

장난	a play; prank
농담	a joke
사회	a society
점잖다	to be serious
답답하다	to be boring
...어서 죽겠다	I'm dying to ...
며칠	several days
귀국하다	to go back to one's own country

...ㄹ 모양이다	to look like; seem to ...; appear to do; show signs of ...
저희	we (the humble expression of '우리')
참석하다	to attend
오후	afternoon; p.m.
참	indeed; really
마치다	to finish
경제적	economical
주유소	a gas station
...ㄴ 적이 있다	to have done (something)
호주	Australia
기억나다	to remember
찾아가다	to visit
다르다	to be different
아니잖니?	someone(something) is not....., is s/he(it)?

[대화]

이모	aunt
답장	a written reply; an answer
고민	trouble; worry
자신	confidence
봉투	an envelope
주소	address
순서	an order; a sequence
번지 수	address of a house
우편 번호	zip code

[낱말의 쓰임]

독일	Germany
시험 준비	preparation for a test
교수님	a professor
행동하다	to behave
음악회	a concert
청년	a young man; a youth
머리가 좋다	to be bright; be intelligent
박물관	a museum

[문형 연습]

말씀	saying; lesson (the honorific expression of '말')
교통 사고	a traffic accident
당하다	to suffer; experience
입원하다	to be hospitalized
옛날 얘기	old tales; tales of old
시험에 떨어지다	to fail in an examination
다치다	to be injured; get injured

[Drills]

졸리다	to feel drowsy; become sleepy
기르다	to raise; breed; cultivate
이르다	to carry tales (to a person)
자연	nature
변덕	fickleness; caprice; whim
영광	glory; honor
멋	style

[연습 문제]

기억	memory; recollections
남다	to remain; continue to be
영국	England; (Great) Britain; the United Kingdom

제 10 과 일 기

1월 12일 금요일, 눈

아침에 일어나니 밤새 눈이 하얗게 쌓여 있었다. 동생과 함께 눈 사람을 만들고 있는데, 친구들이 와서 철수가 입원한 병원에 가자고 했다. 나는 가고 싶지 않았다. 왜냐하면 어제 스케이트장에서 내가 넘어졌을 때 철수가 나를 놀려대어 화가 났기 때문이었다. 하지만 친구들이 자꾸 가자고 하여 할 수 없이 같이 갔다.

병원에 가 보니 철수는 왼쪽 발목에 석고 붕대를 하고 있었다. 아픈 기색은 보이지 않았다. 오히려 싱글벙글 웃으며, "민우야, 미안해. 네가 넘어지는 걸 보고 재미 있어 하다가 이 꼴이 됐어." 라고 말했다. 이 말을 듣고 나는 갑자기 낯이 뜨거워지며 철수에 대한 화가 풀렸다.

8월 5일 금요일, 비

"삼촌, 하늘에 구멍이 났어요?" 다섯 살 된 조카가 두 주일이나 계속되는 장마가 지루해서 한 말이다. 두 주일 전에는 비가 오지 않아 먹을 물도 없었는데, 지금은 그 반대이다. 오늘 아침 신문을 보니까 이번 장마로 많은 사람들이 부모와 형제를 잃고 재산도 잃었다. 이런 사람들을 생각하면 마음이 우울해진다.

11월 24일 목요일 흐림, 바람

학교에 다녀와서 땅을 파고 김치 독을 묻었다. 이 일은 2년 전부터 내가 해온 일이다. 어머니께서 "수고했다." 하시면서 용돈을 주셨다. 기분이 좋았다. 그 돈으로 친구와 같이 오래간만에 영화를 보러 가고 싶었지만 그만 두었다. 피곤해서 목욕을 하고 따뜻한 방에 누우니까 잠이 왔다. 자다가 깨어 창 밖을 보니 바람이 몹시 불고 하늘이 온통 회색 빛이었다. 곧 눈이 내릴 것 같았다.

대 화 (Dialogues)

(I) '영화 보러 가자'

철수: 영수야. 우리 오늘 영화 보러 가자.
영수: 영화? 너 어제까지만 해도 돈이 없다고 그랬잖아.
철수: 어제 우리집이 김장을 했거든. 내가 땅을 파서 김치 독을 묻었더니 어머니께서 용돈을 주셨어.
영수: 그렇구나. 그런데 무슨 영화를 보고 싶니?
철수: '인디애나 존스'를 보고 싶은데 너는 어때?
영수: 물론 좋지. 네가 영화를 보여 주니까 나는 저녁을 살게.

(II) 병 문안 가기

준동: 여보세요? 정아 있어요?
정아: 준동이니? 오래간만이다. 잘 지냈니?
준동: 그래. 너 철수가 병원에 입원했다는 소식 들었니?
정아: 응. 스케이트장에서 넘어졌다고 들었어.
준동: 철수가 입원한 병원에 가 보려고 하는데 너도 같이 갈래?
정아: 그래, 같이 가자.
준동: 그럼 두 시에 학교 앞에서 만나자.

(III) 일기 쓰기

지수: 선생님은 일기를 매일 쓰세요?

선생님: 매일은 못 쓰지만 그래도 일주일에 한두 번은 써.

지수: 그럼 일기에 보통 무슨 내용을 적으세요?

선생님: 하루 중에서 제일 기억에 남는 일을 써. 지수도 일기를 쓰니?

지수: 저는 아주 화가 나거나 슬플 때 일기를 써요. 그러고 나면 마음이 좀 편해지는 것 같아서요.

낱말의 쓰임 (Vocabulary Usage)

1. 입원하다: to go to hospital; to be hospitalized

    할아버지께서 입원하신 병원이 어디니?

    철수는 병원에 입원했기 때문에 한 달 간 학교에 갈 수 없었다.

2. 놀려대다: to make fun of; to tease

    불쌍한 거지를 놀려대서는 안 된다.

    아이들은 철수가 넘어지는 것을 보고 놀려대며 웃었다.

3. 기색: a look; a countenance; a sign (of)

    영희는 조금 슬픈 기색이었다.

    철수는 그 소식을 듣고도 조금도 기뻐하는 기색이 없었다.

4. 기색을 보이다: to show a sign of

    영수는 슬픈 기색을 보였다.

    영희는 남자 친구와 헤어져서 우울한 기색을 보이고 있다.

5. 꼴: shape; form; appearance

    그렇게 잘난 체 하더니 꼴 좋게 되었다.

    이런 꼴로는 밖에 나갈 수 없다.

6. 낯: face

그 여자는 부끄러워서 낯을 붉혔다.
나는 어머니의 꾸중을 듣고 낯을 들지 못했다.

7. 장마: the rainy season

장마는 보통 유월 하순에 시작되며 한 달 계속될 때도 있다.
영희는 장마가 끝나자 집 안을 깨끗이 청소했다.

8. 지루하다 (지루한): to be boring; be tedious; be bored (by)

지루한 장마가 한 달 간 계속되었다.
그 재미 없는 영화를 보는데 지루해서 혼났다.

9. 우울하다 (우울한): to be sad; to be melancholy; to be gloomy

영희는 부모님이 철수와의 결혼을 반대해서 요즘 아주 우울하다.
창 밖을 보니 한 여자가 매우 우울한 얼굴로 걷고 있었다.

10. 묻다: to bury

도둑들은 훔친 보석을 뒷 마당에 묻었다.
철수는 작년에 땅에 묻어두었던 김치독을 꺼냈다.

11. 수고하다: to take pains; to work hard

"그 힘든 일을 하느라고 참 수고했다."
선생님은 수고한 학생들에게 상을 주셨다.

12. 용돈: pocket money; personal expenses; spending money

오늘은 아버지한테 용돈 타는 날이다.
철수는 용돈을 모아서 컴퓨터를 샀다.

13. 오래간만에: after a long time; for the first time in a long period of time

영희는 오래간만에 삼촌 집을 방문했다.
정우는 오래간만에 밝은 색깔의 옷을 샀다.

14. 그만 두다: to stop; to quit; to give up
영희는 하던 일을 그만 두고 잠시 산책을 나갔다.
나는 어떤 일이 있어도 그 일을 그만 둘 수 없다.

15. 온통: all; wholly; entirely
영희의 방 안은 온통 인형들로 가득했다.
그 집은 온통 흰 색으로 칠해져 있었다.

문 형 연 습 (Patterns)

1. ...고 있는데: when ...ing; while ...ing; as ...ing

The pattern ...고 있는데 consists of two constructions: the progressive 고 있 and the conjunctive 는데. A sentence containing this pattern expresses that while a certain situation or event is going on, another event takes place. The verb stems of action verbs occur with 고. The pattern ...고 있는데 means 'while ...ing' or 'when ...ing'.

(1) 동생과 함께 눈 사람을 만들고 있는데, 준동이와 정아가 왔다.
While I was making a snowman with my younger brother, Jundong and Jenga came.
(2) 아침 일찍 학교에 가고 있는데, 비가 왔다.
(3) 책을 읽고 있는데, 친구가 찾아 왔다.
(4) 시험 공부를 하고 있는데, 전화가 왔다.
(5) 교실에서 노래를 부르고 있는데, 선생님이 들어오셨다.

2. 왜냐하면 ...기 때문이다: the reason is that (because)...

The pattern 왜냐하면 ...기 때문이다 is used to express the reason or cause of a certain event taking place in the preceding discourse or sentence. Thus, the pattern denotes the meaning 'the reason why a certain event took place in the preceding discourse or sentence is because...'. The usage of ...기 때문이다 is similar to the conjunctive ...기 때문에, which we studied previously in Chapter 2. The expression which causes the use of this pattern usually precedes the sentence.

(1) 나는 가고 싶지 않았다. 왜냐하면 어제 철수가 나를 놀려대어 화가 났기 때문이다.
I did not want to go. The reason was that I was mad at Chelsu because he kept making fun of me yesterday.
(2) 철수가 오늘 학교에 오지 않았다. 왜냐하면 철수가 아프기 때문이다.
(3) 우리는 어제 야구를 하지 못했다. 왜냐하면 비가 너무 많이 왔기 때문이다.
(4) 철수는 집으로 돌아가야만 했다. 왜냐하면 어머니가 아프셨기 때문이다.
(5) 영수는 직장에서 쫓겨났다. 왜냐하면 그가 일을 너무 못했기 때문이다.

3. ...어 대다: to be repeatedly ...ing; be continuously ...ing; keep ...ing

The pattern ...어 대다 denotes that someone is doing something repeatedly. The pattern usually connotes continuous or excessive action. The stems of action verbs occur with ...어 대다.

(1) 철수가 나를 놀려대어 화가 났다.
I was mad because Chelsu kept making fun of me.
(2) 아이가 자꾸 울어댄다.
(3) 내 동생이 방에 들어오자마자 물을 마셔댔다.
(4) 저 쪽에서 어떤 사람이 우리를 보고 소리를 질러댔다.
(5) 옆 집 개가 나를 보고 짖어댔다.

4. ...에 대한: concerning ...; about ...; toward ...

The pattern ...에 대한 means 'concerning' or 'about'. Before and after this pattern, nouns or noun phrases occur. Thus, the element 한 can be considered as an adnominal form.

(1) 나는 이 말을 듣고 철수에 대한 화가 풀렸다.
After I heard this, my anger toward Chelsu disappeared.
(2) 한국 문화에 대한 설명을 듣고 싶습니다.
(3) 선생님께서 어린 시절에 대한 이야기를 하나 해주셨다.
(4) 김 선생님이 한국 역사에 대한 강의를 했다.
(5) 철수는 한국어에 대한 논문을 하나 썼다.

5. ...어 오다: to have done (something)

The pattern ...어 오다 is used to indicate that a certain situation which started in the past continues into the present. The verb 오다 functions as an aspectual auxiliary which indicates the course or persistence of a certain event from the past to the present. The verb stems of action verbs occur with this pattern. The English equivalent of this pattern is the so-called persistent perfect of 'have done'.

(1) 이 일은 2년전 부터 내가 해 왔다.
I have done this work for two years (lit.: from two years ago).
(2) 이 집이 내가 지금까지 살아 온 집이다.
(3) 우리들은 오랫 동안 이 시험을 보기 위해 공부해 왔다.
(4) 영미는 10년 동안 일기를 써 왔다.
(5) 철수는 지금까지 한국 음식만을 먹어 왔다.

Substitution Drill

* 주어진 문형과 표현을 이용하여 <보기>에서와 같이 문장을 완성하세요.

1. ...고 있는데

<보기> 눈사람을 만들고 있었다. / 친구들이 왔다.
=> 눈사람을 만들고 있는데 친구들이 왔다.

(1) 숙제를 하고 있었다. / 전기가 나갔다.
(2) 운전을 하고 있었다. / 졸음이 왔다.
(3) 잠을 자고 있었다. / 지진이 났다.

2. ...에 대한

<보기> 나는 이 말을 듣고 화가 풀렸다. / (철수)
=> 나는 이 말을 듣고 철수에 대한 화가 풀렸다.

(1) 선생님이 숙제를 내셨다. / (한국의 풍속)
(2) 영희는 농담을 했다. / (동생)
(3) 영희는 관심이 많다. / (아기)

Grammar Drill

1. 다음 동사/형용사를 <보기>에서와 같이 '...(어/아)서'의 형태로 바꾸어 보세요.

<보기> 낫다 => 나아서

(1) 짓다
(2) 젓다
(3) 긋다
(4) 잇다
(5) 붓다

2. 다음 동사들을 <보기>에서와 같이 '...는' 형태의 adnominal form 으로 바꾸어 보세요.

<보기> 불다 => 부는

(1) 울다
(2) 물다
(3) 썰다
(4) 졸다
(5) 풀다

3. 다음의 동사를 <보기>에서와 같이 사역형 (causative form)으로 바꾸고 그 뜻을 말하세요.

<보기> 깨다 => 깨우다

(1) 자다
(2) 비다
(3) 서다
(4) 쓰다
(5) 타다

4. 다음의 동사를 <보기>에서와 같이 피동형 (passive form)으로 바꾸고 그 뜻을 말하세요.

<보기> 풀다 => 풀리다
흔들다 => 흔들리다

(1) 열다
(2) 물다
(3) 듣다
(4) 자르다
(5) 누르다

연 습 문 제 (Exercises)

1. Answer the following questions.

(1) 철수가 사과했을 때, 민우는 어떻게 느꼈습니까?
(2) 두 주일 전에는 비가 안 와서 어떻게 됐습니까?
(3) 지금은 비가 너무 많이 와서 어떻게 됐습니까?
(4) 어머니가 주신 돈으로 무엇을 하고 싶었습니까?
(5) 목욕을 하고 나서 무엇을 했습니까?

2. Translate the following sentences.

(1) As I was reading a book, my mother entered my room with some fruit. (...고 있는데)
(2) As the student was talking with his friend, his teacher called for him. (...고 있는데)
(3) I wanted to eat more. The reason was that I was very hungry. (왜냐하면 ...기 때문이다)
(4) I am very tired today. The reason is because I worked a lot yesterday. (왜냐하면 ...기 때문이다)
(5) The dog kept barking. (...어 대다)
(6) Children were continuously laughing. (...어 대다)
(7) I heard the story about Shim Chong. (...에 대한)
(8) Have you ever read a book about Korean history? (...에 대한)
(9) I have used this dictionary for six years. (...어 오다)
(10) Up until now Koreans have been eating only rice from among the many other kinds of grains. (...어 오다)

3. Complete each dialogue with your own ideas.

(1) 철수는 왜 병원에 갔어요?
왼쪽 발목을 다쳐서요.
(여러분은) 왜 병원에 갔어요?
____

(2) 어머니가 왜 돈을 주셨어요?
땅을 파고 김치 독을 묻어 주어서 수고했다고요.
(여러분은) 뜻밖에 돈이 생기면 무엇을 하겠어요?
____

(3) 이번 장마 때문에 어떤 일이 벌어졌어요?
많은 사람들이 부모와 형제를 잃고 재산도 잃었어요.
(여러분이) 사는 곳에 장마가 계속되면 어떤 일이 벌어져요?
____

4. 다음 대화를 읽고 여러분은 언제 일기를 쓰는지, 주로 무슨 내용을 쓰는지 말해 보세요.

영희: 철수야, 너는 일기를 자주 쓰니?
철수: 자주 쓰지는 못하고 일주일에 한 번 정도 써.
영희: 일기에 보통 무슨 내용을 쓰니?
철수: 일주일 동안 내게 일어난 일들 중에서 가장 기억에 남는 일들을 쓰지. 너는 언제 일기를 쓰니?
영희: 나는 아주 화가 나거나 슬플 때 일기를 써. 그러면 마음이 좀 편해지는 것 같아.

5. Create a dialogue between A and B based on the following situation.

I. Situation

A and B are friends.
A broke his/her leg and is now in the hospital.
B goes to see A in the hospital.

II. Role Play

A made fun of B yesterday because B was bad at skating when they went to the skating rink together. Now A feels sorry about it and apologizes to B.

B was at first mad at A because A laughed at him/her in the skating rink. Yet, after he/she gets an apology from A, suddenly he/she changes his/her mind and feels guilty. B also apologizes and asks A to teach him/her how to skate after A recovers.

6. 여러분은 매일 일기를 쓰고 있습니까? 그렇지 않다면 오늘부터 일기를 써 보세요. 일기를 쓴다는 것은 매우 의미 있는 일입니다. 재미 있는 일들을 글로 적어 남기기도 하고, 일기를 쓰면서 생각을 정리할 수도 있으니까요. 이번 과의 작문 숙제는 오늘의 일기입니다.

낱 말 (Glossary)

[본문]

밤새	all night; over night
(눈이) 쌓이다	to be covered with snow
스케이트장	a (skating) rink
놀리다	to make fun of; tease
할 수 없이	without any choice
발목	an ankle
석고 붕대	cast
기색	a look; countenance; sign (of)
싱글벙글	with a broad smile; with a smiling face
꼴	a shape; form; appearance
낯	face
화가 풀리다	to relent from anger
구멍	a hole
조카	a nephew; niece
장마	the rainy season; the rainy spell in (early) summer
지루하다	to be boring; be tedious; be bored (by)
재산	property; one's posession
우울하다(우울한)	to be sad; be melancholy; be gloomy
파다	to dig
김치 독	a jar for kimchi
묻다	to bury
...어 오다	to have done (something)
수고하다	to work hard; take pains
뜻밖에	unexpectedly
용돈	pocket money; personal expenses
목욕을 하다	to bathe
잠이 오다	to fall asleep
깨다	to wake up; awake
몹시	considerably; in a high degree
불다	to blow
온통	all; wholly
회색	gray
빛	color

[대화]

김장	preparing kimchi for the winter
물론	of course; to be sure; needless to say
마음이 편해지다	to have one's mind at rest

[낱말의 쓰임]

불쌍한	pitiable; pitiful
헤어지다	to break up; separate
잘난 체하다	to assume an air of importance; put on superior airs
꼴 좋다	I told you so! Shame on you!
부끄럽다	to be shameful; be ashamed of
낯을 붉히다	to make one's face red
꾸중을 듣다	to be scolded; get reprimanded
낯을 들다	to look up; lift one's face
하순	the late third of a month
집안	the inside of the house
깨끗이	clean
(어)서 혼나다	to have a bitter experience; have a hard time of it
훔치다	to steal
보석	a jewel
뒷 마당	the back yard
상을 주다	to present a prize
방문하다	to visit
(용돈을) 타다	to get; receive; take
모으다	to save; accumulate
산책을 나가다	to go out for a walk
인형	a doll
가득하다	to be full of

[문형 연습]

야구	baseball (the game)
쫓겨나다	to be forced; to leave one's position
못하다	to perform or do (something) poorly
소리를 지르다	to shout
짖다	to bark
시절	time
논문	a paper; an article

[Drills]

관심	interest
짓다	to make; build
젓다	to stir; beat; whip
긋다	to draw; mark
잇다	to join; link; put together; connect
붓다	to swell up; pour
물다	to bite
풀다	to solve
비다	to empty
서다	to be built; made
쓰다	to wear; put on
타다	to burn; ride
자르다	to cut
누르다	to press

[연습 문제]

돈이 생기다	to get money
남기다	to leave behind one; hand down
정리하다	to put in order; organize

제 11 과 관습의 차이

각 나라들은 고유한 관습을 가지고 있다. 이런 관습들의 차이를 모르면 다른 나라를 여행할 때 오해를 받을 수도 있다. 그 중 몇 가지를 알아보자.

[아시아]

한국에서는 신발을 신고 집 안으로 들어가서는 안 된다. 어른으로부터 물건을 받을 때에는 반드시 두 손으로 받아야 한다. 또한 연인들은 서로 신발을 선물하지 않는다. 사 준 신발을 신고 달아날 수 있다고 생각하기 때문이다. 사람의 이름은 될 수 있으면 빨간 색으로 쓰지 않는 것이 좋다. 빨간 색은 피나 죽음을 뜻하기 때문이다. 태국에서는 손으로 어린이의 머리를 쓰다듬으면 안 된다. 머리를 쓰다듬는 것은 동물에게만 할 수 있는 행동이기 때문이다. 중국에서 연인들은 서로 손수건이나 우산을 선물하지 않는다. 손수건은 눈물을 의미하고, 우산의 '산'은 헤어진다는 글자와 발음이 같기 때문이다.

[유럽]

그리스 사람들은 'No'라는 표시로 턱을 위로 올린다. 또 그리스에서는 다섯 손가락을 펴 보이는 것은 심한 욕이므로 조심해야 한다. 불가리아에서는 머리를 가로젓는 것이 'Yes'라는 뜻이고, 고개를 끄덕이는 것이 'No'라는 뜻이다.

[이슬람 국가들]

이 나라들에서는 왼손을 내미는 것은 예의에 어긋난다. 그리고 여기에서 돼지고기와 술을 찾으면 안 된다. 이 곳 사람들이 약속을 할 때 하루 이상 기다리라고 하면, 그것은 무작정 기다리라는 말과 같다. 하지만 그들은 5분만 기다리게 해도 화를 내므로 주의해야 한다.

[남미]

멕시코 인디언들은 사진이 찍히면 자신들의 혼이 빠져 나간다고 믿는다. 그러므로 사진을 찍을 때 조심해야 한다. 또 멕시코에서는 빗자루로 청소할 때 어른 쪽으로 쓸어서는 안 된다. 그렇게 하면 그 어른에게 나쁜 일이 생긴다고 믿기 때문이다.

대 화 (Dialogues)

(I) '빨간 색으로 사람 이름을 쓰지 마세요'

존: 철수 씨, 집 전화번호 좀 가르쳐 주시겠어요?
철수: 네, 345의 6789에요.
존: (빨간 색 펜으로 받아 적는다) 김철수 씨... 삼사오의 육칠팔구...
철수: 잠깐만요. 한국에서는 빨간 색으로 사람 이름을 적으면 안돼요.
존: 아, 그래요? 미안해요. 몰랐어요.

(II) 유럽 여행

철수: 영희야, 이번 여름 방학에 뭐 할거니?
영희: 나 이번 여름에 유럽으로 여행을 가려고 해.

철수: 그래? 어디 어디 가는데?
영희: 응, 프랑스하고 이태리. 그리고 그리스에도 들를거야.
철수: 야, 좋겠다. 그런데 그리스에서는 조심해라. 거기서는 손바닥을 펴 보이는 것이 아주 심한 욕이래.
영희: 그래? 그거 참 희한하다. 알려줘서 고마워.

(III) 술 마실 때
존: 안녕하세요, 김 선생님?
김 선생: 존, 오랜만이에요. 직장 생활은 어때요? 한국말 많이 늘었어요?
존: 예, 이제 한국말 하는 데는 별로 어려움이 없어요. 그런데 사람들하고 술을 마실 때 힘들어요.
김 선생: 그래요? 왜요?
존: 제가 싫다고 하는데도 사람들이 자꾸 더 마시라고 해서요. 미국에서는 그러지 않거든요.
김 선생: 나라마다 술 마시는 관습이 다르니까요.

낱말의 쓰임 (Vocabulary Usage)

1. 관습: customs
다른 나라에 갈 때는 그 나라의 관습을 잘 알아야 한다.
지방마다 관습이 조금씩 다를 수 있다.

2. 차이: a difference
이 책과 저 책의 차이는 무엇입니까?
이 물건과 저 물건은 차이가 별로 없다.

3. 반드시: certainly; without fail; necessarily; no matter what
이 일은 오늘 밤까지 반드시 끝내야 한다.
철수는 반드시 올 것이다.

4. 뜻하다: to mean; signify

이 그림은 무엇을 뜻합니까?

한국 사람들은 흰 색이 깨끗함을 뜻한다고 생각했다.

5. 달아나다: to run away; flee

경찰이 나타나자 그 사람은 달아나 버렸다.

아이는 아버지를 보자 달아났다.

6. 의미하다: to mean; signify

UN은 United Nations를 의미한다.

이 편지가 의미하는 것은 무엇입니까?

7. 헤어지다: to break up; part

철수와 영희는 결국 헤어졌다.

그 사람은 가족과 헤어져 외국으로 갔다.

8. 보이다: to let (a person) see; show

아픈 아이를 빨리 의사에게 보이세요.

남에게 보이기 위해 착한 일을 하면 안 된다.

9. 가로젓다: to shake (one's head or hand) slowly from side to side

영희는 머리를 가로저으며 싫다고 말했다.

그 아이는 손을 가로저으며 달아났다.

10. 끄덕이다: to nod

그 사람은 말 없이 고개를 끄덕였다.

철수는 머리를 끄덕이며 좋다고 말했다.

11. 내밀다: to stick out; stretch out

철수는 오른손을 내밀어 영희를 잡았다.

어른과 악수를 할 때 먼저 손을 내밀면 안 된다.

12. 예의: etiquette; courtesy
    철수는 예의가 바르다.
    어른들 앞에서는 예의를 지켜야 한다.

13. 어긋나다: to go against
    어른 앞에서 담배를 피우는 것은 예의에 어긋난다.
    술을 마시고 운전하는 것은 법에 어긋난다.

14. 무작정: endlessly; with no particular plan; aimlessly
    철수는 영희를 무작정 기다렸다.
    존은 무작정 서울로 갔다.

15. 쓸다: to sweep (with a broom)
    집 앞을 빗자루로 깨끗이 쓸어라.
    방을 쓸 때는 먼지가 나지 않도록 조심해라.

문 형 연 습 (Patterns)

1. ...ㄹ/을 수도 있다: it is possible/probable that ...; may ...

The pattern ...ㄹ/을 수도 있다 is used to express the speaker's relative confidence in what he is saying. Thus, it has the meaning, 'it is possible...', 'it is probable...', or 'may'. The pattern is usually used with conditional clauses. It rarely expresses the meaning of capability or ability even though it is related to the pattern ...ㄹ/을 수 있다, which lacks the particle 도 'also'.

(1) 관습의 차이를 모르면 다른 나라를 여행할 때 오해를 받을 수도 있다.
It's possible that you may be misunderstood if you don't know the cultural differences when you travel to a different country.
(2) 차를 너무 빨리 몰면 사고가 날 수도 있다.
(3) 공부를 안 하면 F를 받을 수도 있다.

(4) 서두르지 않으면 기차를 놓칠 수도 있다.
(5) 너 그런 일을 하면 선생님께 벌을 받을 수도 있어.

2. ...(어/아)서는 안 된다: must not ...; should not ...

The pattern ...(어/아)서는 안 된다 expresses the sentential subject's negative obligation or permission, meaning 'must not', 'should not', 'it is not permitted...', or 'it is not allowed...'.

(1) 한국에서는 신발을 신고 집 안으로 들어가서는 안 된다.
In Korea, you should not enter a home with your footwear on.
(2) 교실에서 떠들어서는 안 된다.
(3) 건물 안에서는 담배를 피워서는 안 된다.
(4) 어린 아이를 집에 혼자 두어서는 안 된다.
(5) 지킬 수 없는 약속을 해서는 안 된다.

3. 또한: and; in addition

The pattern 또한 consists of the adverb 또 'in addition' and the numeral 한 'one'. It usually occurs at the beginning of the sentence, meaning 'in addition to what it said in the preceding sentence'.

(1) 또한 연인들은 서로 신발을 선물하지 않는다.
Also, lovers do not exchange footwear as gifts.
(2) 영수는 잘 생겼다. 또한 공부도 잘 한다.
(3) 아이들은 강아지를 좋아한다. 또한 고양이도 좋아한다.
(4) 제주도에는 돌과 바람이 많다. 또한 여자도 많다.
(5) 서울에는 사람이 많다. 또한 차도 많다.

4. ...(이)므로: ... so that; ...therefore

The pattern ...(이)므로 functions as a conjunct meaning 'because', 'since', or '... therefore'. The use of this pattern is very similar to the use of '...(이)기 때문에' or '...(어/아)서'.

(1) 그리스에서는 다섯 손가락을 펴 보이는 것은 심한 욕이므로 조심해야 한다.
In Greece, it is considered offensive to spread all five fingers. So, you have to be careful.
(2) 존은 한국말을 잘 하므로 한국 친구가 많다.
(3) '출입 금지'는 들어가지 말라는 뜻이므로 조심해야 한다.
(4) 그곳은 몹시 추우므로 옷을 많이 가져가야 한다.
(5) 이 그림은 비싸므로 살 수 없다.

Substitution Drill

1. <보기>와 같이 '...ㄹ/을 수도 있다'를 사용하여 문장을 고쳐 쓰세요.

<보기> 관습의 차이를 알지 못하면 다른 나라를 여행할 때 오해를 받는다.
=> 관습의 차이를 알지 못하면 다른 나라를 여행할 때 오해를 받을 수도 있다.

(1) 텔레비젼을 너무 많이 보면 눈이 나빠진다.
(2) 추운 날씨에 밖에 나가면 감기에 걸린다.
(3) 사람은 가끔 실수를 한다.

2. <보기>와 같이 '...(어/아)서는 안 된다'를 사용하여 문장을 고쳐 쓰세요.

<보기> 이슬람 국가에서는 돼지고기와 술을 찾으면 안 된다.
=> 이슬람 국가에서는 돼지고기와 술을 찾아서는 안 된다.

(1) 수업 시간에 늦으면 안 된다.
(2) 어른에게 물건을 한 손으로 드리면 안 된다.
(3) 길에서 휴지를 버리면 안 된다.

3. <보기>와 같이 '...(이)므로'를 사용하여 문장을 연결하세요.

<보기> 고개를 끄덕이는 것은 no라는 뜻이다. / 주의해야 한다.
=> 고개를 끄덕이는 것은 no라는 뜻이므로 주의해야 한다.

(1) 출근 시간에 길이 너무 막힌다. / 집에서 일찍 나가야 한다.
(2) 철수는 매우 부지런하다. / 틀림없이 성공할 것이다.
(3) 여기는 위험한 곳이다. / 밤에 혼자서 밖에 나가면 안 된다.

Grammar Drill

1. <보기>와 같이 동사의 형태를 바꾸고 그 뜻을 말해 보세요.

<보기> 오해하다 => 오해받다

(1) 사랑하다 (5) 위로하다
(2) 칭찬하다 (6) 용서하다
(3) 부탁하다 (7) 치료하다
(4) 소개하다 (8) 비난하다

2. <보기>와 같이 주어진 동사를 불규칙 사역형(irregular causative form)으로 바꾸고 그 뜻을 말해 보세요.

<보기> 보다 => 보이다

(1) 죽다
(2) 먹다
(3) 녹다
(4) 속다
(5) 끓다

연 습 문 제 (Exercises)

1. Answer the following questions.

(1) 중국에서 발음 때문에 연인에게 선물하지 않는 것은 무엇입니까?
(2) 그리스에서는 다섯 손가락을 펴 보이면 어떤 뜻이 되나요?
(3) 한국에서는 왜 빨간 색으로 사람의 이름을 적지 않나요?
(4) 한국에 갔을 때 하지 말아야 할 행동을 두 가지만 적어보세요.
(5) 이슬람 국가에서 해서는 안 될 행동 두 가지만 쓰세요.

2. Translate the following sentences using the pattern given in the parentheses.

(1) You may catch a cold if you do not wear a coat. (...을/ㄹ 수도 있다)
(2) You may miss the airplane if you don't leave right now. (...을/ㄹ 수도 있다)
(3) You should not use a red pen when writing a name in Korea. (...(어/아)서는 안 된다)
(4) You should not drink and drive. (...(어/아)서는 안 된다)
(5) Seoul is the capital of Korea. And it is my hometown, too. (또한)
(6) It is rainy outside. And it's windy, too. (또한)
(7) John's family is rich, because his father is a famous doctor. (...(이)므로)
(8) I can't help you with your homework because I have to go out now. (...(이)므로)

3. Complete each dialogue with your own ideas.

(1) 그리스 사람들은 No라고 어떻게 표시해요?
터을 위로 올려서 표시해요.
(여러분은) 어떻게 No를 표시하겠어요?

____

(2) 한국에서는 왜 연인들이 서로 신발을 선물하지 않나요?
그 신발을 신고 달아날 수 있다고 생각하기 때문이에요.
그렇다면 (여러분은) 연인에게 무엇을 선물하고 싶습니까?

____

(3) 한국에서 식사를 할 때 무엇을 하지 않는 것이 좋은가요?
말을 많이 하지 않는 것이 좋아요.
(여러분의 나라에서는) 식사를 할 때 무엇을 하지 않는 것이 좋은가요?
____

4. 다음은 철수와 존이 문화나 관습의 차이 때문에 당황하게 되는 이야기입니다. 여러분 자신이 이러한 문화/관습의 차이 때문에 당황했던 경험을 말해 보세요.

철수의 가족은 한국에서의 관습대로 집 안에서 신발을 신지 않습니다. 그런데 철수는 미국인 친구나 방문객이 집으로 찾아올 때 가끔 당황하게 됩니다. 그 사람들은 신발을 벗지 않고 집 안으로 들어오니까요.
존은 한국에서 직장에 다닙니다. 그런데 한국 사람들은 자꾸 술을 마시라고 해서 존을 당황하게 할 때가 많습니다. 미국에서는 그러지 않거든요.

5. Create a dialogue between A and B based on the following situation.

I. Situation

A is a foreign guest who is visiting B's house.
B is A's Korean friend.

II. Role Play

A faces a unique Korean traditional custom when A has to take off his/her shoes before entering the house. A asks B what other Korean traditional customs he/she has to know.

B illustrates/explains as many other Korean customs as he/she knows to A.

6. 우리는 본문을 통해 몇몇 나라들의 특이한 관습에 관해 배웠습니다. 그것들 외에 여러분이 알고 있는 관습들 가운데 재미 있는 것들을 그 이유와 함께 적어 보세요. (여러분이 알고 있는 것이 없으면, 도서관에 가서 책을 찾아보거나 외국인 친구들에게 물어보세요. 틀림없이 재미 있는 많은 관습들에 대해 알게 될 것입니다.)

낱 말 (Glossary)

[본문]

고유한	unique; one's own
관습	customs
차이	a difference
어른	a grown-up; senior
반드시	certainly; without fail; necessarily; no matter what
연인	a couple who love each other
선물하다	to give a present
달아나다	to run away; flee
피	blood
죽음	death
뜻하다	to mean; signify
태국	Thailand
손수건	a handkerchief
의미하다	to mean; signify
글자	a letter; character
유럽	Europe
그리스	Greece
턱	a chin
보이다	to let (a person) see; show
욕	a swearword; curse
불가리아	Bulgaria
가로젓다	to shake (one's head or hand) slowly from side to side
고개	the back of the neck; head
끄덕이다	to nod
이슬람	Islam
국가	a state; country
내밀다	to stick out; stretch out
예의	etiquette; courtesy
어긋나다	to go against; violate
돼지고기	pork
... 이상	more than ...
무작정	with no particular plan; aimlessly
남미	South America
멕시코	Mexico
인디언	Indian
사진이 찍히다	to be photographed

혼	soul
빗자루	a broom
쓸다	to sweep (with a broom)

[대화]

받아 적다	to write down; dictate
희한하다	to be unusual; be rare; be surprising
늘다	to develop; improve; make progress
어려움	difficulty

[낱말의 쓰임]

깨끗함	cleanliness
경찰	the police; policeman
착하다	to be good; nice; be good-natured
악수	handshaking
먼지	dust

[문형 연습]

차를 몰다	to drive a car
사고가 나다	an accident happens
서두르다	to hurry
기차를 놓치다	to miss the train
벌을 받다	to be punished
떠들다	to make a noise (by talking a lot)
지키다	to abide by; keep (a promise)
출입 금지	Keep Out!

[Drills]

눈이 나빠지다	(of one's eyesight) to become poorer
실수	a mistake; blunder
휴지	wastepaper
부지런하다	to be diligent; work hard
위험하다	to be dangerous
위로하다	to console
부탁하다	to ask a favor
비난하다	to criticize

녹다	to melt
속다	to be fooled; be deceived

[연습 문제]

표시하다	to indicate; signify; express
당황하다	to become embarrassed; be bewildered
방문객	a visitor
가끔	sometimes

제 12 과 한국어의 높임말

말을 할 때 공손한 표현을 써야 할 경우가 있습니다. 그래서 어느 나라 말에나 높임말이라는 것이 있기 마련입니다. 예를 들어 영어에서는 상대방을 부를 때 'sir'나 'Mr. Jones'와 같은 말을 사용합니다. 독일어에서 'du'나 'Sie'를 구별하여 사용하는 것도 높임말 사용의 예입니다.

한국어는 높임말이 특히 발달한 말입니다. 손 아래 사람이나 친구에게 식사를 권할 때는 "밥 먹어라."라고 말합니다. 하지만 어른에게는 "식사하세요." 또는 "식사하십시오."와 같이 말해야 합니다. 뒤의 두 표현은 첫 번째 표현과는 달리 상대방을 높이는 말입니다.

높임말을 사용할 때 두 가지 방법이 쓰입니다. 하나는 상대방을 직접 높이는 것이고, 다른 하나는 자신을 낮춤으로써 상대방을 높이는 것입니다. "선생님께서 말씀하십니다."라고 말할 때에는 선생님을 직접 높이는 경우입니다. 하지만 "제 책입니다." 또는 "제가 내일 드리겠습니다."라고 말할 때에는 자기를 낮춤으로써 상대방을 높이는 경우입니다.

높임말을 쓸 때는 높이는 뜻을 가진 낱말을 쓰거나 문장의 끝 말을 바꾸면 됩니다. '잔다'를 '주무신다'라고 말하는 것은 낱말 자체가 높이는 뜻을 가진 경우입니다. 그리고 '가라'를 '가세요' 또는 '가십시오'로 말하는 것은 문장의 끝말을 통해 높임말을 쓴 경우입니다. 한편 높임말은 높임말끼리 어울려야 합니다. "영수야, 너 어젯밤에 잘 주무셨니?"라고 말하는 것은 잘못된 것입니다. "영수야, 너 어젯밤에 잘 잤니?"라고 해야 바른 말이 됩니다.

이처럼 높임말은 바르게 쓰기가 쉽지 않습니다. 그러나 상황에 맞게 쓰도록 노력해야 합니다. 그리고 높임말을 통해 진실된 존경심을 나타내는 것도 중요합니다.

대 화 (Dialogues)

(I) '어머니도 함께 드세요.'

엄마: 철수야, 밥 먹어라.
철수: 응. 엄마도 함께 먹어.
엄마: 철수야, 넌 학교에서 높임말도 안 배웠니?
철수: 왜?
엄마: 엄마한테 말할 땐 "어머니도 함께 드세요" 라고 해야지.
철수: 알았어요. 어머니도 함께 드세요.
엄마: 그래. 어서 먹자.

(II) 영어와 한국어의 차이

민수: 영어와 한국어는 많이 다른 것 같아.
영희: 맞아. 우선 말의 순서가 다르잖아.
민수: 그래. 또 한국어에는 높임말이 많은데 영어는 그렇지 않아.
영희: 또 뭐가 다르지?
민수: 잘 모르겠는데. 선생님께 물어 보자.

(III) '한국말이 어려워요.'

존: 한국말은 무척 어려워요.

영희: 왜 그렇게 생각하세요?
존: 높임말 때문이에요. 아직도 잘 몰라서 실수를 할 때가 많아요.
영희: 어떤 일이 있었는데요?
존: 오늘 아침 옆집 할아버지께 "안녕히 잤어요?" 라고 했어요.
영희: "안녕히 주무셨어요?" 라고 해야 하는데 그랬군요.

낱말의 쓰임 (Vocabulary Usage)

1. 공손하다: to be polite
   철수는 언제나 어른들에게 공손하다.
   나이 어린 사람들은 손위 사람들에 대해 공손한 태도를 가져야 한다.

2. 표현: an expression
   에스키모 말에는 '눈'을 가리키는 표현이 많다.
   어려운 표현을 너무 많이 쓰지 마세요!

3. 경우: an occasion; situation
   대부분의 경우 사람들은 하루에 세 번 밥을 먹는다.
   이런 경우에는 어떻게 해야 하나요?

4. 상대방: the other party; interlocutor; addressee
   철수는 상대방이 하는 말을 듣고 있지 않았다.
   영희는 상대방에게 항상 좋은 인상을 준다.

5. 구별하다: to distinguish A from B
   때때로 사람들은 좋고 나쁜 것을 구별하지 못하는 경우가 있다.
   어떤 것이 진짜인지 구별하기 어렵다.

6. 손아래: a junior; younger person
   서로 모르는 경우라면 손아래 사람에게도 높임말을 쓰는 것이 좋다.
   영희는 손아래 시누이 때문에 고생을 하고 있다.

7. 권하다: to recommend; suggest; offer
    철수는 처음 만나는 사람에게 담배를 권했다.
    김 선생님이 권해 주신 책은 정말 재미 있었다.

8. 높이다: to raise; lift; exalt; honor
    친구한테 얘기할 때는 말을 높일 필요가 없다.
    그 회사가 성공한 이유는 물건의 품질을 높였기 때문이다.

9. 낮추다: to make low; lower; humble
    저보다 나이도 많으신데 말씀 낮추십시오.
    철수는 손위 사람들과 얘기할 때는 항상 자신을 낮추어 말한다.

10. 자체: itself
    그 여자를 만난 것 자체가 잘못이었다.
    그 일 자체만으로도 철수는 회사에서 쫓겨나기에 충분하다.

11. 어울리다: to match; be suitable to; mingle with
    그 옷이 당신한테 어울린다고 생각하세요?
    내 동생은 다른 아이들과 같이 잘 어울려 논다.

12. 잘못되다: to be wrong; incorrect
    영수가 쓴 답은 조금 잘못되었다.
    그게 바로 네가 잘못된 점이야!

13. 진실되다: to be true; be genuine
    철수는 진실된 마음으로 그의 선생님을 존경하였다.
    나는 그에게서 진실된 사랑을 느낄 수 있었다.

14. 존경(심): respect; reverence; veneration
    다른 사람들한테 억지로 존경심을 요구하는 것은 우스운 일이다.
    영희가 박 선생님에게 보낸 편지는 존경심으로 가득 차 있었다.

문 형 연 습 (Patterns)

1. ... 경우가 있다: there is an occasion when ...; there are times when ...

The pattern ... 경우가 있다 is used to indicate that there is an occasion where someone does something or something is in a certain state or quality. All adnominal forms of verbs occur with this pattern. The pattern means 'there is an occasion that ...', 'there are times when ...', or 'sometimes someone does something (or something is in a certain state).'

(1) 말을 할 때 공손한 표현을 써야 할 경우가 있습니다.
There are times when we have to use polite expressions in our conversations.
(2) 배가 고파도 잘 먹지 못하는 경우가 있다.
(3) 공부를 하다가 잠이 와서 자는 경우가 많이 있다.
(4) 일을 너무 많이 해서 몹시 피곤한 경우가 있었다.
(5) 철수가 그렇게 화를 낸 경우가 지금까지 없었다.

2. ...기 마련이다: be supposed to ...; it is natural to do ...

The pattern ...기 마련이다 indicates that a certain situation is destined to take place or to become such and such; thus, it means 'to be supposed to (or that) ...' or 'it is natural that ...'. The stem forms of verbs occur with this pattern.

(1) 어느 나라 말에나 높임말이라는 것이 있기 마련입니다.
Every language is supposed to have honorific expressions.
(2) 학생들에게는 책이 필요하기 마련입니다.
(3) 일을 잘하면 칭찬을 받기 마련입니다.
(4) 나쁜 짓을 하면 벌을 받기 마련입니다.
(5) 겨울이 가면 봄이 오기 마련입니다.

3. ...와/과 달리: differently from ...; unlike ...

The pattern ...와/과 달리 is used adverbially to indicate that something is different from others, meaning 'differently from ...' or 'unlike ...'. A noun or noun phrase occurs with this pattern. The topic particle 은/는 can be added after 와/과 to indicate the contrastive quality of the two things/persons.

(1) 뒤의 두 표현은 첫 번째 표현과는 달리 상대방을 높이는 말입니다.
The last two expressions are honorific, unlike the first one.
(2) 영수는 철수와 달리 공부를 열심히 한다.
(3) 부산은 서울과 달리 바다에 가깝다.
(4) 최 선생과 달리 김 선생은 영어가 서투르다.
(5) 어제는 오늘과 달리 날씨가 나빴다.

4. ...음/ㅁ 으로써: by doing ...

The sentence containing the pattern ...음/ㅁ 으로써 indicates that someone achieves something by doing so and so. The pattern '...음/ㅁ 으로써' means 'by doing ...' or 'through doing ...'. The stem form of action verbs occurs with this pattern.

(1) 우리는 자기를 낮춤으로써 상대를 높이기도 합니다.
We sometimes honor the addressee by humbling ourselves.
(2) 철수는 동생들을 돌봄으로써 형 노릇을 잘 하고 있다.
(3) 순희는 한국어 책을 읽음으로써 한국말을 많이 배웠다.
(4) 박씨는 일을 열심히 함으로써 회사에 기여하고 있다.
(5) 영희는 수영을 함으로써 건강을 유지한다.

5. ...끼리: only with; together; among oneselves

The word 끼리 indicates togetherness which shows commonality in quality, constituents, types, and so on; thus it denotes some kind of exclusiveness. A noun or noun phrase occurs with this element. The English equivalent of 끼리 is 'among (or between) ...selves', 'only with ...', or 'together with ...'.

(1) 높임말은 높임말끼리 어울려야 합니다.
Honorific expressions must be used only with other honorific expressions.
(2) 취미가 비슷한 사람들끼리 친구가 되기 쉽다.
(3) 고등학교 동창들끼리만 모였다.

(4) 같은 민족은 같은 민족들끼리 모여 살기 쉽다.
(5) 영희와 철수는 자기들끼리만 논다.

Substitution Drill

* 주어진 문형과 표현을 이용하여 <보기>에서와 같이 문장을 완성하세요.

1. ...기 마련이다

<보기> 어느 나라 말에나 경어가 있다.
=> 어느 나라 말에나 경어가 있기 마련이다.

(1) 말이 많으면 실수를 한다.
(2) 사랑을 하면 예뻐진다.
(3) 백화점에 가면 돈을 많이 쓴다.

2. ...음/ㅁ 으로써

<보기> 우리는 자기를 낮춘다 / 상대를 높이기도 한다
=> 우리는 자기를 낮춤으로써 상대를 높이기도 한다.

(1) 운동을 한다 / 체중을 줄일 수 있다
(2) 목욕을 한다 / 피로를 풀 수 있다
(3) 어려울 때 서로 도와주었다 / 좋은 친구가 되었다

3. ...을/를 통해

<보기> 진실된 존경심을 나타낼 수 있다 (높임말)
=> 높임말을 통해서 진실된 존경심을 나타낼 수 있다.
(1) 밖으로 나갈 수 있다 (이 문)
(2) 철수는 그 소식을 들었다 (TV)
(3) 철수는 영희를 만났다 (친구의 소개)

Grammar Drill

1. 다음의 형용사들을 <보기>에서와 같이 사역형(causative form)으로 바꾸고 그 뜻을 말하세요.

<보기> 높다 => 높이다; 낮다 => 낮추다

(1) 넓다
(2) 좁다
(3) 늘다
(4) 줄다
(5) 크다

2. 다음의 형용사들을 <보기>에서와 같이 '...ㅁ' 형태의 명사형으로 바꾸고 그 뜻을 말하세요.

<보기> 높이다 => 높임; 낮추다 => 낮춤

(1) 넓히다
(2) 좁히다
(3) 늘리다
(4) 줄이다
(5) 키우다

연 습 문 제 (Exercises)

1. Answer the following questions.

(1) 한국말의 특징은 무엇입니까?
(2) 높임말을 쓸 수 있는 두 가지 방법은 무엇입니까?
(3) 상대를 높일 때 쓰이는 두 가지 방법은 무엇입니까?

(4) 낱말 자체가 높이는 뜻을 가진 경우의 예를 들어보세요.
(5) 영어나 독일어에는 어떠한 높임말이 있습니까?

2. Translate the following sentences using the pattern given in the parentheses.

(1) Sometimes the train comes earlier than the usual time. (... 경우가 있다)
(2) Sometimes it is better to rest than to study. (... 경우가 있다)
(3) It is natural to cry over sad movies. (...기 마련이다)
(4) We are supposed to forget the past easily. (...기 마련이다)
(5) It turned out to be true, different from what he said. (...와/과(는) 달리)
(6) Unlike John, Mary used to swim very well. (...와/과(는) 달리)
(7) John became famous by publishing a new book. (...음/ㅁ 으로써)
(8) He became a mayor by winning the election. (...음/ㅁ 으로써)
(9) Only male students went on the trip together. (...끼리)
(10) Koreans usually marry among themselves. (...끼리)

3. Complete each dialogue with your own ideas.

(1) 친구에게 식사를 권할 때는 뭐라고 말해요?
'밥 먹어라'라고 말해요.
어른에게 식사를 권할 때는 뭐라고 말해요?
____

(2) 친구에게 'Good night'이라고 말할 때는 뭐라고 말해요?
'잘 자라'라고 말해요.
어른에게 'Good night'이라고 말할 때는 뭐라고 말해요?
____

(3) 한국말에만 높임말이 있나요?
아니오. 영어나 프랑스어, 독일어에도 있어요.
그러면 여러분 나라의 말에서 높임말을 사용하는 예를 들어 보세요.
____

4. 다음 대화에서의 메리와 같이 한국말을 할 때 실수를 한 경험을 말해 보세요.

영희: 메리, 이제 한국말 많이 배웠죠?
메리: 네, 그런데 높임말은 무척 어려워요. 아직도 높임말 때문에 실수를 할 때가 많아요.
영희: 그래요? 어떤 일이 있었는데요?
메리: 어제 선생님에게 "내일 보겠습니다."라고 했어요.
영희: "내일 뵙겠습니다."라고 해야 하는데 그랬군요.

5. Create a dialogue between A and B based on the following situation.

I. Situation

A is the Korean class teacher.
B is a student in his/her class.

II. Role Play

A teaches the honorific expressions of Korean. A keeps giving B some conversational situations and asking how to say the expressions in those situations: for example, how to greet seniors or how to ask whether they have had a meal.

B tries to speak in Korean with/without the honorific expression in whatever situation is given to him/her.

6. 한국말에서 상대를 높이는 몇 가지 방법들이 본문에 소개되어 있습니다. 그것들이 무엇일까요? 그리고 그 방법들 가운데 여러분이 가장 배우기 어렵다고 생각하는 것과 그 이유를 간략히 써 보세요.

낱 말 (Glossary)

[본문]

높임말	honorific forms or honorific words (expressions)
공손하다	to be polite
표현	an expression
경우	an occasion; situation
...기 마련이다	to be supposed to do ...; it is natural to ...
상대방	the other party; opponent
사용하다	to use
구별하다	to distinguish A from B; tell A from B
발달하다	to advance; develop
손아래	a younger person; junior (literally, under the hand)
권하다	to offer; present; ask; recommend
...와/과 달리	unlike ...; differently from ...
방법	a method; way; means
높이다	to raise; lift; exalt
낮추다	to make humble (low); lower
...음/ㅁ 으로써	by doing ...
문장	a sentence
끝말	an ending of a word or clause
바꾸다	to change; alter
자체	itself
한편	by the way; incidentally
...끼리	among oneselves; only with ...
어울리다	to be suitable; match; become; associate with
잘못되다	to be wrong; be incorrect
바르다	to be correct; be right
상황	a situation
...을/를 통해	through; from
진실되다	to be true; be genuine; be faithful
존경심	respect

[대화]

어서	quick(ly); without delay
무척	very; very much; highly

[낱말의 쓰임]

손위 사람	one's senior; person older than someone
태도	an attitude
에스키모	Eskimo
인상	impression
때때로	at times; sometimes
시누이	a sister-in-law (for a woman)
고생하다	to suffer; have a hard time
품질	quality
억지로	by force; under compulsion
요구하다	to demand; request

[문형 연습]

노릇	a role
기여하다	to contribute
건강을 유지하다	to stay healthy
취미	a hobby
비슷하다	to be similar; be alike
동창	a school fellow; alumnus
민족	a people; nation

[Drills]

체중	one's weight
줄이다	to make (something) smaller; lessen; shorten
피로	fatigue; tiredness
소개	introduction
넓히다	to widen
좁히다	to make ... narrow
늘리다	to increase; enlarge
키우다	to make ... larger; make ... bigger; grow

[연습 문제]

특징	a characteristic; distinctive feature
식사	a meal
권하다	to offer; present; recommend
뵙다	to have an audience with someone; interview; meet
소개되다	to be introduced
간략히	in short; briefly

제 13 과 한자

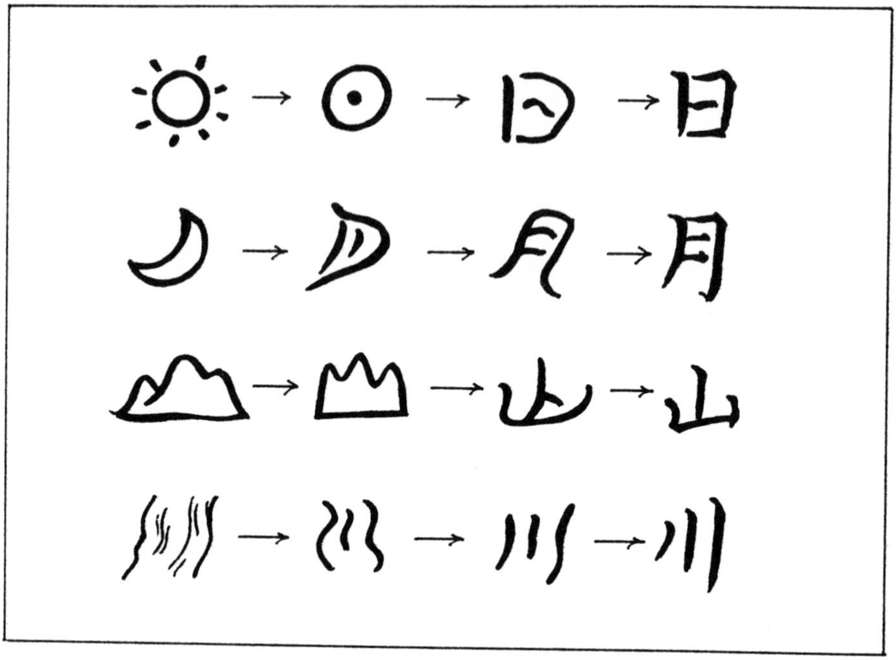

한자의 유래에 관해서는 옛날 중국의 어느 학자가 새나 짐승의 발자국 모양을 보고 한자를 처음 만들었다는 이야기가 있다. 그러나 한자는 한 사람에 의하여 만들어진 것은 아니다. 오랜 시일에 걸쳐서 여러 사람들에 의하여 지금의 한자로 완성되었다.

처음에는 한자가 사물의 모양을 흉내내어 만들어졌기 때문에 그 수가 매우 적었다. 즉, 산(山)은 산이 솟아 있는 모양을, 천(川)은 물 흐르는 모양을 나타낸 것이다.

모양이 없는 것은 그 글자가 나타내고자 하는 생각을 점과 선으로 나타냈다. 예를 들어, '위'는 짧은 선 위에 점을 하나 찍어서 상(上)이라는 글자가 되었다. 또 '아래'를 나타낼 때는 짧은 선 아래에 점 하나를 찍어서 하(下)를 만들었다. 그리고 1, 2, 3은 그 숫자만큼 선을 그어서 一, 二, 三으로 나타냈다.

또 간단한 글자를 합쳐서 새로운 뜻을 가진 글자를 만들었다. 해를 뜻하는 일(日)자와 달을 뜻하는 월(月)자를 합쳐서 '밝다'라는 뜻의 명(明)자를 만들었다.

나무를 뜻하는 목(木)자를 두 개 합쳐서 '숲'이라는 뜻의 임(林)자를 만들었다. '여자'를 뜻하는 여(女)자와 '남자'와 관계가 있는 자(子)가 합해져서 '서로 좋아한다'는 뜻의 호(好)자가 되었다.

한자에는 글자마다 그 글자가 가지고 있는 뜻과 중국의 발음을 기초로 한 글자의 음(소리)이 따로 있다. 예를 들면 다음과 같은 것이다.

(한자)	月	火	水	木	金	土	日
(음)	월	화	수	목	금	토	일
(뜻)	달	불	물	나무	쇠	흙	해

그러나 한자는 같은 글자라도 음과 뜻이 다른 경우도 있다. 예를 들면 金자는 '금' 혹은 '김'으로 읽는다.

한자는 한국에서 오래 전부터 쓰였지만 그 수가 많아서 배우기가 힘들었다. 그래서 세종대왕께서 배우기 쉬운 한글을 만드신 것이다.

대 화 (Dialogues)

(I) 한국어 신문과 한자

철수: 메리, 뭘 그렇게 열심히 보고 있니?

메리: 한국어 신문을 읽고 있어. 그런데 신문이 생각보다 어려워.

철수: 왜? 너 이젠 한국말 읽고 쓰는데 별 문제 없다고 했잖아.

메리: 그런데 신문에 한자가 섞여 있어서 무슨 말인지 잘 모르겠어.

철수: 그럼, 이제부터 날마다 한자도 배우면 되잖아.

(II) 재미있는 한자

수미: 존, 너 요즘 한자 공부하고 있다는 이야기를 들었어. 정말이니?

존: 응. 이번 학기에 배우고 있어.

수미: 어때? 어렵지 않니?

존: 아니, 생각보다 재미 있어. 오늘은 서로 좋아한다는 뜻의 '호(好)'자를 배웠어. 그런데 그 글자는 남자와 여자가 서로 마주 보는 모양이래.

수미: 너, 그래서 재미 있다고 했구나.

(III) 한자의 유래

영수: 엄마, 한자는 어떻게 만들어졌어요?

엄마: 처음에 한자는 물건의 모양을 본떠 만들었단다.

영수: 물건의 모양을 본떴다고요? 어떻게요?

엄마: 너, 개울을 뜻하는 '천(川)'자를 알지?

영수: 네, 알아요.

엄마: 그 글자 모양을 생각해 봐. 꼭 물 흐르는 것 같지 않니? 바로 그 물 흐르는 모양을 본뜬 글자가 '천(川)'자가 된 것이란다.

영수: 정말 그렇군요.

낱말의 쓰임 (Vocabulary Usage)

1. 유래: the origin

   한자의 유래는 확실하지 않다.
   역사 시간에 그리스 문자의 유래에 대하여 배웠다.

2. 학자: a scholar

   학자마다 빛의 원리를 다르게 설명한다.
   이번 회의에 여러 나라에서 많은 학자들이 참석했다.

3. 발자국: a footprint

   눈 위에 짐승들이 다닌 발자국이 여러 군데 있었다.
   어렸을 때는 눈 위에 발자국을 내며 걷는 것도 참 재미 있었다.

4. 오랜: long (of time/duration)

   우리는 오랜 기간 동안 미국에서 살았다.
   오랜 세월 동안 그 두 나라는 사이가 좋았다.

5. 시일: time; period

그 문제는 시일이 갈수록 더 복잡해졌다.
무너진 다리를 고치는데 많은 시일이 걸렸다.

6. 완성되다: to be completed

그 건물이 완성되려면 아직도 멀었다.
한글은 오랜 시일동안 연구한 끝에 완성되었다.

7. 흉내내다: to imitate

원숭이는 흉내내기를 좋아하는 동물이다.
철수는 여러 사람의 목소리를 흉내낼 수 있다.

8. 수: number

수가 많다고 해서 반드시 전쟁에서 이기는 것은 아니다.
이번 축구 경기를 본 사람의 수가 얼마나 되니?

9. 솟다: to rise; tower; soar

뉴욕에는 하늘 높이 솟은 건물이 많이 있다.
철수의 연이 가장 높이 솟았다.

10. 흐르다: to flow

이 강은 어디에서 어디로 흘러요?
운동을 하고 나면 이마에 땀이 흐른다.

11. 나타내다: to represent; stand for; symbolize; reveal

사랑은 말로 쉽게 나타낼 수 없다.
이 한자가 나타내는 뜻은 무엇입니까?

12. 합치다: to combine

여러 사람이 힘을 합치면 어려운 일도 쉽게 할 수 있다.
그 세 회사가 하나로 합쳤다.

13. 경우: a case; occasion

친구와 약속을 하고도 가끔 늦는 경우가 있다.
다음에 한국에 올 경우 꼭 연락해라.

14. 힘들다: to be difficult

짧은 시간 안에 이 모든 일을 마치기는 정말 힘들다.
어떤 사람은 힘든 일도 쉽게 한다.

문 형 연 습 (Patterns)

1. ...에 관해서: about; regarding; as to

The pattern ...에 관해서 means 'about', 'regarding', or 'as to'; its use is similar to the pattern ...에 대하여 which we studied in lesson 12. A noun or noun phrase occurs with the pattern ...에 관하여, and the topic marker 는/은 can be added after the pattern.

(1) 한자의 유래에 관해서는 중국의 어느 학자가 처음 만들었다는 이야기가 있다.
As to the origin of Chinese characters, there is a story that a scholar in China created them for the first time.
(2) 선생님이 한자에 관해서 설명하셨다.
(3) 한국 음악에 관해서(는) 선생님이 말씀하시지 않았다.
(4) 그 문제에 관해서 생각해 본 적이 있어요?
(5) 김 교수는 미국 역사에 관하여 많이 연구하셨다.

2. ...에 걸쳐서: for...; through...

The pattern ...에 걸쳐서 is used to indicate a period of time during which a certain event is happening or is going on. The pattern means 'extended over a period of ...', 'for', or 'through'. A noun which indicates a period of time occurs with this pattern.

(1) 한자는 오랜 시일에 걸쳐서 지금의 한자로 완성되었다.
Chinese characters have reached their present shapes after evolving for a great many years.
(2) 월요일부터 수요일에 걸쳐서 그 일을 했다.
(3) 나흘에 걸쳐서 친구들을 모두 만났다.
(4) 그 건물은 2년에 걸쳐서 완공되었다.
(5) 일주일에 걸쳐서 비가 내렸다.

3. ...에 의하여: by

The pattern ...에 의하여, indicating the agent, is used in the passive form. Thus, the English equivalent of this pattern is 'by'. The pattern ...에 의하여 is more commonly used in the written style.

(1) 한자는 여러 사람에 의하여 지금의 한자로 완성되었다.
The present shapes of the Chinese characters have been influenced by many people.
(2) 그 도둑은 한 용감한 경찰에 의하여 잡혔다.
(3) 한글은 세종대왕과 여러 학자들에 의하여 만들어졌다.
(4) 이 글이 한 어린 아이에 의하여 쓰여졌다.
(5) 저 건물은 일본 사람들에 의하여 세워졌다.

4. ...와/과 관계가 있다: to be related to

The pattern ...와 관계가 있다 indicates that someone or something is related to such and such. A noun or noun phrase occurs with this pattern. The pattern means 'to be related with (or to)' or 'to be connected with'.

(1) '남자'와 관계가 있는 자(子)자와 합해서 호(好)자가 되었다.
It became the letter 'Ho', by adding to the letter 'Ja' which is related to the meaning of 'man'.
(2) 존이 한국어를 공부하는 것은 그의 어머니가 한국인이라는 점과 관계가 있다.
(3) 한국의 역사는 중국의 역사와 관계가 있다.

(4) 철수가 영희와 헤어진 것은 돈 문제와 관계가 있다.
(5) 경찰은 그 사건과 관계가 있는 모든 사람을 조사했다.

5. ...을 기초로 한: which is/are based on

The pattern ...을 기초로 한 expresses that someone or something is based on such and such. This pattern is the adnominal form of ...을 기초로 하였다. The patter n ...을 기초로 한 means 'which is/are based on...'.

(1) 글자마다 중국의 발음을 기초로 한 음(소리)이 따로 있다.
Each character has a sound which is based on the Chinese pronunciation.
(2) 이 것은 역사적 사실을 기초로 한 아주 훌륭한 역사책이다.
(3) 이 황과 이 이의 이야기를 기초로 한 영화를 본 적이 있습니까?
(4) 과학의 원리를 기초로 한 연모가 요즈음 많이 쓰여지고 있다.
(5) 한국말에는 높임말을 기초로 한 낱말들이 많다.

Substitution Drill

1. <보기>와 같이 '...에 관해서'의 표현을 이용하여 문장을 완성하세요.

<보기> (한자의 유래) 여러 가지 이야기가 있다.
=> 한자의 유래에 관해서 여러 가지 이야기가 있다.

(1) (미국의 역사) 나는 아는 게 없다.
(2) (한국의 풍습) 철수는 공부하고 있다.
(3) 대학교 때 나는 (미국 문화) 공부를 했다.

2. <보기>처럼 '...에 걸쳐서'를 이용하여 문장을 고쳐 쓰세요.

<보기> 한자는 (오랜 시일) 지금의 모양으로 완성되었다.
=> 한자는 오랜 시일에 걸쳐서 지금의 모양으로 완성되었다.

(1) 집이 너무 더러워서 (세 시간) 청소를 했다.
(2) 이 드라마는 (다섯 달) 방송되었다.
(3) 우리 집 남자들은 (3대) 대머리이다.

3. <보기>와 같이 '...에 의하여'의 표현을 이용하여 문장을 고쳐 쓰세요.

<보기> 한자는 (여러 사람) 지금의 모양으로 완성되었다.
=> 한자는 여러 사람에 의하여 지금의 모양으로 완성되었다.

(1) 전화는 (벨) 발명되었다.
(2) 이 학교는 100년 전에 (미국 사람) 세워졌다.
(3) 종이는 (중국 사람들) 만들어졌다고 한다.

4. <보기>처럼 '...을/를 기초로 한'을 이용하여 문장을 고쳐 쓰세요.

<보기> 글자마다 (중국의 발음) 글자의 음이 있다.
=> 글자마다 중국의 발음을 기초로 한 글자의 음이 있다.

(1) 이 소설은 (내 경험) 이야기입니다.
(2) (김 교수의 이론) 책이 많이 나왔다.
(3) 요즘에는 (새로운 아이디어) 상품들이 많다.

Grammar Drill

1. <보기>와 같이 '내다'를 이용하여 형태를 완성하고 그 뜻을 말하세요.

<보기> 흉내+내다 => 흉내내다: to imitate; mimic
소리+내다 => 소리내다: to make sound

(1) 시간
(2) 화
(3) 소문

(4) 멋
(5) 힘

연 습 문 제 (Exercises)

1. Answer the following questions.

(1) 한자의 유래를 말해 보세요.
(2) 한자가 처음 만들어졌을 때에는 왜 수가 많지 않았습니까?
(3) 한자의 글자를 만드는 방법 세 가지를 말해 보세요.
(4) '밝다'라는 뜻의 명(明)자는 어떻게 만들어졌는지 설명해 보세요.
(5) 세종대왕이 한글을 만든 이유는 무엇입니까?

2. Translate the following sentences using the pattern given in the parentheses.

(1) John learned a lot about Korean history in Mr. Kim's class. (...에 관해서)
(2) Let's talk about Korean customs today. (...에 관해서)
(3) The teacher finished his lectures after giving them five times. (...에 걸쳐서)
(4) The students discussed the matter over five hours. (...에 걸쳐서)
(5) The thief was captured by the police. (...에 의하여)
(6) By whom was that news spread? (...에 의하여)
(7) This problem is related to the other problem. (...와/과 관계가 있다.)
(8) Korean economic development is related to the Korean people's effort. (...와/과 관계가 있다)
(9) There are not many characters that are based on the shape of an object. (...을 기초로 한)
(10) I'd like to write a book which is based on my experience. (...을 기초로 한)

3. Complete each dialogue with your own ideas.

(1) 한국에서는 어떤 글자를 사용해요?
한글과 한자를 써요.
(여러분의 나라에서는) 어떤 글자를 사용해요?
____

(2) 한자는 누가 만들었나요?
한 사람이 아니라 여러 사람이 오랜 세월에 걸쳐 만들었어요.
한글은 누가 만들었나요?
____

(3) 만약 우리에게 글자가 없다면 어떨까요?
무척 답답하거나 불편할 거예요.
만약 우리에게 책이 없다면 어떨까요?
____

4. 다음은 존과 메리의 이야기입니다. 이것을 읽고 여러분이 가지고 있는 한자에 대한 경험을 말해보세요.

존: 저는 한국어를 2년 동안 배웠어요. 요즈음은 한국어를 더 공부하기 위해 한국 신문을 봐요. 그런데 한국 신문에는 한자들이 섞여 있어서 읽기 힘들 때가 많아요.
메리: 저는 중국인 친구 한 명이 있어요. 가끔 그 친구와 같이 차이나 타운에 쇼핑하러 가면 한자로 쓰인 간판들을 많이 봐요. 무슨 말이 쓰여 있는지는 잘 모르지만 어쨌든 신기해요.

5. Create a dialogue between A and B based on the following situation.

I. Situation

A and B are classmates in Korean IV class.
They are talking about 한자 which they have just learned.

II. Role Play

A discusses the creation of 한자 and how it developed. She/he likes the system of 한자 and thinks that it would be great to use. She/he explains why she/he likes it and wants to learn more about it.

B talks about 한자 and its system with A, based on the chapter which they studied. But she/he does not like 한자 because there are too many characters and it is difficult to memorize and write down. She/he argues that there is no need to spend time learning 한자.

6. 한국어에서 한글과 한자를 섞어 쓰는 것이 좋은지 나쁜지 자신의 의견과 그 이유를 쓰세요.

한 자 연 습 (Chinese characters)

한자	음	뜻	쓰는 순서
一	일	하나 one	一
二	이	둘 two	二 二
三	삼	셋 three	三 三 三
四	사	넷 four	四 四 四 四 四
五	오	다섯 five	五 五 五 五
六	육	여섯 six	六 六 六 六
七	칠	일곱 seven	七 七
八	팔	여덟 eight	八 八
九	구	아홉 nine	九 九
十	십	열 ten	十 十
百	백	백 hundred	百 百 百 百 百 百
千	천	천 thousand	千 千 千

1. 다음 한자의 뜻과 음을 쓰세요.

	뜻	음
(1) 九	________	________
(2) 六	________	________
(3) 百	________	________
(4) 四	________	________
(5) 千	________	________

2. 다음중 밑줄 친 부분에 공통으로 사용된 한자를 적으세요.

(1) <u>일</u> 번 (No. 1), 제<u>일</u> (the first), <u>일</u>일 (one day)
(2) <u>삼</u>촌 (uncle), <u>삼</u>각형 (a triangle), <u>삼</u>대 (three generations)
(3) <u>사</u>계절 (four seasons), <u>사</u>촌 (cousin), <u>사</u>방 (four directions)

3. 다음 문장에서 밑줄 친 단어를 한자로 쓰세요.

(1) 우리 할아버지는 올해 연세(age)가 <u>칠십 구</u> 세이다.
(2) 나는 <u>천 구백 팔십 일</u> 년에 태어났어요.
(3) 이 책 얼마예요? <u>이천 오백</u> 원이에요.

낱 말 (Glossary)

[본문]

한자	Chinese characters
유래	an origin
학자	a scholar
발자국	a footprint
시일	time; period
걸치다	to extend (over); stretch; spread (over)
완성되다	to be completed
사물	a material; thing; object
흉내내다	to imitate

즉	namely
솟다	to rise; tower; soar
긋다	to draw (a line)
만큼	as (much/many) as ; equal to
합치다	to combine
새롭다(새로운)	to be new
밝다	to be bright
숲	forest
...와/과 관계가 있다	to be related to/with...
발음	a pronunciation
기초	a basis; foundation
음	a sound
금	gold
김	family name
세종대왕	the Great King Sejong

[대화]

마주보다	to face each other
본뜨다	to be modelled on; imitate

[낱말의 쓰임]

확실하다	to be sure; be certain
원리	a principle
세월	time and tide
원숭이	a monkey
전쟁	a war
축구 경기	a soccer game
연	a kite
땀	perspiration; sweat
연락하다	to make contact with; get in touch with

[문형 연습]

완공되다	(construction) to be completed
도둑	a thief
용감하다	to be brave
연모	a tool; instrument
낱말	a word

[Drills]

드라마	drama; soap opera
방송되다	to be broadcast
대머리	baldness
3대	three generations
발명되다	to be invented
세워지다	to be built; be founded
이론	a theory
아이디어	an idea
상품	a (commercial) product
화	anger
소문	a rumor
멋	style
힘	strength

[연습 문제]

차이나 타운	China Town
간판	a sign board
어쨌든	anyway; anyhow
신기하다	to be marvelous; be amazing
의견	an opinion

제 14 과 세종대왕

한국의 여러 임금 중에서 훌륭한 일을 가장 많이 한 분은 세종대왕이다. 세종대왕이 한 일 중 가장 위대한 것은 한글을 만든 것이다.

옛날 한국에는 고유한 글자가 없었다. 그래서 중국의 글자인 한자를 쓰거나 한자의 음과 뜻을 빌려서 한국말을 적었다. 그러나 한자는 그 수가 너무 많고 또 배우기가 매우 힘이 들었다. 그러므로 누구나 쉽게 배울 수 있는 글자가 필요하였다. 이 때문에 세종대왕은 백성을 위해 한글을 만들었다.

세종대왕은 새로운 글자를 만들기 위하여 여러 학자들과 함께 연구하였다. 오랜 시간의 연구 끝에 세종대왕은 서기 1443년에 한글을 완성하였다. 그리고 1446년에는 이를 온 국민에게 알렸다. 그래서 한국 사람들은 읽기 쉽고, 배우기 쉬운 훌륭한 글자를 가지게 되었다.

한글이 완성되자 세종대왕은 실제로 한글을 사용하기 위하여 노력하였다. 세종대왕은 신하들에게 한글로 된 노래를 만들게 했다. 또한 세종대왕 자신이 직접 한글로 된 노래를 만들기도 했다. 그리고 한자로 쓰인 많은 책을 한글로 번역하도록 지시하였다.

세종대왕은 한글을 만들었을 뿐만 아니라 다른 훌륭한 일도 많이 했다. 나라의 영토를 넓히고 안전하게 지켰다. 그리고 문화와 예술, 과학의 발전에도 크게 힘썼다. 예를 들면, 많은 책을 펴냈고 한국의 고전 음악을 정리하였다. 또 여러 가지 과학 기구들이 이 때에 만들어졌다.

세종대왕은 지금도 한국 사람들이 가장 존경하는 임금이다. 한국에서는 10월 9일을 한글날로 정하여 세종대왕이 한글을 만든 것을 기념하고 있다.

대 화 (Dialogues)

(I) 글짓기 대회

철수: 너 내일 뭐하니?
존: 나 내일 덕수궁에 갈거야.
철수: 덕수궁에는 왜 가는데?
존: 내일이 한글날이라서 거기서 외국인을 위한 글짓기 대회가 있어.
철수: 그렇구나. 참, 상도 주니?
존: 그렇대. 나도 상을 타면 좋겠어.
철수: 그래, 그럼 잘 하고 와. 그리고 덕수궁에 있는 세종대왕 동상도 꼭 보고 와.

(II) 링컨과 세종대왕

수미: 이 5달러짜리 지폐에는 링컨이 그려져 있구나.
메리: 응. 미국의 모든 지폐에는 유명한 사람들이 그려져 있어. 그런데 한국의 지폐에도 사람이 그려져 있니?
수미: 응. 예를 들면, 한국의 만 원 짜리에는 세종대왕이 그려져 있어.
메리: 세종대왕이 누군데?
수미: 한글을 만드신 분이야.

(III) 존경하는 사람

철수: 영희야, 가장 존경하는 사람이 누구니?
영희: 나는 세종대왕을 가장 존경해. 한국의 여러 임금 중에서 훌륭한 일을 가장 많이 하신 분이니까. 그런데 너는 누구를 가장 존경하니?

철수: 난 부모님을 가장 존경해. 이렇게 나를 잘 길러 주셨으니 정말 고마운 분 아니겠어?

영희: 그래. 네 말도 일리가 있구나.

낱말의 쓰임 (Vocabulary Usage)

1. 임금: a king

   조선 시대의 첫 번째 임금은 태조다.
   지금도 어떤 국가에는 임금이 있다.

2. 위대한: great

   아인쉬타인은 역사상 가장 위대한 과학자 중의 한 사람이다.
   그 사람은 자기 나라를 위해 여러 일을 한 위대한 정치가이다.

3. 고유한: unique; one's own

   각 나라마다 고유한 문화와 풍속을 가지고 있다.
   김치는 한국의 고유한 음식이다.

4. 누구나: anybody; everybody

   누구나 체육관에 가서 운동을 할 수 있다.
   누구나 크리스마스 때에는 쉬기를 원한다.

5. 필요하다: to need

   아기가 잘 자라나기 위해서는 엄마의 사랑과 관심이 필요하다.
   감기에 걸렸을 때에는 쉬는 것이 필요하다.

6. 백성: the people

   그 나라는 온 백성이 열심히 일해서 잘 살게 되었다.
   세종대왕은 백성을 유난히 사랑하는 임금이었다.

7. 완성하다: to complete

그 작가는 작년에 소설 세 권을 완성하였다.
내일까지 그 그림을 완성해서 가져 오세요.

8. 실제로: practically

그 과학자는 자기가 발명한 것들을 실제로 잘 이용한다.
그런 물건은 학생들에게 실제로 도움이 안 된다.

9. 번역하다: to translate

그 사람은 종교에 대한 책을 한국어로 번역했다.
철수가 번역한 책이 많이 팔렸다.

10. 안전하다: safe; be free from danger

어린이는 어른과 함께 길을 건너는 것이 안전하다.
경찰은 우리를 안전하게 지켜준다.

11. 펴내다: to publish

그 소설가는 요즘 책을 쓰느라 바쁘다. 왜냐하면 내년 3월까지 그 책을 펴내야 하기 때문이다.
한 권의 책을 펴내는 데는 많은 시간과 노력이 필요하다.

12. 정리하다: to arrange; put in order

지난 토요일에는 방을 깨끗하게 정리하였다.
이 책들을 순서대로 정리하세요.

13. 존경하다: to respect

내가 가장 존경하는 사람은 우리 아버지야.
우리는 그 선생님을 무척 존경한다.

14. 기념하다: to memorialize

생일을 기념하여 여행을 다녀왔어요.
우리는 매년 한글날을 기념하고 있다.

문 형 연 습 (Patterns)

1. ...것은 ...것이다: the one which ... is that ...; what ...is that ...

The pattern ...것은 ...것이다 contains the element 것 twice, but its grammatical function is different for each part. The first 것 in this pattern functions as a pronoun, meaning 'the one which...', 'that which', or 'what ...'. Thus, both adjective phrases and adnominal clauses can occur with the element 것. The phrase or clause which is headed by this 것 functions as the subject as well as the topic. The element 것 in the pattern ...것이다 functions as a sentential nominalizer (which makes a sentence a noun), and it also functions as a complement of the main verb 이다. The meaning of the nominalizer 것 in the pattern ...것이다 is 'that'. The English equivalent of the pattern ...것은 ...것이다 is 'the one which ... is that ...' or 'what ... is that...'. All the adnominal tense forms occur with 것 in the pattern.

(1) 세종대왕이 한 일 중 가장 위대한 것은 한글을 만든 것이다.
The greatest achievement that King Sejong made is the invention of the Korean alphabet.
(2) 내가 좋아하는 것은 토요일에 영화 보러 가는 것이다.
(3) 내가 하는 일 중 가장 재미 있는 것은 산에 올라가는 것이다.
(4) 한국말을 공부할 때 어려운 것은 한자를 공부하는 것이다.
(5) 네가 해야 할 것은 이번 수요일까지 이 숙제를 하는 것이다.

2. ...거나: or

The element ...거나 is used as a disjunctive, indicating a contrast or an alternative between clauses, meaning 'or'. The verb stem is usually attached to the element ...거나. The subjects in both main and disjunctive clauses are usually identical.

(1) 중국의 글자인 한자를 쓰거나 한자의 음과 뜻을 빌려서 한국말을 적었다.
Korean people used Chinese characters (which are also used by Chinese) or wrote in Korean by borrowing the sound and meaning from Chinese characters.
(2) 철수는 일요일에는 집에서 잠을 자거나 공부를 한다.

(3) 나는 음식점에 가면 불고기를 먹거나 갈비를 먹는다.
(4) 나는 대학에서 일본어를 공부하거나 중국어를 공부하겠다.
(5) 나는 오늘 오후에 운동을 하거나 영화를 보러 가려고 한다.

3. ...끝에: as a result of ...; after ...

The original meaning of the pattern ...끝에 is 'at the end of ...'. However, when the pattern ...끝에 is used with nouns which indicate mental or physical activity, it expresses the finality of such activity, meaning 'as a result of ...' or 'after ...'.

(1) 오랜 시간의 연구 끝에 세종대왕은 1443년에 한글을 완성했다.
After a long period of research, King Sejong completed Hangul in 1443.
(2) 우리는 한 달 간의 작업 끝에 좋은 물건을 만들어냈다.
(3) 학생들이 자기들의 노력 끝에 좋은 성적을 받았다.
(4) 그 학생은 열심히 공부한 끝에 좋은 대학에 들어갔다.
(5) 존은 오랫 동안 연구한 끝에 자기의 책을 끝냈다.

4. ...도록: to ...

In Lesson 4, we studied a use of ...도록 'in order to ...'. In this lesson, the element 도록 is used as a complementizer (which makes a sentence a complement) of the saying or commanding verbs such as 말하다 'to say', 명령하다 'to order', 충고하다 'to advise', and so on. The element ...도록 expresses the third person's obligation to do something. Thus, the sentence containing 도록 indicates that someone tells the third person to do something. The English equivalent of ...도록 is 'to ...'. The verb stem occurs with the element ...도록.

(1) 한자로 쓰인 많은 책을 한글로 번역하도록 지시하였다.
(King Sejong) ordered (his scholars) to translate a lot of books written in Chinese characters into Korean.
(2) 철수는 영희에게 떠나도록 충고했다.
(3) 사람들이 비가 오도록 하느님께 빌었다.
(4) 그 부인은 남편에게 일찍 돌아오도록 부탁하였다.
(5) 그 사장은 사원들에게 밤 늦게까지 일하도록 지시했다.

5. ...ㄹ/을 뿐만 아니라 ...도: not only...but also

The pattern ...ㄹ/을 뿐만 아니라 ...도 means 'not only ..., but also ...'. The pattern
...뿐만 아니라 can be used with either nouns (or noun phrases) or verb forms. When the pattern occurs with verb forms, the attributive form ㄹ/을 must be attached to the pattern, thus forming the construction ...ㄹ/을 뿐만 아니라. The subject marker 이 can be optionally added after the element 뿐만, forming the construction 뿐만이.

(1) 세종대왕은 한글을 만드셨을 뿐만 아니라 다른 훌륭한 일도 많이 했다.
King Sejong not only invented Hangul but also did other great things.
(2) 이 선생님은 잘 가르치실 뿐만 아니라 학생들에게 친절하시기도 하다.
(3) 영희는 예쁠 뿐만 아니라 착하기도 하다.
(4) 그 아이들은 개를 싫어할 뿐만 아니라 고양이도 싫어한다.
(5) 공부는 돈이 많이 들 뿐만 아니라 시간도 많이 든다.

Substitution Drill

* 주어진 문형과 표현을 이용하여 <보기>와 같이 문장을 완성하세요.

1. ...것은 ...것이다.

<보기> 세종대왕이 한 일 중 가장 위대한 것 / 한글을 만든 것
=> 세종대왕이 한 일 중 가장 위대한 것은 한글을 만든 것이다.

(1) 오늘 꼭 해야 할 것 / 한국말 숙제를 하는 것
(2) 영희가 싫어하는 것 / 청소를 하는 것
(3) 학생들이 원하는 것 / 좋은 성적을 받는 것

2. ...거나

<보기> 중국의 글자인 한자를 쓰다. / 한자의 음과 뜻을 빌려서 한국말을 적었다.
=> 중국의 글자인 한자를 쓰거나 한자의 음과 뜻을 빌려서 한국말을 적었다.

(1) 나는 할 일이 없으면 운동을 한다. / 잠을 잔다.
(2) 저를 만나려면 집으로 전화하세요. / 삐삐를 치세요.
(3) 나는 오늘 오후에 빨래를 해야겠다. / 청소를 해야겠다.

3. ...도록

<보기> 세종대왕은 한자로 쓰인 많은 책을 (한글로 번역하다) 지시하였다.
=> 세종대왕은 한자로 쓰인 많은 책을 한글로 번역하도록 지시하였다.

(1) 의사가 영수에게 (담배를 끊다) 충고했다.
(2) 영수는 수미에게 (약속시간에 늦지 않다) 부탁했다.
(3) 철수는 동생에게 (친구들을 많이 데려오다) 말했다.

4. ...ㄹ/을 뿐만 아니라 (...도)

<보기> 세종대왕은 한글을 만들었다. / 다른 훌륭한 일도 많이 했다.
=> 세종대왕은 한글을 만들었을 뿐만 아니라 다른 훌륭한 일도 많이 했다.

(1) 이 아파트는 아주 깨끗하다. / 값도 싸다.
(2) 영희는 피아노를 잘 친다. / 노래도 잘 한다.
(3) 서울에는 차가 많다. / 사람도 많다.

Grammar Drill

1. '모든/전체'라는 뜻의 '온'과 연결될 수 있는 명사들을 생각해 보세요.

<보기> 국민 => 온 국민

(1) 세상
(2) 백성
(3) 마을
(4) 학교
(5) 몸

2. 다음과 같이 동사를 만들고 뜻을 말해 보세요.

<보기> 사용 => 사용하다

(1) 필요
(2) 완성
(3) 노력
(4) 번역
(5) 정리

3. 다음과 같이 '재료와 물건'으로 연결해 보세요.

<보기> 한자 / 책 => 한자로 쓰인 책 => 한자책

(1) 쌀 / 과자
(2) 나무 / 집
(3) 종이 / 컵
(4) 배추 / 김치
(5) 야채 / 빵

연 습 문 제 (Exercises)

1. Answer the following questions.

(1) 세종대왕이 한글을 만든 이유는 무엇입니까?
(2) 세종대왕은 새로운 글자를 만들기 위해 어떻게 했습니까?
(3) 한글이 완성된 때는 언제입니까?
(4) 세종대왕이 한글을 실제로 사용하기 위하여 어떤 노력을 했습니까?
(5) 한국사람들이 세종대왕이 한글을 만든 것을 기념하기 위해 하는 일은 무엇입니까?

2. Translate the following sentences using the pattern given in the parentheses.

(1) The best thing to do is that you visit your teacher and talk about that problem. (...것은 ...것이다)
(2) What I hate is when I have to meet a person I don't like. (...것은 ...것이다)
(3) On Saturdays, I stay at home watching TV or go to the library to study. (...거나)
(4) When I go to Korea, I visit Pusan or Mokpo. (...거나)
(5) After thinking for a long time, I decided to do just that. (...끝에)
(6) As a result of many discussions, students could finally understand the meaning of that book. (...끝에)
(7) The doctor ordered the patient to rest for ten days. (...도록)
(8) The teacher told his students to study harder. (...도록)
(9) Tourists come to the U.S.A. not only from Korea but also from Europe. (뿐만 아니라...도)
(10) He speaks not only English but also Korean. (뿐만 아니라...도)

3. Complete each dialogue with your own ideas.

(1) 한자는 왜 배우기 어려운가요?
수가 너무 많아서요.
여러분 나라의 글자는 왜 배우기 어려운가요?
____

(2) 이 만 원 짜리 돈에는 누가 그려져 있어요?
세종대왕이 그려져 있어요.
여러분 나라의 돈에는 누가 그려져 있어요?

____

(3) 한국 사람들이 가장 존경하는 임금은 누구에요?
세종대왕이에요.
여러분이 가장 존경하는 사람은 누구에요?

____

4. 다음은 영희의 이야기입니다. 이것을 읽고 여러분이 가장 존경하는 사람은 누구인지, 그리고 그 이유는 무엇인지 말해보세요.

저는 세종대왕을 가장 존경합니다. 제 생각으로는 세종대왕이 한국 역사에서 가장 훌륭한 인물 같아요. 특히 한글을 만들어주셔서 지금 우리가 쓸 수 있잖아요. 세종대왕이 아니었으면 지금도 우리는 우리 고유의 글자를 못가졌을지도 몰라요.

5. Make a dialogue between A and B based on the following directions.

I. Situation

A is a student in the Korean class.
B is his/her teacher in the class.

II. Role Play

A asks B questions such as who the most respectful and influential king among the kings in Korean history is and why he thinks so.

B answers that King Sejong is the most respectful and influential king in Korean history and the most wonderful work he achieved was to invent the Korean alphabet, Hangul. B should explain how King Sejong made it and describe other major works he accomplished.

6. 우리는 본문에서 한글이 어떻게 만들어졌는지 배웠습니다. 여러분 나라에서 쓰이는 글자와 한글의 공통점과 차이점에 대해 적어 보세요.

한 자 연 습 (Chinese characters)

한자	음	뜻	쓰는 순서
日	일	날; 해 a day; the sun	日 日 日 日
月	월	달 a month; the moon	月 月 月 月
火	화	불 fire	火 火 火 火
水	수	물 water	水 水 水 水
木	목	나무 a tree; wood	木 木 木 木
金	금	쇠 iron	金 金 金 金 金 金 金 金
	김	성 Kim (a last name)	
土	토	흙 earth; soil	土 土 土
寸	촌	마디 a segment; an inch	寸 寸 寸
年	연/년	해; 나이 year; age	年 年 年 年 年
時	시	때; 시간 time; hour	時 時 時 時 時 時 時 時 時 時
分	분	나누다 to divide	分 分 分 分

1. 다음 한자의 뜻과 음을 쓰세요.

(1) 木 ________ ________
(2) 土 ________ ________
(3) 火 ________ ________
(4) 金 ________ ________
(5) 分 ________ ________

2. 다음중 밑줄친 부분에 공통으로 사용된 한자를 적으세요.

(1) 월요일 (Monday), 생일 (birthday), 휴일 (a holiday)

(2) 여섯 시 (six o'clock), 시간 (time), 시계 (a watch)

(3) 삼촌 (uncle), 사촌 (cousin), 촌수 (degree of kinship)

(4) 일 학년 (the first grade), 십 년 (ten years), 연말 (the end of the year)

(5) 수영 (swimming), 산수 (mountains & rivers), 수돗물 (tap water)

3. 다음 문장에서 밑줄친 단어를 한자로 쓰세요.

(1) 오늘은 천 구백 구십 팔 년 금요일 십오 시 삼십 분이다.

(2) 생년월일(date of birth)을 쓰세요.

(3) 우리 학교가 세워진지 올해로 백 년이 되었다.

(4) 내 사촌동생과 삼촌은 학생이다.

(5) 내가 미국에 온지 십일 년되었다.

낱 말 (Glossary)

[본문]

임금	a king
대왕	a great king; The Great
훌륭한	good; great
위대한	great
...것은 ...것이다	the one which... is that...; what ... is that ...
...거나	or
빌리다	to borrow
적다	to write
배우다	to learn
힘이 들다	to be difficult
누구나	anybody; everybody
필요하다	to need
백성	the people; the nation
연구하다	to do research; study
오랜	long
연구	research
...끝에	as a result of...; after...

서기	A.D. (Anno Domini) cf. 기원전 (B.C.)
완성하다	to complete; finish
실제로	practically; actually
노력하다	to make efforts; try hard
신하	King's officials
직접	personally
번역하다	to translate (into another language)
지시하다	to order; to direct
영토	a territory
넓히다	to enlarge; broaden
안전하다	to be safe
지키다	to protect
문화	culture
과학	science
발전	progress; advancement
크게	greatly
힘쓰다	to strive
펴내다	to publish
고전음악	classical music
정리하다	to (re)arrange; put in order
기구	an instrument
존경하다	to respect
한글날	Hangul Day (October 9th)
기념하다	to commemorate

[대화]

글짓기	composition; writing
대회	a contest; competition
외국인	a foreigner
상	a prize
타다	to win (a prize)
동상	a (bronze) statue
...짜리	(a thing) worth ...
지폐	a bill; bank note
일리가 있다	to make sense

[낱말의 쓰임]

정치가	a politician
감기	a cold; flu

유난히	particularly; unusually
발명하다	to invent
순서대로	in a certain specified order

[문형 연습]

음식점	a restaurant
일본어	Japanese language
중국어	Chinese language
운동하다	to exercise
작업	work
성적	a grade; exam results
충고하다	to advise
하느님	God
사원	an employee

[Drills]

청소	cleaning
삐삐	a pager
빨래	laundry
모든	all
전체	the whole
세상	the world
정리	arrangement; adjustment; organization
과자	cookies; candies
야채	vegetables
빵	bread

[연습 문제]

공통점	something in common; similarity
차이점	a difference

제 15 과 소가 된 게으름뱅이

옛날에 일하는 것을 몹시 싫어하는 사람이 있었습니다. 아내가 열심히 일하는 동안 이 사람은 매일 놀기만 했습니다. 그래서 아내가 남편에게 일 좀 하라고 말하자 남편은 "내가 집을 나가든지 죽든지 해야지. 도대체 당신 잔소리 때문에 내가 못 살겠어!"하고 화를 냈습니다.

그래서 그 남자는 멀리 떠날 생각으로 집을 나갔습니다. 길을 가는데 초가집 한 채가 보였습니다. 그 집 안에서는 한 노인이 소머리 모양의 탈을 만들고 있었습니다. 노인에게 "도대체 그게 뭐예요?"라고 묻자, 노인이 말했습니다. "소머리예요. 일하기 싫어하는 사람이 이걸 쓰면 그 사람에게 아주 좋은 일이 생긴단 말이에요." 그 말을 듣고 남자는 그 탈을 썼습니다. 그런데 그 탈을 쓰자마자 그 남자는 소로 변해 버렸습니다.

노인은 소로 변한 남자를 팔려고 소시장으로 끌고 갔습니다. 한 농부가 그 소를 보고 튼튼하냐고 물었습니다. 그러자 노인은 "튼튼한거야 말할 것도 없어요. 꼭 사고 싶거든 이 백만 원만 내세요."라고 말했습니다. 그 농부가 그 소를 샀습니다. 그 때, 노인은 농부에게 한 가지 조심할 것이 있다고 말했습니다. "이 소는 파를 먹으면 죽게 되니 절대로 파 밭에 데리고 가면 안 돼요."

농부에게 팔려간 소는 매일 죽도록 일만 했습니다. 아무리 말을 하려고 해도 '음매'하는 소리밖에 나오지 않았습니다. 너무 힘들어서 잠깐 쉬려고 하면, 농부는 소의 엉덩이를 아프게 때렸습니다. 그 남자는 '이렇게 사느니 차라리 죽는 게 낫겠다'고 생각하고 파 밭으로 뛰어 들어가 파를 베어 먹었습니다. 그런데 갑자기 소의 탈이 벗겨지면서 사람 모습으로 되돌아 왔습니다. 남자는 농부에게 모든 이야기를 하고 아내가 있는 집으로 돌아왔습니다.

그 후 그 남자는 일을 열심히 했습니다. 그래서 지금도 밥을 먹은 후에 일하지 않고 누워 있으면 소가 된다는 말이 있습니다.

대 화 (Dialogues)

(I) 소가 된 게으름뱅이

엄마: 밥을 먹었으면 그렇게 누워만 있지 말고 엄마 좀 도와주면 안 되니?
혜주: 배가 불러서 아무 것도 하기 싫어요.
엄마: 밥 먹자마자 누우면 소가 된다는 얘기도 모르니?
혜주: 네? 그게 무슨 얘기예요?
엄마: 옛날에 어떤 사람이 게으름을 피우다가 소로 변해서 고생을 했대.
혜주: 소로 변한다고요? 저도 이제부터는 게으름을 피우지 않을게요.

(II) 부자 친구 이야기

영수: 너 우리 친구 중에 철수라고 기억나니?
수미: 물론이지. 집이 어려워서 아주 힘들게 학교에 다녔던 친구 말이지?
영수: 그 친구가 지금은 부자가 되었대.
수미: 어떻게 해서 부자가 되었대. 복권이라도 맞은 거야?
영수: 그게 아니고 아주 부지런히 사업을 해서 돈을 많이 벌었대.
수미: 그래? 나도 오늘부터 열심히 일을 해야겠다.

(III) 동물 울음 소리

존: 도대체 '음매'가 무슨 소리예요?

정아: 한국 사람들은 소가 우는 소리를 그렇게 표현해요. 미국 사람들은 어떻게 해요?

존: '무-(moo)'라고 해요. 똑같은 소 울음 소리인데도 다르게 표현되는 게 재미 있어요. 다른 동물의 울음 소리는 어떻게 표현하는지 궁금해요.

정아: 개는 '멍멍', 고양이는 '야옹', 돼지는 '꿀꿀', 병아리는 '삐약삐약'이라고 해요. 미국 사람들은 어떻게 표현해요?

존: 개는 '워프워프(woof woof)', 고양이는 '미야우(meow)', 돼지는 '오잉크 오잉크(oink oink)', 병아리는 '칙칙(chick chick)' 하고 표현해요.

낱말의 쓰임 (Vocabulary Usage)

1. 몹시: very much

   나는 그 소식을 듣고 몹시 기뻤다.
   나도 거기에 몹시 가고 싶지만 할 일이 너무 많다.

2. 아내: a wife

   그 남자의 아내는 참 예쁘다.
   내 아내는 음식 솜씨가 좋습니다.

3. 도대체: at all; on earth

   나는 도대체 그 사람을 믿을 수 없다.
   내가 집에 없을 때 도대체 누가 전화를 했을까?

4. 잔소리: nagging

   나는 잔소리가 많은 사람을 싫어한다.
   아내는 남편에게 잔소리 한 마디 하지 않았다.

5. 화를 내다: to get mad; be angry

   영수는 요즘 자주 화를 낸다.
   영이는 화를 내서 미안하다고 말했다.

6. 노인: an old man

한 노인이 쓸쓸하게 앉아 있다.

헤밍웨이의 '노인과 바다(The Old Man and the Sea)'라는 소설이 있다.

7. 일이 생기다: to happen; occur

무슨 일이 생기면 집에 전화해라.

어떤 일이 생기더라도 용기를 잃지 마세요.

8. 끌다: to pull; drag; take

경찰관은 그 강도를 경찰서로 끌고 갔다.

영희는 자기 강아지를 끌고 우리 집에 왔다.

9. 튼튼하다: to be strong; solid; sturdy

운동을 규칙적으로 하면 몸이 튼튼해진다.

아이들의 장난감은 튼튼하게 만들어야 한다.

10. (돈을) 내다: to pay (the money)

먼저 식사하시고 돈을 내십시오.

수미는 백만 원을 내고 그 피아노를 샀다.

11. 조심하다: to be careful

운전을 할 때는 늘 조심하세요.

그 집에는 무서운 개가 있으니 조심하세요.

12. 절대로: absolutely

절대로 술을 먹고 운전을 하지 말아라.

다른 사람을 절대로 때려서는 안 된다.

13. 힘들다: to be hard; tough; painful

잠도 못 자고 시험 공부하느라 힘들었다.

힘든 일을 하고 나면 쉬고 싶다.

14. 잠깐: shortly; briefly

잠깐 만날 수 있을까요?
오래 걸리지 않을 거야. 잠깐이면 돼.

15. 차라리: rather

너는 차라리 가지 않는 것이 좋겠다.
그 문제에 대해서는 차라리 이야기하지 않는 것이 좋겠다.

문 형 연 습 (Patterns)

1. ...든지 ...든지: whether... or...; either... or...

The pattern ...든지 ...든지 is used to indicate a choice between two alternatives, meaning 'whether... or...' or 'either... or...'. Both nouns and verb stems occur with the pattern ...든지 ...든지. When nouns which end in a consonant occur with this pattern, the element 이 must be added before 든지.

(1) 내가 집을 나가든지 죽든지 해야겠다.
I think I must either leave home or die.
(2) 네가 가든지 말든지 나는 상관하지 않는다.
(3) 이거든지 저거든지 둘 중에서 하나를 가지세요.
(4) 이 책을 갖든지 버리든지 네 마음대로 해라.
(5) 너든지 나든지 우리들 중 한 사람이 가야 한다.

2. ...ㄴ 말이다: I mean...; I say...

The pattern ...ㄴ 말이다 is used to express emphasis on a certain event or fact, meaning 'I mean' or 'I say...'. The pattern ...ㄴ 말이다 is attached to the verb ending 다 in the plain style. But the ending 다 of the copula 이다 is changed to 라, forming 이란 말이다 when it is combined with the pattern ...ㄴ 말이다. The imperative ending 라 and the propositive ending 자 are also combined with this pattern, forming ...란 말이다 and ...잔 말이다.

(1) 일하기 싫어하는 사람이 이 탈을 쓰면 그 사람에게 좋은 일이 생긴단 말이에요.
I mean, if the person who does not like working wears this mask, he will have good fortune.
(2) 그 사람은 이미 한국으로 떠났단 말이다.
(3) 이것이 내가 말한 책이란 말이다.
(4) 빨리 가란 말이오.
(5) 오늘은 냉면을 먹잔 말이야.

3. ...(이)야: as for...

The pattern ...(이)야 calls special attention to a certain event or state. The pattern ...(이)야 grammatically functions as a topic; thus it has the same function as the topic marker 은/는. Nouns or noun phrases occur with the pattern ...이야. The element 이 is omitted when the pattern occurs with nouns ending with a vowel. In the text, the construction ...거야 is the contraction of the full form ...것이다. The English equivalent of the pattern ...(이)야 is 'as for'.

(1) 튼튼한 거야 말할 것도 없지요.
As for the strength, nothing compares (with this bull).
(2) 먹을 거야 얼마든지 있으니 많이 드세요.
(3) 물건이 좋은 거야 두 말 할 것도 없소.
(4) 시계야 미국 시계가 좋지요.
(5) 아프리카야 물론 날씨가 덥지만, 한국은 그리 덥지 않아요.

4. ...거든: if

The pattern ...거든 is used to indicate a conditional clause, meaning 'if'. Thus, the use of the pattern ...거든 is similar to the other conditional conjuctive ...(으)면. However, the pattern ...거든 is mainly used with the main clause which indicates either imperative or propositive. All verb types occur with this pattern.

(1) 꼭 사고 싶으면 백 오십만 원만 내세요.
Please pay me 1,500,000 won if you want to buy this bull.

(2) 아프거든 이 약을 먹어라.
(3) 그를 만나거든 이리로 오라고 하시오.
(4) 영희가 너를 도와 주거든 너도 영희를 도와 주어라.
(5) 내일 아침에 일찍 일어나거든 나를 좀 깨워 줄래?

5. ...밖에... Neg...: only; nothing but

In the pattern ...밖에 ...Neg..., Neg means negation which includes the negative marker 안 (or ...지 않), 못, and 없. The pattern ...밖에 ...Neg... expresses limitations to the content of the noun (or noun phrases) or the propositional phrase, meaning 'only', 'just', or 'nothing but...'. The pattern ...밖에 ...Neg... has the same meaning as the element 만 'only', thus they can replace each other. The pattern mainly occurs with nouns (or noun phrases), but it also occurs with different particles such as (으)로, 에, 에서, thus forming constructions ...(으)로 밖에 ...Neg... 'only as...', 'only with...', or 'only toward', ...에 밖에 ...Neg... 'only to...', and ...에서 밖에 ...Neg... 'only at (in or on)...'.

(1) 그 남자는 소리를 질러 보았지만 그 소리는 '음메'하는 소리로 밖에 나오지 않았습니다.
When the man yelled, the yelling sound came out only as a cow's moo.
(2) 이 일을 할 수 있는 사람은 우리 아버지 밖에 없다.
(3) 영희는 집에서 공부 밖에 하지 않는다.
(4) 나는 돈이 조금 밖에 없다.
(5) 철수는 도서관 밖에 가지 않았다.

6. ...도록: until...; till...

We studied three uses of 도록 in previous lessons (Lesson 3, 4, and 15). In this lesson, we will study another use of 도록, which expresses the extension of time to a certain limit or point, meaning 'until...'. The verb stem occurs with the element 도록.

(1) 그 날부터 남자는 매일 죽도록 일만 했습니다.
From that day on, the man worked every day until he was dead tired.
(2) 영수는 밤이 새도록 공부했다.

(3) 그는 숨이 차도록 달려왔다.
(4) 나의 할아버지는 백 살이 넘도록 사셨다.
(5) 우리는 눈물이 나도록 웃었다.

Substitution Drill

* 주어진 문형과 표현을 이용하여 <보기>와 같이 문장을 완성하세요.

1. ...든지 ...든지

<보기> 내가 집을 (나가다 / 죽다) 해야겠다.
=> 내가 집을 나가든지 죽든지 해야겠다.

(1) 심심하면 (책을 읽다 / TV를 보다) 해라.
(2) 이번 숙제는 (영어로 쓰다 / 한국말로 쓰다) 다 괜찮다.
(3) (이것을 사다 / 저것을 사다) 아무거나 빨리 사라.

2. ...ㄴ 말이다

<보기> 그 남자는 멀리 떠났다.
=> 그 남자는 멀리 떠났단 말이다.

(1) 나는 새 옷을 사러 백화점에 갔다.
(2) 영희는 영어를 배우러 미국 친구를 사귀었다.
(3) 철수는 영희를 만나러 도서관에 갔다.

3. ...(이)야

<보기> 튼튼한 것 / 말할 것도 없지요.
=> 튼튼한 거야 말할 것도 없지요.

(1) 날씨가 좋은 것 / L.A.가 최고다.
(2) 음식을 맛있게 만드는 것 / 우리 어머니가 최고다.
(3) 포도 / 한국 포도가 맛있지.

4. ...거든

<보기> 꼭 (사고 싶다) 백 오십만 원만 내세요.
=> 꼭 사고 싶거든 백 오십만 원만 내세요.

(1) (돈을 벌고 싶다) 열심히 일을 해라.
(2) 영희야, (시장에 가다) 과일 좀 사다 줄래?
(3) 철수가 (전화를 하다) 저를 꼭 바꾸어 주세요.

5. ...도록

<보기> 남자는 매일 (죽다) 일만 했다.
=> 남자는 매일 죽도록 일만 했다.

(1) 우리는 오늘 (목이 아프다) 노래를 했다.
(2) 음식이 너무 맛이 있어서 (배가 터지도록) 많이 먹었다.
(3) 나는 (미치다) 영희가 보고 싶다.

Grammar Drill

1. <보기>와 같이 동사를 '...뱅이' 형태를 가진 명사로 바꾸어 보세요.

<보기> 게으르다 => 게으름뱅이

(1) 앉다
(2) 가난하다

2. <보기>와 같이 접미사 '들'을 붙이고 그 뜻을 말하세요.

<보기> 모두 + 들 => 모두들

(1) 다
(2) 열심히
(3) 여러분

3. <보기>와 같이 '르' 불규칙 동사의 형태를 바꾸어 보세요.

<보기> 지르다 => 질러

(1) 자르다
(2) 기르다
(3) 이르다
(4) 나르다
(5) 다르다

4. <보기>와 같이 명사에 접두사 '잔'을 붙이고 그 뜻을 말하세요.

<보기> 잔 + 소리 => 잔소리

(1) 말	(5) 글씨	(9) 심부름
(2) 머리	(6) 기침	(10) 재주
(3) 꾀	(7) 물결	(11) 주름
(4) 걸음	(8) 병	

연 습 문 제 (Exercises)

1. Answer the following questions.

(1) 사나이가 집을 나간 이유는 무엇입니까?
(2) 사나이는 왜 노인이 갖고 있던 탈을 쓰려고 했습니까?
(3) 소로 변한 게으름뱅이를 노인은 어떻게 했어요?
(4) 노인이 소에게 파를 먹여서는 안 된다고 말한 이유는 무엇입니까?
(5) 소가 된 사나이는 왜 파를 먹었어요?

2. Translate the following sentences using the pattern given in the parentheses.

(1) Take the book you like, either this one or that one. (...든지 ...든지)
(2) Come or go, do whatever you like. (...든지 ...든지)
(3) I mean, I was late for school because I got up late. (...ㄴ 말이다)
(4) I mean, you die early if you smoke. (...ㄴ 말이다)
(5) When it comes to beauty, the rose is the most beautiful. (...(이)야)
(6) As for talkativeness, she is second to none. (...(이)야)
(7) See me if you are not busy. (...거든)
(8) Return the book to me when you finish reading it. (...거든)
(9) Professor Lee travels only by train. (...밖에 ...Neg...)
(10) My brother teaches nothing but Korean in his school. (...밖에 ...Neg...)
(11) We watched the movie until late at night. (...도록)
(12) John ran until he was out of breath. (...도록)

3. Complete each dialogue with your own ideas.

(1) 게으름뱅이는 왜 소가 되었어요?
일하기를 몹시 싫어했기 때문이에요.
여러분은 어떤 일을 제일 하기 싫어해요?

____

(2) 남편은 왜 아내에게 잔소리를 들었어요?
게으름만 피우고 일을 안 했기 때문이에요.
여러분은 언제 잔소리를 들어요?

____

(3) 농부는 얼마를 주고 소를 샀어요?
백 오십만 원을 주고 샀어요.
여러분이 입고 있는 옷은 얼마를 주고 샀어요?

____

4. 다음은 영희의 이야기입니다. 이와 같이 여러분이 알고 있는 교훈을 주기 위해 만들어진 이야기가 있으면 말해 보세요.

한국에는 어떤 게으름뱅이가 일을 하기 싫어 집을 나갔다가 소로 변하여 죽도록 고생을 했다는 이야기가 있습니다. 열심히 일하지 않고 게으름을 피우면 고생을 하게 된다는 교훈을 주기 위해 만들어진 이야기입니다.

5. Create a dialogue between A and B based on the following situation.

I. Situation

A and B are classmates in Korean IV class.
They try to role-play the story '소가 된 게으름뱅이'.

II. Role Play

A plays a role as '게으름뱅이' who turns into the bull. A makes his/her own version of colloquy and performs it.

B plays multiple roles as his wife, an old man, and a farmer. B also makes his/her own version of dialogue and performs it.

6. '소가 된 게으름뱅이'는 게으름을 피우면 안 된다는 것을 이야기하고 있습니다. 여러분이 알고 있는 것 중에서 이처럼 재미 있는 이야기를 골라 짧게 적어 보세요.

한 자 연 습 (Chinese characters)

한자	음	뜻	쓰는 순서
天	천	하늘 the sky; heaven	天 天 天 天
上	상	위 upper; top	上 上 上
中	중	가운데 middle	中 中 中 中
下	하	아래 lower; below	下 下 下
左	좌	왼쪽 left	左 左 左 左 左
右	우	오른쪽 right	右 右 右 右 右
前	전	앞 front	前 前 前 前 前 前 前 前 前
內	내	안 inside; in	內 內 內 內
外	외	밖 outside	外 外 外 外 外
出	출	나가다 to go out	出 出 出 出 出
入	입	들어가다 to enter	入 入

1. 다음 한자의 음과 뜻을 쓰세요.

	뜻	음
(1) 上	________	________
(2) 下	________	________
(3) 出	________	________
(4) 外	________	________
(5) 右	________	________

2. 다음 밑줄 친 부분에 공통으로 사용되는 한자를 쓰세요.
   (1) 중학교 (middle school), 중간 (middle), 중심 (center)
   (2) 실내 (inside), 내복 (inner wear), 안내 (guide)
   (3) 오전 (before noon), 한 달 전 (one month ago), 전 시간 (last class)
   (4) 외출 (going out), 출입구 (gate), 출발 (departure)
   (5) 입구 (entrance), 입장 (entry), 출입 (going and coming)

3. 밑줄 친 부분을 한자로 쓰세요.

   (1) 저 끝에서 좌회전(left turn) 하세요.
   (2) 저 사람을 전에 본 적이 있어요.
   (3) 한 시간 내에 오세요.
   (4) 서울에는 외국인(a foreigner)이 많아요.
   (5) 이 책은 상, 중, 하 세 권으로 되어 있어요.

낱 말 (Glossary)

[본문]

소	a cow (암소); a bull (황소)
게으름뱅이	a lazy person
열심히	eagerly; zealously; enthusiastically
매일	every day
놀다	to be idle; to play; to amuse oneself
잔소리	nagging
도대체	(how/what/why) on earth
멀리	far away
...ㄹ/을 생각으로	with the intention to....; in order to...
초가집	a house with a thatched roof; a thatched cottage
채	the classifier for counting houses
노인	an old man
모양	a shape; a form
탈	a mask (made of a gourd)
...ㄴ 말이다	I mean....
끌다	to pull; to drag

소시장	a cattle market
튼튼하다	to be strong; substantial
...(이)야	as for....
파	a green onion
데리고 가다	to take (somebody to someplace)
...면 안 된다	must not; should not
팔리다	to get sold
... 밖에	only as...
엉덩이	the hips; the buttocks
때리다	to hit; to beat
차라리	rather
뛰어들다	to plunge (jump) into
베어 먹다	to take a bite and eat it
벗겨지다	to be taken off

[대화]

도와주다	to help with; give help
부자	a wealthy man
집이 어렵다	to be poor
복권이 맞다	to win a lottery ticket
사업	business
울음 소리	a cry; crying sound
표현하다	to express; give expression (to)
개	a dog
고양이	a cat
돼지	a pig
병아리	a chick

[낱말의 쓰임]

한마디	single word
용기를 잃다	to be discouraged
경찰관	policeman
경찰서	police station
강아지	puppy
장난감	toy
무서운	fearful
시험	test

[문형 연습]

상관하다	to be concerned (about); to mind
버리다	to throw away
냉면	cold noodle dish
두말하다	to break one's word
시계	a clock
약	medicine; drug
깨우다	to wake up
조금	small quantity; a little
밤이 새다	to dawn; break
숨이 차다	to be gasping; panting
눈물이 나다	(tears) to well up (in one's eyes)

[Drills]

친구를 사귀다	to make a friend
최고	the best
포도	grapes
겨울	winter
시장	a market
과일	fruit
바꾸어 주다	to exchange
목	the neck
발	a foot/feet
터지다	to get broken
미치다	to go mad; become insane/crazy
나르다	to carry; transport; convey
기침	cough
물결	wave
심부름	errand; message
주름	wrinkles; crumples

제 16 과 발렌타인 데이와 화이트 데이

한국에는 미국과 다른 풍습이 많은데, 발렌타인 데이(2월 14일)와 화이트 데이(3월 14일)도 그 중의 하나다. 미국에는 화이트 데이는 없고 발렌타인 데이만 있으며, 그 의미도 조금 다르다.

한국에 처음 와서 아내와 만난 뒤 첫 발렌타인 데이 때의 일이다. 데이트를 하면서 초콜렛을 선물로 주었더니 아내는 이상하다는 듯이 "나한테 초콜렛을 왜 줘요?"하고 물었다. 나는 "발렌타인 데이니까요." 하고 대답했다. 그러자 아내는 "그러면 화이트 데이에도 또 줄 거죠?"하고 말했다. '화이트 데이? 화이트 데이가 뭐지?' 나는 궁금했지만 그냥 '그 날도 선물을 주고 받는 날이구나' 하고 생각했다. 그런데 화이트 데이가 되어서 아내에게 초콜렛을 주었지만 아무리 기다려도 아내는 아무 것도 주지 않았다. 그래서 아내에게 왜 선물을 안 주느냐고 물었더니 아내는 아주 당연하다는 듯 말했다. "화이트 데이는 여자만 받는 날이잖아요."

이처럼 한국에서는 발렌타인 데이는 여자가 남자에게 선물을 주는 날이고, 화이트 데이는 반대로 남자가 여자에게 선물을 주는 날이다. 하지만 미국에서 발렌타인 데이는 남녀 구별 없이 사랑하는 사람에게 카드나 선물을 주는 날이다.

미국에는 없는 화이트 데이는 일본에서 들어온 풍습이라고 한다. 일본의 과자 회사들이 사탕이나 초콜렛을 더 많이 팔기 위해 일부러 만들어 낸 날이라는 것이다. 그 밖에 요즘 신세대들 사이에는 블랙 데이라는 것이 생겼다고 한다. 블랙 데이는 4월 14일인데, 이 날에는 발렌타인 데이와 화이트 데이에 아무 선물도 받지 못한 남녀들이 만나 같이 자장면을 먹는다고 한다. 사랑해 주는 사람이 없는 서로의 처지를 위로해 주려는 의도로 생겼나 보다. 아무튼 재미 있는 풍습이다.

대 화 (Dialogues)

(I) 화이트 데이 선물

영희: 존, 오늘 나한테 뭐 줄 거 없어요?

존: 없는데요. 왜요?

영희: 오늘이 무슨 날인지 몰라요?

존: 오늘이 무슨 날인데요?

영희: 오늘이 화이트 데이잖아요. 남자 친구가 여자 친구한테 선물을 주는 날이에요.

존: 그래요? 저는 처음 듣는 이야기인데요. 몰랐어요. 그런데 무슨 선물을 받고 싶어요?

영희: 됐어요. 옆구리 찔러 절 받기는 싫어요.

(II) 블랙 데이

어머니: 영희야, 어디 가니?

영희: 친구들 만나러요. 오늘이 블랙 데이잖아요.

어머니: 블랙 데이? 블랙 데이가 뭐니?

영희: 발렌타인 데이나 화이트 데이에 아무 선물도 못받은 친구들끼리 모여서 자장면을 먹는 날이에요.

어머니: 뭐라구? 별 이상한 날도 다 있구나.

영희: 이상하지 않아요. 선물을 못받은 친구들끼리 서로 위로해 주려는 거에요. 다녀올게요.

(III) 가장 기억에 남는 선물

철수: 영희야, 너는 네가 받은 선물 중에 가장 기억에 남는 것이 뭐야?

영희: 나는 어렸을 때 받은 강아지가 제일 기억에 남아.

철수: 강아지? 야, 참 좋았겠구나. 나도 강아지 참 좋아하는데.

영희: 그런데 그 강아지가 지금은 아주 커다란 개가 되었는데 이제는 우리 식구나 다름없어.

철수: 그래? 개 이름이 뭐야?

영희: 응, 프로스티야. 이름 예쁘지?

낱말의 쓰임 (Vocabulary Usage)

1. 이상하다: to be strange; unusual

   문 앞에 어떤 이상한 사람이 와 있다.
   이 음식은 맛이 좀 이상하다.

2. 궁금하다: to be curious (to know)

   궁금한 것이 있으면 물어보세요.
   나는 지금 철수가 무엇을 하는지 궁금하다.

3. 주고 받다: to exchange; give and take

   철수와 영희는 선물을 주고 받았다.
   사람들이 길에서 돈을 주고 받는다.

4. 당연하다: to be right; be a matter of course; be no wonder

   그 사람이 화를 내는 것도 당연하다.
   철수가 그 상을 탄 것은 당연하다.

5. 일부러: deliberately; on purpose

철수는 일부러 영희와 부딪쳤다.
그것은 내가 일부러 한 일은 아니다.

6. 신세대: the new generation

한국의 신세대들은 댄스 뮤직을 좋아한다.
이 곳은 신세대들이 많이 오는 곳이다.

7. 처지: a situation; one's status

불쌍한 처지에 있는 사람들을 도와 주어야 한다.
철수와 영희는 서로의 처지를 이해한다.

8. 위로하다: to console; comfort

철수는 슬픔에 빠진 영희를 위로했다.
가서 어머니를 좀 위로해 드려라.

9. 의도: one's intention

나는 그 사람의 의도가 무엇인지 궁금하다.
돈을 벌려는 의도로 그 일을 한 것은 아니다.

10. 아무튼: anyhow; in any case

아무튼 나는 이 그림이 좋다.
아무튼 그 사람을 만나라.

문 형 연 습 (Patterns)

1. ... 때의 일이다: It happened when ...; It was when ... (that)

The pattern consists of four grammatical elements, the noun 때 'time', the possessive particle 의 'of', the noun 일 'thing', and the copula 이다 'be'. Nominals (nouns and noun phrases) or adnominal clauses can occur with this pattern. There is no past tense marker in the main verb form, but the event expressed in the sentence is usually interpreted as having occurred in the past. The pattern roughly means 'it happened when ...' or 'it was when ...'.

(1) 아내와 만난 뒤 첫 발렌타인 데이 때의 일이다.
It was the first Valentine's Day after my meeting my wife-to-be.
(2) 내가 그 여자를 처음 만났을 때의 일이다.
(3) 내 동생이 아주 어렸을 때의 일이다.
(4) 미국으로 온 것은 내가 열 살 때의 일이다.
(5) 그 사람을 만난 것은 내가 한국에 갔을 때의 일이다.

2. ...ㅆ/었더니: as ...; when ...

The pattern consists of two elements, the past tense marker ㅆ/었 and the conjunctive 더니. Only action verb stems occur with this pattern. The pattern indicates when someone did something, something happened.

(1) 데이트를 하면서 초콜렛을 선물로 주었더니 아내는 "나한테 왜 초콜렛을 줘요?"하고 물었다.
When I presented my wife with a box of chocolates on our date, she asked, "Why are you giving me chocolates?"
(2) 그 사람에게 인사를 했더니 나를 보고 웃었다.
(3) 철수에게 책을 선물했더니 고맙다고 말했다.
(4) 영희에게 메시지를 남겼더니 곧 연락이 왔다.
(5) 경찰관에게 서울역으로 가는 길을 물었더니 친절하게 가르쳐 주었다.

3. ...(다)는 듯이: as if ...; with the appearance of

The pattern consists of three elements, the sentential ending form 다, the attributive form 는, and the adverbial form 듯이. The original form of this pattern is 다고 하는 듯이, from which the quotation marker 고 and the verb 하 are deleted. The pattern means 'as if' or 'with the appearance of'.

(1) 아내는 이상하다는 듯이 "나한테 초콜렛을 왜 줘요?"하고 물었다.
My wife asked, "Why are you giving me chocolates?", as if it were strange.

(2) 영희는 재미 있다는 듯이 크게 웃었다.
(3) 철수가 잘 모르겠다는 듯이 머리를 가로저었다.
(4) 강아지가 반갑다는 듯이 꼬리를 흔든다.
(5) 영수가 기분 나쁘다는 듯이 나를 쳐다보았다.

4. ...(느)냐고: (ask) WH-question ...

The pattern consists of two elements, the interrogative sentential ending 느냐 and the quotation marker 고. The pattern is used to express an indirect question. Main verbs which occur with this pattern are the interrogative saying verbs. Any kind of verb can occur with this pattern to form indirect question clauses.

(1) 아내에게 왜 선물을 안 주느냐고 물었다.
I asked my wife why she didn't give me any gift.
(2) 철수에게 언제 서울에 가느냐고 물어 보았다.
(3) 나는 영희에게 배가 고프냐고 물었다.
(4) 영수에게 조금만 더 기다려 줄 수 있느냐고 물었다.
(5) 엄마가 내게 무엇을 찾느냐고 물어보았다.

5. ...나 보다: It seems that...; it appears that...

The pattern consists of two elements, the interrogative marker 나 and the verb 보다 'to see'. Any verb form can occur with this pattern to express the speakers conjecture or presumption. The meaning of this pattern is roughly equivalent to 'it seems that ...' or 'it appears that ...'.

(1) 사랑해주는 사람이 없는 서로의 처지를 위로해 주려는 의도로 생겼나보다.
It appears that it was created for cases where individuals lacking loving relationships can console one another.
(2) 밖이 시끄러운 것을 보니 사람들이 도착했나 보다.
(3) 하늘이 흐린 걸 보니 비가 오려나 보다.
(4) 철수가 영희를 좋아하나 보다.
(5) 그가 웃고 다니는 것을 보니 좋은 일이 생겼나 보다.

Substitution Drill

1. <보기>와 같이 '...(느)냐고'를 이용하여 문장을 완성하세요.

<보기> 아내에게 물었다 ("왜 선물을 안 줘?")
=> 아내에게 왜 선물을 안 주느냐고 물었다.

(1) 나는 존에게 물었다 ("전공이 뭐예요?")
(2) 영희에게 물어 보았다 ("철수 전화 번호를 알고 있니?")
(3) 동생에게 물었다 ("무엇을 먹고 싶니?")

2. <보기>와 같이 '...나 보다'를 이용하여 문장을 고치세요.

<보기> 사랑해주는 사람이 없는 서로의 처지를 위로해 주려는 의도로 생겼다.
=> 사랑해주는 사람이 없는 서로의 처지를 위로해 주려는 의도로 생겼나 보다.

(1) 선생님께서 화가 나셨다.
(2) 영수는 아직 그 소식을 모른다.
(3) 철수가 딸기를 좋아한다.

3. <보기>와 같이 '...ㄹ/을 거죠'를 이용하여 문장을 고치세요.

<보기> 화이트 데이에도 초콜렛을 또 줄 것이다.
=> 화이트 데이에도 초콜렛을 또 줄 거죠?

(1) 내일 손님들이 많이 올 것이다.
(2) 이번 여름에 한국에 갈 것이다.
(3) 이 영화를 꼭 볼 것이다.

4. <보기>와 같이 '...(이)잖아요'를 이용하여 문장을 고치세요.

<보기> 화이트 데이는 여자만 선물을 받는 날이다.
=> 화이트 데이는 여자만 선물을 받는 날이잖아요.

(1) 이 음식은 너무 맛이 없다.
(2) 점심을 사 주기로 약속했다.
(3) 한국어 숙제를 해야 한다.

연 습 문 제 (Exercises)

1. 다음 질문에 답하세요.

(1) 미국에서 발렌타인 데이는 무슨 일을 하는 날입니까?
(2) 한국의 발렌타인 데이는 미국과 어떻게 다릅니까?
(3) 화이트 데이는 무엇입니까?
(4) 화이트 데이는 어떻게 생겨났습니까?
(5) 블랙 데이란 무엇입니까?

2. 다음 문장들을 주어진 문형을 사용하여 번역하세요.

(1) It was when I was seventeen that I met her for the first time. (... 때의 일이다)
(2) It happened when I went to the bookstore to buy a Korean textbook. (... 때의 일이다)
(3) When I called home, my younger brother answered. (...었/ㅆ 더니)
(4) When I hurried to the classroom, there was no one there but Mary. (...었/ㅆ 더니)
(5) He talked as if he knew everything. (...는 듯이)
(6) As I told the news, he looked at me as if he couldn't believe it. (...는 듯이)
(7) I asked him why he was so late. (...(느)냐고)
(8) John asked Mary if she could go to the party with him. (...(느)냐고)
(9) It seems that John fell in love with Susan. (...나 보다)
(10) It looks like it's raining outside. (...나 보다)

3. Complete each dialogue with your own ideas.

(1) 한국에서는 발렌타인 데이에 무슨 선물을 많이 해요?
초콜렛 선물을 많이 해요.
여러분은 발렌타인 데이에 어떤 선물을 해요?
____

(2) 블랙 데이에는 무엇을 먹어요?
자장면을 먹어요.
여러분은 데이트할 때 무엇을 먹어요?
____

(3) 발렌타인 데이에 한국 여자들은 어떻게 사랑을 표현해요?
사랑하는 남자에게 초콜렛을 선물해요.
여러분은 사랑하는 사람에게 어떻게 사랑을 표현하겠어요?
____

4. 다음 영희의 이야기를 읽고 여러분의 발렌타인 데이에 일어난 가장 기억에 남는 일을 말해보세요.

저는 작년 발렌타인 데이에 친구 일곱 명으로부터 카드와 초콜렛을 받았어요. 그렇게 많은 선물을 받으니까 너무 기분이 좋았어요. 그 때가 가장 기억에 남아요.

5. Create a dialogue between A and B based on the following situation.

I. Situation

A is a woman and B is a man. They are dating and meet at a cafe on Mar. 14th.

II. Role Play

A expects a present from B because it is White Day today.
She is greatly disappointed when she finds out that B did not bring any present for her. She gets angry and demands an explanation.

B is totally unaware that there is a day called White Day. He is bewildered and tries to calm her down. He reminds her that he also gave a present to her on Valentine's Day. However, he does not know that he did not need to do so according to the Korean way.

6. 여러분이 받았던 선물 가운데 가장 기억에 남는 것이 무엇인지, 언제 누구에게 받았는지, 그리고 가장 기억에 남는 이유가 무엇인지에 대해 적어보세요.

한 자 연 습 (Chinese characters)

한자	음	뜻	쓰는 순서
大	대	크다 big; large	大 大 大
小	소	작다 small	小 小 小
少	소	적다 little	少 少 少 少
高	고	높다 high	高 高 高 高 高 高 高 高 高 高
長	장	길다 long	長 長 長 長 長 長 長 長
山	산	산 a mountain	山 山 山
川	천	시내 a stream	川 川 川
江	강	강 a river	江 江 江 江 江 江
林	임/림	숲 a forest	林 林 林 林 林 林 林 林
白	백	희다 white	白 白 白 白 白
石	석	돌 stone	石 石 石 石 石

1. 다음 한자들의 뜻과 음을 쓰세요.

	뜻	음
(1) 少	________	________
(2) 林	________	________
(3) 石	________	________
(4) 川	________	________
(5) 江	________	________

2. 다음 낱말들의 밑줄 친 부분에 공통으로 해당하는 한자를 쓰세요.

(1) 대학교 (a college), 대학생 (a college student), 대도시 (a big city)
(2) 고등학교 (a highschool), 고속도로 (highway), 최고 (the best)
(3) 장점 (strengths), 장남 (the eldest son), 사장 (CEO)
(4) 백색 (white color), 흑백 (black and white), 백지 (white paper)
(5) 소도시 (a small city), 최소 (the minimum), 소형차 (a compact-size car)

3. 다음에서 밑줄 친 부분을 한자로 바꿔 쓰세요.

(1) 저 산 앞으로 흐르는 강의 이름은 무엇입니까?
(2) 한 소년이 대문 앞에 서 있었다.
(3) 이 회장님이 소설을 읽고 계신다.
(4) 농업과 임업(forestry)은 일차 산업(the primary industry)이다.
(5) 이 보석(jewel)은 아주 고급품(a quality item)이다.

낱 말 (Glossary)

[본문]

발렌타인 데이	Valentine's Day
아내	(one's) wife
초콜렛	chocolate
주고 받다	to exchange; give and take

당연하다	to be right; be a matter of course; be no wonder
반대로	conversely; on the contrary
사탕	a candy
일부러	on purpose
신세대	a new generation
처지	situation; one's status
위로하다	to console; comfort
의도	one's intention
아무튼	anyhow; in any case

[대화]

옆구리	a flank; the side (of the chest)
찌르다	to poke
커다란	big; huge

[낱말의 쓰임]

상을 타다	to win a prize
부딪치다	to bump; collide with
댄스 뮤직	dance music

[문형 연습]

메시지	a message
연락이 오다	to receive a communication
꼬리	a tail
흔들다	to wag; swing; wave
기분 나쁘다	to feel unhappy; feel badly
시끄럽다	to be noisy
흐리다	to be cloudy
다니다	to attend; come and go

[Drills]

지갑	a wallet
이해하다	to understand
딸기	a strawberry

[연습 문제]

기분	one's feeling

제 17 과 만남과 결혼

남녀의 만남과 결혼 풍습은 시대와 문화에 따라 다르다. 옛날 한국에서는 유교 문화 때문에 남녀가 자유롭게 만나지 못했다. 아주 어린 나이에서부터 남녀가 한 자리에 같이 있는 것조차 허용되지 않았다. 그리고 결혼에 대한 모든 것을 부모가 결정하였다. 그래서 신랑과 신부는 결혼 첫날에야 비로소 서로의 얼굴을 처음 보았다고 한다.

그러나 시대의 변천과 더불어 남녀의 만남도 크게 변하였다. 오늘날에는 누구나 자유롭게 남자 친구나 여자 친구를 만나 사귈 수 있다. 한국에서는 젊은이들이 '미팅'이나 '소개팅'을 통해 남자 친구나 여자 친구를 만나기도 한다. 미팅은 여러 명의 남녀가 함께 만나 데이트 상대를 고르는 것이고, 소개팅은 친구나 동료의 소개로 데이트 상대를 개인적으로 만나는 것이다.

어떤 사람들은 미팅이나 소개팅을 통해서 만나 결혼까지 하기도 한다. 이렇게 남녀가 자연스럽게 만나 서로 사랑하여 결혼하는 것을 '연애 결혼'이라고 한다. 한편 친척이나 중매쟁이를 통하여 결혼 상대자를 소개받기도 하는데 이것을

'선을 본다'라고 한다. 이렇게 선을 본 뒤에 남녀가 서로 마음에 들어 결혼하는 것을 '중매 결혼'이라고 한다.

옛날 한국에서는 전통적인 결혼 예복을 입고 신부의 집에서 결혼식을 했다. 요즈음에는 대부분 서양식의 예복을 입고 예식장에서 결혼식을 한다. 하지만 지금도 옛날처럼 전통적인 결혼식을 하는 사람들도 있다.

결혼 풍습이 옛날과 많이 달라지기는 했지만 몇몇 관습은 아직도 남아 있다. 예를 들어, 결혼을 하면 신랑은 같이 살 집을 마련하고 신부는 필요한 살림살이를 마련한다. 그리고 연애 결혼을 해도 부모님의 허락을 받는 일은 여전히 중요하게 여겨지고 있다. 또한 결혼 전에 '궁합'을 맞춰 보는 풍습이 지금도 남아 있다. 궁합은 태어난 날짜와 시간에 기초하여 앞으로 두 사람이 잘 살 수 있을지를 미리 알아 보는 것이다.

대 화 (Dialogues)

(I) 언니의 결혼식

영희: 수미야, 너희 언니 결혼한다며?

수미: 응, 결혼식이 다음 달 5일이야.

영희: 야, 너희 언니는 좋겠다. 그런데 결혼식은 어디에서 하니?

수미: 응, 신랑 쪽에서 원해서 야외에서 전통 결혼식으로 한대.

영희: 야, 정말 멋있겠다.

수미: 그런데 우리 언니는 하얀 웨딩 드레스를 못 입게 되어서 좀 서운한가 봐.

(II) 미팅

존: 철수씨, 어디 가세요?

철수: 아, 존이군요. 저 지금 미팅하러 가요.

존: 미팅이요? 미팅이 뭔데요?

철수: 친구들과 같이 단체로 여자들을 만나는 거예요. 맘에 드는 상대방과 데이트를 할 수도 있어요.

존: 그거 재미 있겠는데요? 저도 같이 가면 안 될까요?

철수: 그래요, 같이 가요.

(III) 중매 결혼과 연애 결혼

영희: 할아버지는 할머니와 어떻게 만나서 결혼하셨어요?

할아버지: 응, 우리는 중매로 결혼했지.

영희: 그러면 정말로 결혼식 날에 할머니 얼굴을 처음 보셨어요?

할아버지: 아니, 그건 아주 옛날에나 있던 일이지. 우리는 선을 보았단다.

영희: 어휴, 저는 중매 결혼은 싫어요. 어떻게 몇 번 만나보지도 않고 결혼을 해요? 저는 연애 결혼 할래요.

할아버지: 중매 결혼도 좋은 점이 있단다. 할아버지와 할머니를 봐라. 지금까지 잘 살고 있잖니?

낱말의 쓰임 (Vocabulary Usage)

1. 자유롭다: to be free; unrestricted
   나는 자유로운 삶을 살고 싶다.
   이 곳은 출입이 자유롭지 않다.

2. 자리: a seat; place; position
   그 사람은 이 회사에서 높은 자리에 있다.
   이 자리에서는 그런 말을 하지 말아라.

3. 허용되다: to be allowed
   이 곳은 출입이 허용되지 않는다.
   이 건물 안에서는 담배를 피우는 것이 허용되지 않는다.

4. 결정하다: to decide (on)
   이 문제에 대해서는 아버지께서 결정하실 것이다.
   그 곳에 가야할지 나는 아직 결정하지 못했다.

5. 비로소: for the first time; not ... until
   나는 어제 비로소 그 사실을 알았다.
   영희는 작년에야 비로소 졸업을 했다.

6. 사귀다: to make friends (with)

메리는 지금 한국 남자와 사귀고 있다.
좋은 친구를 사귀는 것이 중요하다.

7. 상대: the other party; an opponent

그 여자의 결혼 상대는 누구입니까?
그 선수는 권투 시합에서 상대 선수에게 패했다.

8.. 동료: a colleague

메리는 내 회사 동료이다.
같은 반 동료들이 나에게 많은 도움을 주었다.

9. 개인적으로: personally

나는 개인적으로 그 사람을 만난 적이 없다.
나는 개인적으로 이 물건을 좋아하지 않는다.

10. 마음에 들다: to like

이 선물이 마음에 드십니까?
어머니는 그 옷이 마음에 들지 않는 듯했다.

11. 허락하다: to allow

부모님은 철수가 영희와 결혼하는 것을 허락했다.
제가 서울로 갈 수 있도록 허락해 주십시오.

12. 전통적인: traditional; conventional

이 가구는 전통적인 모양을 하고 있다.
이 병을 고치는 데는 전통적인 방법이 좋습니다.

13. 예복: formal dress; dress suit

결혼 예복을 준비하는 데 돈이 많이 든다.
영희는 파티장에 예복을 입고 나타났다.

14. 달라지다: to become different; change

영희의 모습이 옛날과 많이 달라졌다.
그 밖에 달라진 점이 또 뭐가 있습니까?

15. 맞춰 보다: to compare (with); check (with)

철수는 영희와 시험 문제의 답을 맞춰 보았다.
이 복권이 맞았는지 맞춰 보아라.

문 형 연 습 (Patterns)

1. ...조차: even; besides that; on top of that

The particle 조차 'even' is usually used in negative sentences. This particle attaches to nominals and its main function is to emphasize the event or state expressed by the co-occurring nominals by bringing out the idea of addition or supplement. This pattern means 'even', 'besides that', or 'on top of that'.

(1) 아주 어린 나이에서부터 남녀가 한 자리에 있는 것조차 허용되지 않았다.
Even males and females from very young ages being present together in a place was not tolerated.
(2) 그 여자는 나에게 말조차 하지 않았다.
(3) 그 학생은 숙제도 하지 않았고 시험조차 보지 않았다.
(4) 이제 동생조차 내 말을 듣지 않는다.
(5) 너무 아파서 밥 먹는 것조차 힘들다.

2. ...에야 비로소: for the first time; not ... until ...; only after ..., finally...

The pattern ...에야 비로소 consists of three elements, the particle 에 'at' or 'on', the conjunctive 야 indicating necessity, and the adverb 비로소 'for the first time' or 'finally'. Nominals indicating time can be attached before this pattern. When the nominal clause occurs before this pattern, the head nominal usually indicates the meaning of 'after'; thus, the time clause occurring with this pattern is interpreted as an after-clause. The pattern means 'something does (or did) not happen until ...' or 'only after something happens (or happened), finally ...'.

(1) 신랑과 신부는 결혼 첫날에야 비로소 서로의 얼굴을 처음 보았다.
It was only after the first day of their marriage that the groom and the bride saw each other.
(2) 나는 오늘에야 비로소 그 소식을 들었다.
(3) 주말에야 비로소 시간이 생겼다.
(4) 여러 번 읽고 난 후에야 비로소 그 책을 이해할 수 있었다.
(5) 영희는 철수가 떠난 뒤에야 비로소 그를 사랑하고 있음을 깨달았다.

3. ...와/과 더불어: (together) with; along with

The pattern consists of the particle 와/과 'and', and the adverb 더불어 'together'. The English equivalent of this pattern is 'together with' or 'along with'.

(1) 시대의 변천과 더불어 남녀의 만남도 크게 변하였다.
There were drastic changes in how males and females met, along with the change of times.
(2) 날씨의 변화와 더불어 사람들의 옷차림도 바뀐다.
(3) 교통의 발달과 더불어 서부 지역의 발전이 이루어졌다.
(4) 한국에서는 계절의 변화와 더불어 기온의 변화가 뚜렷하다.
(5) 철수의 생활은 결혼과 더불어 달라지기 시작했다.

4. ...기는 하지만: but

The pattern ...기는 하지만 can be considered as a combination of two patterns, the pattern ...기는 하 and the conjunctive ...지만 'but', The pattern ...기는 하 consists of the nominalizer 기, the contrastive topic marker 는, and the verb 하 'do'. The pattern ...기는 하지만 is usually used to emphasize the contrastive event or state. Only stem forms occur with the nominalizer 기 but past or present can occur with the conjunctive 하지만.

(1) 결혼 풍습이 옛날과 많이 달라지기는 했지만 몇몇 관습은 아직도 남아 있다.
Although there have been many changes in wedding customs, there are practices that have still remained.
(2) 그 여자는 예쁘기는 하지만 친절하지 않다.
(3) 옷이 낡기는 했지만 아직 입을 만하다.
(4) 배가 조금 아프기는 하지만 그래도 참을 수 있다.
(5) 부자가 되기는 했지만 그는 결코 행복하지 않았다.

5. ...ㄹ/을지: whether ... will/would ...

The pattern ...ㄹ/을지 consists of the adnominal future marker ㄹ/을 and the interrogative quotative marker 지. The patterns means 'whether ... will/would ...'.

(1) 궁합은 태어난 날짜와 시간에 기초하여 앞으로 두 사람이 잘 살 수 있을지를 미리 알아보는 것이다.
It is to find out whether the couples will lead a good life based on their marriage horoscope, depending on their time and date of birth.
(2) 철수가 지금쯤 집에 도착했을지 궁금하다.
(3) 철수가 그 일을 할 수 있을지 물어보아야 하겠다.
(4) 이 선물이 영희 마음에 들지 모르겠다.
(5) 이 수업을 들을지 안 들을지 빨리 결정해야 한다.

Substitution Drill

1. <보기>와 같이 '...야 비로소'를 사용하여 문장을 고쳐 쓰세요.

<보기> 신랑과 신부는 결혼 첫날에 서로의 얼굴을 처음 보았다.
=> 신랑과 신부는 결혼 첫날에야 비로소 서로의 얼굴을 처음 보았다.

(1) 철수는 토요일에 영희를 만날 수 있었다.
(2) 병에 걸리고 난 후 건강의 중요성을 알았다.
(3) 일 년이 지난 다음 그 편지를 받아볼 수 있었다.

2. <보기>와 같이 '...와/과 더불어'를 사용하여 문장을 고쳐 쓰세요.

<보기> 남녀의 만남도 크게 변하였다. (시대의 변천)
=> 시대의 변천과 더불어 남녀의 만남도 크게 변하였다.

(1) 생활이 편리해졌다. (기술의 발달)
(2) 사람들이 오래 살게 되었다. (의학의 발달)
(3) 철수는 무척 바빠졌다. (대학 입학)

3. <보기>와 같이 '...ㄹ/을지'를 사용하여 문장을 고쳐 쓰세요.

<보기> 궁합은 (앞으로 두 사람이 잘 살 수 있다) 미리 알아 보는 것이다.
=> 궁합은 앞으로 두 사람이 잘 살 수 있을지 미리 알아 보는 것이다.

(1) (내일 영희가 오다) 궁금하다.
(2) 철수에게 (영화를 보러 가다) 물어 보자.
(3) (내일 비가 오다) 라디오를 들어 보아라.

Grammar Drill

1. <보기>와 같이 수동형으로 바꾸어 보세요.

<보기> 약속하다 => 약속되다

(1) 완성하다 (5) 결정하다
(2) 치료하다 (6) 마련하다
(3) 허용하다 (7) 변화하다
(4) 제출하다 (8) 기억하다

2. 다음 보기와 같이 '...쟁이' 표현을 사용하여 말해 보세요.

<보기> 중매하는 사람 => 중매쟁이

(1) 멋을 잘 내는 사람
(2) 욕을 잘 하는 사람
(3) 심술을 잘 부리는 사람
(4) 욕심이 많은 사람

연 습 문 제 (Exercises)

1. 다음 질문에 답하세요.

(1) 옛날 한국에서는 왜 남녀 간의 만남과 교제가 자유롭지 못했나요?
(2) 미팅과 소개팅의 차이는 무엇인가요?
(3) 옛날 한국에서는 어디에서 결혼식을 했나요?
(4) 결혼 전에 궁합을 보는 이유는 무엇인가요?
(5) 옛날의 결혼 풍습 중 지금도 남아 있는 것을 두 가지만 말해 보세요.

2. 다음 문장들을 주어진 문형을 사용하여 번역하세요.

(1) He cannot even write his own name. (...조차)
(2) Even my mother didn't understand me. (...조차)
(3) You can succeed only after you try hard. (...야 비로소)
(4) It was not until this morning that Mary called me. (...야 비로소)
(5) With his promotion(승진), he's gotten busier. (...와/과 더불어)
(6) Bill Gates became famous with his success. (...와/과 더불어)
(7) Even though I exercise every morning, I don't lose weight. (...기는 하지만)
(8) She speaks Korean well, but she can't write it well. (...기는 하지만)
(9) I am not sure whether John will come. (...ㄹ/을지)
(10) I can't decide whether to take this job or not. (...ㄹ/을지)

3. Complete each dialogue with your own ideas.

(1) 한국의 젊은이들은 데이트 상대를 어떻게 만나요?
미팅이나 소개팅을 통해 만나요.
여러분은 데이트 상대를 어떻게 만나요?

____

(2) 지금도 남아 있는 한국의 결혼 관습은 무엇이 있어요?
신랑이 살 집을 마련하고 신부가 살림살이를 마련해요.
여러분 나라에서 지금 남아 있는 결혼 관습은 무엇이 있어요?

____

(3) '궁합'이 뭐예요?
신랑, 신부가 앞으로 잘 살 수 있을지 미리 알아보는 것이에요.
만약 여러분이 결혼을 하려고 하는데 궁합이 나쁘다면 어떻게 하겠어요?

____

4. 다음 대화를 읽고, 연애 결혼과 중매 결혼은 각각 어떤 점이 좋은지 여러분의 생각을 말해 보세요.

영희: 할아버지와 할머니는 연애 결혼 하셨어요, 중매 결혼 하셨어요?
할머니: 우린 중매로 결혼했지.
영희: 저는 중매 결혼은 싫어요. 어떻게 몇 번 만나보지도 않고 결혼을 해요?
할머니: 중매 결혼도 좋은 점이 있단다.

5. Create a dialogue between A and B based on the following situation.

I. Situation

A and B are Korean and they are friends.
They talk about the marriage customs in Korea.

II. Role Play

A abhors the idea of match-making and does not understand how one can marry by 중매. A dreams of a romantic courtship and believes only 연애

결혼 will lead to a happy marriage. A insists that a couple that marries by 중매 will never be happy.

B is much more generous about 중매 결혼. Rather B believes that 중매 would be an easier and safer way to find the most proper spouse for her/him. B argues that she/he witnessed many couples who have happy marriages through 중매.

6. 여러분의 부모님은 어떻게 만나 결혼하셨습니까? 부모님이 어떻게 (연애로 또는 중매로) 만나 결혼하게 되셨는지 여쭤 본 후, 그 이야기를 짧게 적어 보세요.

한 자 연 습 (Chinese characters)

한자	음	뜻	쓰는 순서
人	인	사람 human being	人 人
身	신	몸 one's body	身 身 身 身 身 身 身
目	목	눈 eye	目 目 目 目 目
手	수	손 hand	手 手 手 手
口	구	입 mouth	口 口 口
足	족	발 foot	足 足 足 足 足 足 足
心	심	마음 heart; mind	心 心 心 心
己	기	몸; 자기 oneself	己 己 己
生	생	살다 to live; live	生 生 生 生 生
死	사	죽다 to die; dead	死 死 死 死 死 死
亡	망	망하다 to perish	亡 亡 亡
自	자	스스로 self; for oneself	自 自 自 自 自 自
見	견	보다 to see	見 見 見 見 見 見 見

1. 다음 한자의 음과 뜻을 쓰세요.

	뜻	음
(1) 目	________	________
(2) 足	________	________
(3) 手	________	________
(4) 見	________	________
(5) 心	________	________

2. 다음중 밑줄 친 부분에 공통적으로 쓰인 한자를 적어 보세요.

(1) 입구 (entrance), 출구 (exit), 식구 (family members)
(2) 중심 (center), 심신 (body & mind), 심장 (a heart)
(3) 애인 (a lover), 한국인 (Korean), 외국인 (a foreigner)
(4) 생명 (life), 생활 (living), 출생 (birth)
(5) 자유 (freedom), 자동차 (an automobile), 자연 (nature)

3. 다음 문장에서 쓰인 단어를 한자로 적어 보세요.

(1) 생일(birthday)이 언제예요?
(2) 미국의 인구(population)는 얼마예요?
(3) 그녀는 교통사고로 사망했다.
(4) 그 마을 사람들은 인심(hospitality)이 좋다.
(5) 자기 자신(oneself)을 알아야 한다.

낱 말 (Glossary)

[본문]

유교	Confucianism
자유롭다	to be free, unrestricted
허용되다	to be allowed
비로소	for the first time; not ... until

변천	changes; vicissitudes
사귀다	to make friends (with)
데이트 상대	one's date
동료	a colleague
개인적으로	personally
연애 결혼	a love match [marriage]
중매쟁이	a matchmaker; a go-between
소개받다	to be introduced
중매 결혼	an arranged marriage
예복	a formal dress; dress suit
예식장	a wedding hall
서양식	Western [European] style
살림살이	household necessities
여겨지다	to be regarded as
궁합을 맞춰 보다	to compare the horoscopes of a young couple (to assure married bliss)
기초하다	to be based on

[낱말의 쓰임]

우연	a chance; accident
축복	a blessing
출입	coming and going; entrance and exit
권투	(a) boxing (match)
시합	a match
패하다	to be defeated
변호사	a lawyer
복권	a lottery ticket

[문형 연습]

깨닫다	to realize
발달	development; advancement

[Drills]

기술	technology
의학	medical science; medicine
입학	admission to a school; matriculation
세계	the world
통신	telecommunication

처리하다	to transact; deal with
귀찮다	to be troublesome, bothering
제출하다	to submit; turn in
심술	perverseness

[연습 문제]

승진	a promotion
여쭤 보다	to ask (honorific word)

제 18 과 젊은이에게 주는 충고

[태어난 곳]

가끔 태어난 곳을 가 봐라. 어릴 적 즐거웠던 추억을 다시 생각하는 것은 언제나 기쁜 일이다. 또한 너의 뿌리에 대해서도 새로운 인식을 가질 수 있을 것이다.

[TV]

텔레비전에 너무 많은 시간을 빼앗기지 마라. 그것은 켜기는 쉬운데 끌 때에는 대단한 용기가 필요한 것이다.

[눈물]

실수를 통해서도 교훈을 배워라. 사람들은 성공하고 웃을 때보다는 실패하고 눈물을 흘리면서 더 깊은 교훈을 배운다.

[돈과 친구]

돈을 잃어도 친구를 잃지 않도록 해라. 돈은 잠시 우리의 손을 거쳐 가는 것이지만 친구는 일생 동안 함께 갈 수 있기 때문이다.

[시간]

시간 약속을 잘 지켜라. 너무 늦게 가면 상대방의 시간을 빼앗는 것이요, 너무 일찍 가면 네 시간을 버리는 것이다.

[용기]

아무리 어려워도 용기까지는 잃지 말아라. 건강과 재산, 그리고 명성까지 잃어버린다고 해도 용기가 남아 있으면 언제든지 다시 시작할 수 있다.

[실패]

실패하는 것을 너무 두려워하지 말아라. 세상에 실패없이 성공한 사람은 드물다. 실패는 성공의 어머니라는 말도 있지 않은가!

[분노]

자주 화를 내는 것은 위험한 일이다. 영어로 보아도 분노(anger)와 위험(danger)은 글자 하나가 다를 뿐이다.

[목표]

언제나 목표를 정해 놓고 달려라. 목표를 정해 놓은 것만으로도 목표의 반을 달성한 것과 같다.

[저녁식사]

저녁 식사는 너무 많이 먹지 않도록 해라. 잠자리가 불편해지고 쓸데없는 꿈을 꾸게 되며 체중도 는다. 또한 다음날 아침에 상쾌하게 일찍 깨어나기가 어렵다.

대 화 (Dialogues)

(I) TV

수미: 너 왜 그렇게 아침부터 피곤해 보이니?

영수: 어젯밤 잠을 몇 시간 못 잤거든.

수미: 뭐 하느라 잠을 못 잤어? 늦게까지 공부했니?

영수: 아니. TV 보느라고.

수미: 뭐 볼 만한 게 있었니?

영수: 아니, 별 거 없었지만 그냥 봤어. TV는 켜기는 쉬운데 끄기는 어렵잖니.

(II) 한국 방문

선생님: 존, 여름 방학 동안 뭐 할거니?

존: 이번 여름에는 열심히 일해서 돈을 모아 제 힘으로 한국에 한 번 다녀오고 싶어요.

선생님: 한국에?

존: 미국에 온 후로 한 번도 한국에 가 보질 못했어요. 이제 제가 태어난 곳을 한 번 찾아 가고 싶어요.

선생님: 그거 참 좋은 생각이로구나.

(III) 쇼핑

메리: 여보세요? 저 메리인데요, 영희 있나요?

영희: 메리니? 나 영희야. 무슨 일이야?

메리: 영희야, 우리 오늘 쇼핑가지 않을래?

영희: 그래, 가자. 그럼 몇 시에 어디서 만날까?

메리: 12시에 백화점 앞 식당에서 만나자. 점심을 먹고 쇼핑하는 게 좋겠어.

영희: 그래. 배고플 때 쇼핑하면 아무 거나 사게 되어서 나중에 후회하기 마련이야.

낱말의 쓰임 (Vocabulary Usage)

1. 추억: memories

   좋은 추억만 기억해라.
   이곳에 오면 어릴 적 추억들이 생각난다.

2. 인식: recognition; cognizance; understanding

   이 일에 대한 인식이 부족한 것 같다.
   우리의 상황에 대한 새로운 인식이 필요하다.

3. 흘리다: to spill; shed

   그 영화를 보면서 영희는 눈물을 흘렸다.
   방이 더워서 나는 땀을 많이 흘렸다.

4. 잃다: to lose

   나는 도서관에서 가방을 잃어버렸다.
   어제 잃어버린 수첩을 오늘 찾았다.

5. 상대방: the other party; companion

   토의할 때 상대방의 얘기를 잘 들어야 한다.
   영수는 언제나 상대방의 의견을 존중했다.

6. 버리다: to waste; throw away; dispose

   그 영화를 보는 것은 시간을 버리는 것과 같다.
   여기에 쓰레기를 버리면 안 된다.

7. 재산: a property; fortune

   그 사람은 전 재산을 학교에 기부하였다.
   어떻게 이렇게 많은 재산을 모을 수 있었을까?

8. 명성: fame; reputation

   이 교수는 학문적으로 명성이 높다.
   그는 음악가로서 세계적 명성을 얻었다.

9. 드물다: to be rare

이런 생각을 할 수 있는 사람은 매우 드물다.
여름에 눈이 오는 일은 드물다.

10. 위험하다: to be dangerous

밤에 혼자 걸어다니는 것은 위험하다.
위험한 물건을 가지고 비행기에 타면 안 된다.

11. 정하다: to decide (on); choose

철수는 열심히 공부하는 것을 새해 목표로 정했다.
이 그림에 대해 값을 정하기가 어렵다.

12. 달성하다: to accomplish; achieve

달성하기 어려운 목표는 세우지 않도록 해라.
민수는 자신의 목표를 달성하기 위해 밤낮으로 노력했다.

문 형 연 습 (Patterns)

1. ...적: when

The word 적 is a dependent noun meaning 'when'. It can be substituted by 때 'time' and is usually used in a colloquial spoken style.

(1) 어릴 적 즐거웠던 추억을 다시 생각하는 것은 언제나 즐거운 일이다.
It is always pleasant to reflect on all the good memories of when you were little.
(2) 세 살 적 버릇이 여든까지 간다.
(3) 아기들은 잠잘 적 모습이 제일 귀엽다.
(4) 서울에서 살 적에는 극장에 자주 갔다.
(5) 내가 아플 적에 늘 어머니가 돌보아 주셨다.

2. ...고 해도: even though; although

The pattern consisting of the quotation marker 고 'that', the verb 해 'do', and the conjunctive 도 'even though' is used to express the speaker's intention, suggestion, or conviction despite the common belief or saying. The pattern roughly means 'even though (or although) it is said, believed, or thought that...'. The sentential ending form 다 (or 라 in the case of the copula) occurs before the pattern. The verb form 해 is the contracted form of 하여.

(1) 재산과 명성을 잃어버린다고 해도 용기가 남아 있으면 된다.
If you still have courage even though you lost all your property and honor, that is more than enough.
(2) 날씨가 안 좋다고 해도 여행을 포기할 수 없다.
(3) 그 시험이 아무리 어렵다고 해도 열심히 공부하면 된다.
(4) 그 사람이 다시 온다고 해도 만나지 않겠다.
(5) 아무리 바쁘다고 해도 숙제는 꼭 해라.

3. ...지 않은가?: isn't it ... to (or that) ...; isn't there ...

The pattern ...지 않은가 consists of the negative construction ...지 않 and the interrogative ending 은가. The pattern meaning 'isn't it ... to (or that) ...' or 'isn't ther e ...' is used as a rhetorical question, mainly in the written style.

(1) 실패는 성공의 어머니라는 말도 있지 않은가?
Isn't there a saying that failure is the mother of success?
(2) 죄를 지은 사람을 벌 주는 것은 당연하지 않은가?
(3) 아는 것이 힘이라는 말도 있지 않은가?
(4) 가끔 등산을 하는 것도 좋지 않은가?
(5) 시작이 좋으면 끝도 좋다는 말이 있지 않은가?

4. ...(으)로 보아도: in terms of ... as well; even when considering ...with/from ...

The pattern ...(으)로 보아도 consists of three elements, the particle 으로 'with', the verb 보 'to see', and the conjunctive particle 아도 'even if'. The pattern expresses the speakers evaluation of a certain state (or sometimes an event) indicating quality or quantity. His evaluation is based on his observation of the state or event. Thus, the pattern is used when the speaker asserts something based on his evaluation of what he observed. The pattern means 'even when considering or observing ... with/from ...' or 'in terms of ... as well'.

(1) 영어로 보아도 분노와 위험은 글자 하나가 다를 뿐이다.
In terms of English spelling as well, there is only one different letter between anger and danger.
(2) 모양으로 보아도 이 옷이 더 낫다.
(3) 영수는 외모로 보아도 우리 학교에서 제일 잘 생겼다.
(4) 가격으로 보아도 한국 제품을 쓰는 것이 좋다.
(5) 품질로 보아도 이 물건이 훨씬 낫다.

5. ...만으로도: just by; with just; only with

The pattern consisting of three particles, 만 'only', 으로 'with', and 도 'even', means 'just by', 'with just', or 'only with'. The function of the two particles 만 'only' and 도 'even' in the pattern is to emphasize or intensify the meaning of the construction occurring with the pattern.

(1) 목표를 정해 놓은 것만으로도 목표의 반을 달성한 것과 같다.
Your goals can be said to be half-done just when you decide on them.
(2) 우유 한 잔만으로도 아침식사로 충분하다.
(3) 내 힘만으로도 이 일을 할 수 있다.
(4) 인터뷰만으로도 그 회사에 들어갈 수 있다.
(5) 철수는 영희의 목소리를 듣는 것만으로도 행복했다.

Substitution Drill

* 주어진 문형과 표현을 이용하여 <보기>에서와 같이 문장을 완성하세요.

1. ...고 해도

<보기> 재산과 명성을 잃어 버린다 /용기가 남아 있으면 된다
=> 재산과 명성을 잃어 버린다고 해도 용기가 남아 있으면 된다.

(1) 영수가 다시 찾아 온다 / 나는 만나지 않겠다
(2) 미국에서 산다 / 한국말을 잊어 버리면 안된다
(3) 배가 몹시 고프다 / 밥은 천천히 먹어야 한다

2. ...지 않은가?

<보기> 실패는 성공의 어머니라는 말도 있다.
=> 실패는 성공의 어머니라는 말도 있지 않은가?

(1) 사람은 빵만으로는 살 수 없다.
(2) 시간은 돈이라는 말도 있다.
(3) 가난해도 행복한 사람들이 있다.

3. ...만으로도

<보기> 목표를 정해 놓은 것 / 목표의 반을 달성한 것과 같다
=> 목표를 정해 놓은 것만으로도 목표의 반을 달성한 것과 같다.

(1) 학교에 다닐 수 있는 것 / 철수는 행복하다
(2) 카드 한 장 / 좋은 선물이 될 수 있다
(3) 몇 사람 / 이 일을 끝낼 수 있다

Grammar Drill

1. <보기>에서와 같이 복합 명사를 만들고 그 뜻을 말하세요.

<보기> 잠 + 자리 => 잠자리 (a bed; sleeping place)

(1) 꿈 + 자리
(2) 별 + 자리
(3) 술 + 자리
(4) 일 + 자리
(5) 묘 + 자리

2. <보기> 에서와 같이 '...아/어하다'를 이용하여 형용사의 형태를 바꾸고 그 뜻을 말해 보세요.

<보기> 무섭다 => 무서워하다; 두렵다 => 두려워하다

(1) 귀엽다
(2) 덥다
(3) 춥다
(4) 예쁘다
(5) 좋다
(6) 싫다
(7) 밉다

연 습 문 제 (Exercises)

1. Answer the following questions.

(1) 시간 약속을 잘 지켜야 하는 이유는 무엇입니까?
(2) 돈과 친구 중 친구가 더 중요한 이유는 무엇입니까?

(3) 실패와 성공의 관계에 대해서 말해 보세요.
(4) 왜 저녁 식사는 조금 하는 것이 좋을까요?
(5) 목표를 정해 놓는 것이 왜 중요합니까?

2. Translate the following sentences using the pattern given in the parentheses.

(1) One of the memories of my childhood is of playing in the garden. (...적)
(2) When I was in Los Angeles, I used to go to the beaches a lot. (... 적)
(3) She can make a great breakfast with only eggs. (... 만으로도)
(4) John was satisfied with just being allowed to present his paper. (... 만으로도)
(5) Stylistically, this book is very different from that book. (...(으)로 보아도)
(6) This one is a better choice moneywise. (...(으)로 보아도)
(7) Isn't there a saying that seeing is believing? (...지 않은가?)
(8) Isn't it good to go out for dinner with your parents sometimes? (...지 않은가?)
(9) Even though it was raining, we had to go out. (...고 해도)
(10) No matter how long it takes, I will finish this job. (... 고 해도)

3. Complete each dialogue with your own ideas.

(1) 돈이 생기면 뭘 사고 싶어요?
돈이 생기면 우선 책을 사고 싶어요.
(여러분에게) 돈이 생기면 뭘 제일 사고 싶어요?

____

(2) 친구한테 화난 적 있어요?
네, 시간 약속을 안 지켰을 때 화냈어요.
여러분은 친구가 시간 약속을 지키지 않는다면, 어떻게 하겠어요?

____

(3) 실패했을 때 가장 필요한 것이 무엇이에요?
용기예요.
용기는 또 어떤 때 필요하다고 생각하세요?

____

4. 다음과 같이 여러분이 본문의 충고 중에서 가장 마음에 드는 것과 그 이유를 말해 보세요.

저는 돈은 잃어도 친구는 잃지 않도록 하라는 말이 가장 마음에 듭니다.
세상에서 돈보다는 친구가 소중할 때가 더 많다는 것을 깨닫게 해주기
때문입니다.

5. Create a dialogue between A and B based on the following situation.

I. Situation

A and B are classmates in Korean IV class.
They just studied Lesson 19 and talk about it.

II. Role Play

Both A and B like the phrases from Lesson 19. They tell each other which is the one they like the most, and explain why it is. They also introduce to each other a new phrase they like.

6. 본문에 나타난 것 외에 여러분이 가장 친한 친구에게 주고 싶은 충고를 그 이유와 함께 적어 보세요.

한 자 연 습 (Chinese characters)

한자	음	뜻	쓰는 순서
男	남	남자 man; male	男 男 男 男 男 男 男
女	여/녀	여자 woman; female	女 女 女
老	노	늙다 old	老 老 老 老 老 老
父	부	아버지 father	父 父 父 父
母	모	어머니 mother	母 母 母 母 母
子	자	아들 son	子 子 子
兄	형	형 elder brother	兄 兄 兄 兄 兄
孝	효	효도 filial piety	孝 孝 孝 孝 孝 孝 孝
好	호	좋다; 좋아하다 good; to like	好 好 好 好 好 好
家	가	집 a house; home	家 家 家 家 家 家 家 家 家 家

1. 다음 한자의 뜻과 음을 쓰세요.

	뜻	음
(1) 兄	________	________
(2) 家	________	________
(3) 好	________	________
(4) 孝	________	________
(5) 老	________	________

2. 다음 낱말 중 밑줄 친 부분에 공통으로 사용되는 한자를 쓰세요.

(1) 여인 (woman), 효녀 (a dutiful daughter), 여학생 (female student)
(2) 효도 (filial piety), 불효 (not filial), 효자 (dutiful son)
(3) 형제 (siblings), 큰형 (eldest brother), 형수 (sister in law)
(4) 부친 (father), 부모 (father and mother), 부자 (father and son)
(5) 남자 (man), 미남 (handsome man), 장남 (eldest son)

3. 밑줄 친 부분을 한자로 쓰세요.

(1) 우리 모녀는 오페라(opera)를 좋아해요.
(2) 김 선생님은 호인이예요.
(3) 우리 할머니는 노인 대학에 다니세요.
(4) 우리 가족은 부모님과 삼남 이녀로 되어 있다.
(5) 이 영화는 남녀노소 누구나 볼 수 있다.

낱 말 (Glossary)

[본문]

충고	an advice
어릴 적	one's childhood
추억	memories
뿌리	a root
인식	recognition; conception
너무	too much
빼앗기다	to be taken away; be deprived of
켜다	to turn on
끄다	to turn off
대단하다	to be considerable; be excessive; be immense
용기	courage
실수	a mistake
통해서	through; via
교훈	a lesson
성공하다	to succeed

실패하다	to fail
눈물을 흘리다	to shed tears
잃다	to lose
거치다	to pass through
일생 동안	during one's lifetime
약속을 지키다	to keep (one's) promise
빼앗다	to take away
버리다	to waste away; spend
건강	health
명성	fame; reputation; renown
잃어버리다	to lose
두려워하다	to be afraid (of)
분노	anger
위험하다(위험한)	to be dangerous
뿐	only; merely
목표	a goal; aim
정해 놓다	to set up; decide
저녁 식사	dinner
잠자리	a sleeping place; bed
불편하다	to be uncomfortable
쓸데없다	to be needless; be unnecessary
꿈을 꾸다	to dream a dream
체중	weight
늘다	to increase; gain
상쾌하다	to be refreshing; be exhilarating
깨어나다	to get up; be awakened

[대화]

그냥	without paying much thought
후회하다	to regret

[낱말의 쓰임]

부족하다	to lack; be short (of)
수첩	an organizer
토의	discussion
존중하다	to respect
기부하다	to donate
학문적으로	academically

[문형 연습]

극장	a theater
외모	an appearance
제품	a product; merchandise
죄	sin
벌 주다	to punish
등산	hiking; mountain-climbing

[Drills]

잊어 버리다	to forget
카드	a card
선물	a gift; present

[연습 문제]

관계	relationship
마음에 들다	to like
소중하다	to be precious

제 19 과 경주에서

지난 주말에 나는 경주에 갔다. 경주는 한국의 남동 쪽에 있으며, 서울에서 차로 다섯 시간쯤 걸린다. 경주는 1,000년 동안 신라의 수도여서 유물과 사적이 많다. 나는 아침 일찍 고속버스를 타고 경주를 향해 출발했다.

경주에 도착해서 제일 먼저 불국사를 보았다. 불국사는 지금부터 1,200여 년 전 신라 시대에 지어진 매우 큰 절이다. 불국사로 들어가니 돌층계를 비롯하여 모든 것이 신기하고 아름다웠다. 옛날에는 돌층계 밑으로 물이 흘러서 배가 다녔다고 한다. 또 불국사에는 정교하고 화려한 '다보탑'과 간결하지만 웅장한 '석가탑'이 있다. 이 탑들을 보고 나는 신라 사람들의 훌륭한 솜씨에 놀라지 않을 수 없었다. 탑을 지나 우리는 불당 안으로 들어 갔다. 그 안에 있는 부처님상은 신라 시대에 만든 것이 아니고 조선 시대에 만들어진 것이라고 한다.

나는 불국사 구경을 하고 불국사 뒤에 있는 토함산으로 올라갔다. 토함산은 그 꼭대기에서 보는 해돋이가 매우 아름답다고 한다. 사실은 해돋이를 보고 싶었지만 시간이 없어서 토함산에 있는 석굴암만 구경했다. 석굴암은 신라 시대의 대표적인 유적이다. 석굴암은 불국사를 지을 때 함께 지었다고 한다. 석굴암 한 가운데에는 불상이 있고, 석굴암 안의 벽 둘레에는 보살상들이 있었다.

최근에는 관광객들을 위해 석굴암에 이르는 넓은 길을 만들어 놓았다. 그러나 아직도 어떤 사람들은 구불구불한 산 길을 즐겨 이용한다. 토함산에서 내려가니 벌써 날이 어두워지기 시작했다. 서울로 향하면서 차 밖을 보니 해 질 때의 경치가 무척 아름다웠다.

대 화 (Dialogues)

(I) 주말 여행

철수: 이번 주말에 어디로 놀러 갈까?
민수: 경주가 어때?
철수: 경주에 가면 뭐가 좋은데?
민수: 불국사를 비롯해서 볼 만한 것들이 많대.
철수: 하루에 다녀오기엔 좀 멀지 않을까?
민수: 아침에 일찍 출발하면 괜찮을 거야.

(II) 신혼여행

영희: 창수와 미자가 이번 금요일에 결혼해요.
민기: 그거 잘 됐군요. 그런데 신혼 여행은 어디로 간대요?
영희: 제주도로 간대요.
민기: 작년에 저도 제주도에 갔었는데, 그 곳 경치가 정말 아름다웠어요.
영희: 저도 부산에서 배를 타고 가 본 적이 있어요.
민기: 저는 배를 타고 제주도에 가 본 적은 없어요. 언제 시간이 나면, 영희씨처럼 유람선을 타고 제주도에 가 보고 싶어요.

(III) 여행 계획

민수: 철수야, 지금 뭐 하고 있니?
철수: 여행 계획을 세우고 있어. 이번 여름 방학 때 여러 도시들을 구경할 계획이야.
민수: 어디어디 가려고 하니?

철수: 여러 군데가 있지만, 우선 부산하고 경주를 구경할거야.
민수: 그리고?
철수: 경주를 구경한 후에, 광주에 갈 계획이야. 아직 한 번도 가 보지 못 했거든.
민수: 정말이니? 광주는 내 고향이야.
철수: 그럼, 광주에 가면 널 만날 수 있겠구나. 참 잘 됐다!

낱말의 쓰임 (Vocabulary Usage)

1. 유물: a relic; antiquity
   이 곳에서 석기 시대의 유물이 발견되었다.
   이 박물관에는 유물들이 많다.

2. 사적: a historical site; place of historical interest
   이곳은 세계적으로 유명한 사적이다.
   경주 근처에는 사적이 많다.

3. 쯤: approximately; about
   우리는 한 시간쯤 운동을 한 후에 점심을 먹었다.
   세 시쯤에 영희가 내게 전화를 걸어 만나자고 했다.

4. 짓다: to build
   우리 집은 아버지가 직접 지으셨다.
   그런 건물은 짓는데 시간이 꽤 오래 걸린다.

5. 비롯하여: including ...; beginning with ...
   나를 비롯하여 다섯 명이 그 방에 있었다.
   영희를 비롯하여 모두가 철수의 졸업을 축하해 주었다.

6. 신기하다: to be mysterious; be wonderful; be marvelous
   공부를 잘 못하던 존이 이번에 일등을 한 것이 참 신기하다.
   선생님이 우리에게 신기한 이야기를 들려 주셨다.

7. 다니다: to come and go; go to; attend

이 기차는 서울과 부산 사이를 다닌다.
나는 걸어서 학교에 다닌다.

8. 정교하다: (to be) elaborate; exquisite

그 화가가 그린 그림은 모두 정교하다.
파리에는 오래 전에 지은 정교한 건물들이 많다.

9. 화려하다: to be splendid; be luxurious; be extravagant

그 회사가 이번에 지은 극장은 매우 화려하다.
영희는 화려한 옷을 입고 파티장에 도착했다.

10. 간결하다: to be simple; be brief

친구가 이번에 써 보내 온 편지는 아주 간결하다.
다리가 무너진 것에 대해 정부는 아주 간결한 설명만 했다.

11. 웅장하다: to be magnificent; be huge

경주에 있는 신라 시대에 지은 그 절은 매우 웅장하다.
나는 지난 번 오스트리아에 갔을 때 웅장한 건물들을 많이 보았다.

12. 솜씨: skill; workmanship

어머니의 음식 솜씨는 정말 좋다.
내 여동생은 피아노 솜씨가 훌륭하다.

13. 둘레: around; circumference; surroundings

우리 집 둘레에는 담이 없다.
그 학교 둘레에는 서점이 많다.

14. 이르다: to lead (to); reach; arrive at

이 길은 대전을 거쳐 부산에 이른다.
내가 약속 장소에 이르렀을 때에는 아직 아무도 오지 않았다.

15. 구불구불하다: to be winding; zigzag; be meandering
산 길은 보통 구불구불해서 운전하기가 쉽지 않다.
구불구불한 길들은 바쁠 때는 이용하지 않는 것이 좋다.

문 형 연 습 (Patterns)

1. ...을 향해(서): toward ...

The pattern ...을 향해 is the contracted form of ...을 향하여. This pattern indicates the direction, meaning 'toward' or 'to'. A noun or noun phrase occurs with this pattern.

(1) 나는 경주를 향해 출발했다.
I started for Kyengjoo.
(2) 영희는 벽을 향하여 앉았다.
(3) 철수는 오늘 아침 서울을 향하여 떠났다.
(4) 우리는 남쪽을 향하여 걸어갔다.
(5) 아버지는 추석에 자기 고향을 향하여 절한다.

2. ...을/를 비롯하여: including ...

The original meaning of the verb 비롯하다 in the pattern...을/를 비롯하여 is 'to begin', 'to start', or 'to arise (from)'; but in this pattern, this verb loses its original meaning completely. The pattern ...을/를 비롯하여 means 'including ...' or 'as well as'. A noun or noun phrase occurs with this pattern.

(1) 돌층계를 비롯하여 모든 것들이 신기하고 아름다웠다.
Everything, including the stone steps, was marvelous and beautiful to my eyes.
(2) 선생님을 비롯하여 많은 학생들이 그 문제에 대해 이야기했다.
(3) 그 일은 아버지를 비롯하여 많은 사람들을 화나게 했다.

(4) 존은 중국을 비롯하여 일본, 독일에도 여행했다.
(5) 그 여학생은 수학을 비롯하여 여러 과목을 다 잘 한다.

3. ...지 않을 수 없다: to be compelled (forced or obliged) to ...; have to; must

The pattern ...지 않을 수 없다 is used to indicate that a certain situation or event has forced the subject of the sentence to do something or to be in such-and-such a state. The pattern contains two negative forms, but it does not express any negative meaning. The usage of this pattern is somewhat similar to that of the pattern ...지 않으면 안된다 'should', which we studied in Lesson 2. Verb stems occur with the pattern ...지 않을 수 없다. The English equivalent of this pattern is 'to be compelled (forced or obliged)', 'have to', or 'must'.

(1) 탑들을 보고 나는 신라 사람들의 훌륭한 솜씨에 놀라지 않을 수 없었다.
After I saw the pagodas, I was (obliged to feel) amazed at the excellent workmanship (skill) of the Shilla people.
(2) 나는 집에 온 다음 너무 배가 고파서 아무 것이나 먹지 않을 수 없었다.
(3) 비가 너무 많이 와서 집에 있지 않을 수 없었다.
(4) 내일 중요한 시험이 있어서 책을 읽지 않을 수 없었다.
(5) 교통 사고가 나서 수업에 늦지 않을 수 없었다.

4. ...어 놓다: someone does something in advance for various reasons

The usage of the pattern ...어 놓다 is similar to that of the pattern ...어 두다 which we studied in Lesson 10. The pattern ...어 놓다 denotes that someone does something in advance for future use, for convenience, or to be ready for such-and-such, etc. The verb 놓다 is used as an auxiliary verb. The stem forms of action verbs occur with the pattern ...어 놓다.

(1) 관광객들을 위해 석굴암에 이르는 넓은 길을 만들어 놓았다.
They have constructed a wide path leading to Sokulam for the tourists.
(2) 제가 내일 기차표를 미리 사 놓겠습니다.
(3) 어머니는 철수가 먹을 음식을 이미 만들어 놓으셨다.

(4) 존은 메리에게 줄 책을 이미 사 놓았다.
(5) 철수는 회의에서 말할 것을 미리 써 놓았다.

Substitution Drill

1. <보기>와 같이 '...을 향해서'의 표현을 이용하여 문장을 완성하세요.

<보기> 우리는 고속버스를 타고 (경주) 출발했다.
=> 우리는 고속버스를 타고 경주를 향해 출발했다.

(1) 나는 (집) 차를 몰았다.
(2) 할머니는 (불상) 절을 하셨다.
(3) 철수는 (학교) 뛰어 갔다

2. <보기>처럼 '...을/를 비롯하여'를 이용하여 문장을 고쳐 쓰세요.

<보기> (돌층계) 모든 것들이 신기하고 아름답게 보였다.
=> 돌층계를 비롯하여 모든 것들이 신기하고 아름답게 보였다.

(1) 내 동생은 (클래식) 모든 음악을 다 좋아한다.
(2) 그 집 앞에는 (장미) 많은 꽃들이 피어 있다.
(3) 수미는 (영어) 여러 외국어를 잘 한다.

3. <보기>와 같이 '...지 않을 수 없다'의 표현을 사용하여 문장을 고쳐 쓰세요.

<보기> 우리는 신라 사람들의 훌륭한 솜씨에 (놀랐다).
=> 우리는 신라 사람들의 훌륭한 솜씨에 놀라지 않을 수 없었다.

(1) 철수는 돈이 떨어져서 차를 (팔았다).
(2) 숙제가 너무 많아서 밤을 (새웠다).
(3) 그 얘기가 너무 재미있어서 나는 (웃었다).

4. <보기>처럼 '...어 놓다'의 표현을 이용하여 문장을 고쳐 쓰세요.

<보기> 관광객들을 위해 석굴암에 이르는 넓은 길을 (만들었다).
=> 관광객들을 위해 석굴암에 이르는 넓은 길을 만들어 놓았다.

(1) 교실이 너무 더워서 창문을 (열었다).
(2) 강아지가 나가지 않도록 (묶어라).
(3) 지난 밤엔 늦게까지 불을 (켰다).

Grammar Drill

1. <보기>와 같이 하나의 명사구를 만들어 보세요.

<보기> 관광하는 사람 => 관광객

(1) 여행하는 사람
(2) 방문하는 사람
(3) (술에) 취한 사람
(4) 등산하는 사람
(5) 피서하는 사람

2. <보기>와 같이 하나의 명사구로 형태를 바꾸고 그 뜻을 말해 보세요.

<보기> 해가 돋다 => 해돋이

(1) 밭을 갈다
(2) 턱을 걸다
(3) 달을 맞다
(4) 돈을 벌다
(5) 물을 받다

연 습 문 제 (Excercises)

1. Answer the following questions.

(1) 석가탑과 다보탑의 차이는 무엇입니까?
(2) 왜 신라 사람들의 예술에 놀라지 않을 수 없었습니까?
(3) 석굴암 관광객들을 위해 어떤 일이 행해졌습니까?
(4) 윗 글에 따르면 신라인들의 종교는 무엇이었습니까?
(5) 왜 많은 사람들이 토함산에 갈 때, 편하고 넓은 길로 올라 가지 않고 산길로 갑니까?

2. Translate the following sentences using the pattern given in the parentheses.

(1) When I saw Mary, she was walking toward the library. (...을 향해)
(2) Birds started to fly toward the sky. (...을 향해)
(3) I bought many books, including a Korean dictionary. (...을/를 비롯하여)
(4) There is no place including New York where I have not visited (in other words, I visited all the places including New York). (...를 비롯하여)
(5) Even though it is raining hard now, I must go to school because I have an important exam today. (...지 않을 수 없다)
(6) I had to get up early in order to catch the first train. (...지 않을 수 없다)
(7) Please write it down in big letters so that everyone can easily read it. (...어 놓다)
(8) Don't worry! I will prepare dinner for you tonight. (...어 놓다)

3. Complete each dialogue with your own ideas.

(1) 지난 주말에는 뭐 했어요?
친구와 경주에 다녀왔어요.
이번 주말에는 뭐 할 거에요?
____

(2) 서울에서 경주까지 얼마나 걸려요?
차로 다섯 시간쯤 걸려요.

여러분은 집에서 학교까지 시간이 얼마나 걸려요?

____

(3) 한국에서 여행할 때 제일 좋았던 곳은 어디였어요?
경주였어요.
여러분이 여행한 곳 중 가장 좋았던 곳은 어디였어요?

____

4. 다음과 같이 여러분이 여행해 본 곳 중 가장 인상 깊었던 곳과 그 이유를 말해보세요.

제가 여행해 본 곳 중에서 가장 인상 깊었던 곳은 경주입니다. 유물과 고적이 많아서 도시 전체가 하나의 역사 박물관 같았습니다. 특히 석굴암은 아주 멋있었습니다.

5. Create a dialogue between A and B based on the following situation.

I. Situation

A is a tour guide from a travel agency.
B is a foreign tourist who is visiting 경주.

II. Role Play

A guides B to 불국사, 토함산, and 석굴암. She/he shows B many beautiful spots and historical remains. A also provides historical background and explains the characteristics of each sight.

B is eager to learn and understand ancient Korean culture. She/he keeps asking many questions about location and admires the remains.

6. 여러분이 가장 가보고 싶은 도시나 나라에 대해, 그리고 왜 그 곳에 가고 싶은지 간략히 적어 보세요.

한 자 연 습 (Chinese characters)

한자	음	뜻	쓰는 순서
工	공	장인 a craftsman	工 工 工
力	역/력	힘 power	力 力
立	입/립	서다 to stand	立 立 立 立 立
行	행	다니다 to come and go	行 行 行 行 行 行
門	문	문 a door	門 門 門 門 門 門 門 門
反	반	반대 the opposite	反 反 反 反
回	회	돌아오다 to return	回 回 回 回 回 回
加	가	더하다 to add	加 加 加 加 加
合	합	더하다; 합치다 to add; to combine	合 合 合 合 合 合
車	차	차; 수레 vehicle; a cart	車 車 車 車 車 車 車
化	화	되다 to become	化 化 化 化
正	정	바르다 right; correct	正 正 正 正 正
重	중	무겁다 heavy	重 重 重 重 重 重 重 重 重

1. 다음 한자들의 뜻과 음을 쓰세요.

 뜻 음

(1) 立 _____ _____

(2) 合 _____ _____

(3) 重 _____ _____

(4) 力 _____ _____

(5) 行 _____ _____

2. 다음 낱말들의 밑줄 친 부분에 공통으로 해당하는 한자를 쓰세요.

(1) 공장 (a factory), 공업 (industry), 공대 (engineering school)
(2) 정답 (a correct answer), 정면 (the front side), 정확하다 (to be exact/correct)
(3) 반대 (opposition), 반항 (insubordination), 찬반 (pros and cons)
(4) 대문 (a main gate), 창문, 문 밖에서 (outside the door)
(5) 화학 (chemistry), 변화 (change), 국제화 (globalization)

3. 다음에서 밑줄 친 부분을 한자로 바꿔 쓰세요.

(1) 오늘은 중력(gravity)에 대해 공부하겠어요.
(2) 차 문을 꼭 닫아라.
(3) 금방 갈테니 정문(main entrance)에서 기다리세요.
(4) 우리 클럽에 가입(join)하세요.
(5) 나는 이 학교 삼십 회 졸업생이다.

낱 말 (Glossary)

[본문]

유물	a relic, antiquity
층계	stairs
비롯하여	including ...
신기하다	to be mysterious; be wonderful
정교하다	to be exquisite
화려하다	to be luxurious; be splendid
간결하다	to be simple
웅장하다	to be magnificent; be huge
불당	Buddhist altar room
구경	sightseeing
해돋이	sunrise
꼭대기	a top; peak
짓다	to build; construct
불상	Buddhist statue
둘레	circumference; surroundings

보살상	statue of a Buddhist saint; image of bodhisattva
구불구불하다	to be meandering
산길	a mountain trail

[대화]

신혼 여행	honeymoon; wedding trip
유람선	a barge; excursion ship

[낱말의 쓰임]

석기 시대	the Stone Ages
발견되다	to be discovered
졸업	graduation
축하하다	to congratulate (someone) (on something)
들려주다	to read (something) (to a person); inform, tell
무너지다	to collapse
설명	an explanation
오스트리아	Austria
담	a fence
이르다	to arrive (at ...), reach, get to

[문형 연습]

벽	a wall
향하다	to face

[Drills]

몰다	to drive (a vehicle)
절하다	to make a bow
떨어지다	to run out of; be short of
취하다	to be drunk
등산하다	to climb
피서하다	to pass the summer time (or hot months) (at ...)
걸다	to hang; suspend

[연습 문제]

행해지다	to be done
인상 깊다	to be impressive; be memorable
간략하다	to be brief

제 20 과 과거와 현재가 만나는 곳, 인사동

각 나라마다 그 나라를 대표하는 문화의 거리가 있다. 한국의 대표적인 문화의 거리로는 서울의 인사동을 들 수 있다.

다른 거리와는 달리, 인사동에서는 옛 문화의 분위기를 느낄 수 있다. 또 거리 곳곳에 크고 작은 화랑과 골동품 가게, 화가의 작업실, 온갖 미술 재료를 파는 가게 등이 많이 있다. 그래서 인사동을 '거리의 박물관' 또는 '문화의 섬'이라고 부른다.

인사동에는 오래된 가게들이 많다. 예를 들어 '구하산방'이라는 작은 가게는 19세기 말부터 지금까지 한 곳에서 미술 재료를 팔고 있다. 그래서 옛 것이 그리운 사람, 과거를 알고 싶어하는 사람들이 인사동을 많이 찾는다.

그러나 인사동에는 옛 문화만 있는 것은 아니다. 현대의 문화도 여기에서 만날 수 있다. 판소리 같은 전통 음악을 틀어주는 찻집도 있지만 현대적 분위기의 카페, 심지어 시끄러운 록카페(rock cafe)도 이곳에서 쉽게 찾을 수 있다. 인사동에는 이렇게 옛 문화와 현대 문화가 조화를 잘 이루고 있다. 또한 골동품의 모양을 본떠 현대의 가정에서도 손쉽게 쓸 수 있는 물건을 만들어 팔기도 한다.

인사동을 걷다 보면 산속의 절에서나 들을 수 있는 풍경 소리도 들을 수 있다. 또 조상의 제사 때 쓰는 독특한 향 냄새도 맡을 수 있다. 그래서 인사동은 도시의 한 가운데에 있어도 옛 '멋'을 느끼게 해 준다. 게다가 이곳에는 전통 음식점과 전통 찻집 등이 많아서 한국의 옛 '맛'을 볼 수 있다. 이와 같이 인사동은 지나가는 사람들의 발걸음을 멈추게 하고 한국의 멋과 맛을 느끼게 해 주는 곳이다.

대 화 (Dialogues)

(I) 친구와의 약속

정아: 엄마, 다녀오겠습니다.
엄마: 정아야, 어디 가니?
정아: 친구 만나러 인사동에 가요.
엄마: 인사동? 인사동은 옛날 물건 파는 데 아니니?
정아: 옛날 물건도 팔지만 현대적 분위기의 카페도 많아서 사람들이 많이 가요.
엄마: 그렇다면 나도 다음 번에는 친구하고 인사동에서 만나야겠다.

(II) 한국 음식

종구: 민수야 정말 반갑다. 한국에 얼마 만에 온 거야?
민수: 거의 10년만에 온 것 같아.
종구: 오래간만에 한국에 왔는데 무얼 제일 하고 싶어?
민수: 전통 한국 음식을 먹고 싶어.
종구: 그렇다면 인사동으로 가자. 그곳에는 맛있는 전통 한식집이 많거든.
민수: 좋지. 빨리 가자.

(III) 인사동 가는 법

존: 인사동에 가고 싶은데 어떻게 가면 되는지 좀 알려 줘.
영수: 뭐 타고 갈 건데?
존: 글쎄, 버스나 택시? 어떤 게 나을까?
영수: 버스하고 택시는 교통 체증이 심해서 시간이 오래 걸릴거야.

존: 그러면 어떻게 하지?

영수: 지하철은 어때? 지하철 3호선 타고 '안국역'에서 내려서 걸어 가면 금방이야.

낱말의 쓰임 (Vocabulary Usage)

1. 분위기: an atmosphere

   나는 시끄러운 분위기를 싫어한다.
   분위기 좋은 카페에 가서 커피를 마시자.

2. 느끼다: to feel

   낙엽을 보면 가을을 느낄 수 있다.
   이 책을 읽고 무엇을 느꼈습니까?

3. 오래되다: (time) to be old; ancient; antique

   오래된 음식은 버려야 한다.
   저 건물은 지은 지 오래되었다.

4. 그립다 (그리운): to miss; have yearning for; sweet

   한국에 계신 어머니가 그립다.
   누구나 그리운 사람이 있다.

5. 찾다: to visit; drop in

   요즈음 서울을 찾는 외국 사람들이 많다.
   서울 사람들은 덕수궁을 많이 찾는다.

6. 틀다: to turn on (a music song)

   아버지가 우리에게 옛날 노래를 틀어 주셨다.
   집에서 음악을 너무 시끄럽게 틀면 안 된다.

7. 심지어: even; what is worse; on top of that

영희는 고기를 먹지 않는다. 심지어 계란도 안 먹는다.
그 노래는 아주 인기가 있어서 심지어 노인들도 좋아한다.

8. 시끄럽다: to be noisy

나는 시끄러운 곳에서는 잠을 자지 못한다.
우리 집은 큰 길 옆에 있어서 너무 시끄럽다.

9. 조화를 이루다: to harmonize with

저 그림은 이 방 분위기와 조화를 잘 이루고 있다.
빨간 색과 잘 조화를 이루는 색깔은 무엇입니까?

10. 본(을) 뜨다: to follow (an example); model after; copy from a model

이 귀고리는 태양의 모양을 본떴다.
이 건물은 피라미드의 모양을 본떠 지었다.

11. 독특하다: to be characteristic; unique; special

이 꽃은 독특한 향기가 있다.
인도 음식은 냄새가 독특하다.

12. (냄새를) 맡다: to smell; sniff

우리 집 개는 냄새를 아주 잘 맡는다.
빵 굽는 냄새를 맡으니 배가 몹시 고파졌다.

13. 게다가: moreover; what is more/worse

오늘은 비가 왔다. 게다가 바람도 심하게 불었다.
이모가 점심을 사주셨다. 게다가 용돈도 주셨다.

14. 발걸음: footstep; pace

집이 보이자 발걸음이 빨라졌다.
시험이 끝나서 집으로 가는 발걸음이 가볍다.

15. 멈추다: to stop

신호등 앞에서 차를 멈추었다.

앞에 가던 사람이 걸음을 멈추고 나를 바라 보았다.

문 형 연 습 (Patterns)

1. 심지어 (...도): even; what is more; what is worse; so much as

The adverb 심지어 usually occurs with particles expressing the meaning 'even', 'also', or 'too'. Depending on the context, the pattern 심지어 ...도 can be translated slightly differently, such as 'even', 'what is more', 'what is worse', or 'so much as'. The final particle can be replaced by other particles 까지 and 마저 without change of meaning.

(1) 전통 찻집 뿐 아니라 현대적 분위기의 카페, 심지어 시끄러운 록카페도 이 곳에서 볼 수 있다.
Not only can you find a traditional tea house in this vicinity but what is more, you can also find a loud rock cafe.
(2) 김 선생님은 영어 뿐 아니라 일본어, 중국어, 심지어 러시아어도 잘 하신다.
(3) 어떤 사람들은 개구리 뿐만 아니라 심지어 뱀도 먹는다.
(4) 영희는 밥도 먹지 않았고 심지어 물도 마시지 않았다.
(5) 그 노래는 어린 아이들 뿐 아니라 심지어 어른들도 좋아한다.

2. ...다(가) 보면: as...; while...

The pattern ...다(가) 보면 consists of the transferentive (or durative) conjunctive 다가 'while' or 'and then', the verb 보 'to see', and the conditional conjunctive 면 'if'. The clauses containing this pattern usually express a tone that someone keeps doing something in a leisurely manner. The pattern ...다(가) 보면 means 'as...' or 'while...'. The second element 가 of the transferentive conjunctive 다가 is usually deleted in the formation of the pattern 다(가) 보면 without change of meaning.

(1) 인사동을 걷다 보면 산 속의 절간에서나 들을 수 있는 풍경 소리도 들을 수 있다.
As you walk around Insadong, you may even hear the tinkling of a wind-bell coming from a Buddhist temple in the mountains.
(2) 이 음악을 듣다 보면 나도 모르게 잠이 든다.
(3) 이 길을 따라 가다 보면 우리 학교가 나온다.
(4) 친구와 재미 있게 얘기하다 보면 시간이 금방 간다.
(5) 말을 많이 하다 보면 실수를 하기 쉽다.

3. 게다가: moreover; in addition to; besides; what is more/worse

The adverb 게다가 functions as a sentence initial conjunctive connecting the sentence containing 게다가 with the preceding sentence with respect to a certain common topic. The adverb 게다가 means 'moreover', 'in addition to', 'besides', or 'what is more (or worse)'.

(1) 인사동은 옛 멋을 느끼게 해 준다. 게다가 이곳의 전통 음식점과 찻집에서는 한국의 옛 맛을 볼 수 있다.
Insadong allows you to experience the flavor of the past. Moreover, you can see the old Korean villages in the traditional restaurants and tea houses.
(2) 그 수업은 재미가 없다. 게다가 숙제까지 많다.
(3) 오늘은 날씨가 춥다. 게다가 바람까지 분다.
(4) 철수는 마음이 좋다. 게다가 얼굴도 잘 생겼다.
(5) 영희는 노래를 참 잘한다. 게다가 그림도 잘 그린다.

Substitution Drill

1. <보기>와 같이 '...와/과는 달리'의 표현을 이용하여 문장을 완성하세요.

<보기> (종로 거리) 인사동에서는 옛 분위기를 느낄 수 있다.
=> 종로 거리와는 달리 인사동에서는 옛 분위기를 느낄 수 있다.

(1) (지난번) 이번 시험은 아주 잘 보았다.
(2) (L.A.) 이곳은 사계절이 뚜렷하다.
(3) (다른 학생) 철수는 약속 시간에 늦지 않았다.

2. <보기>처럼 '....다 보면'을 이용하여 문장을 고쳐 쓰세요.

<보기> 인사동을 (걷는다). 풍경 소리도 들려 온다.
=> 인사동을 걷다 보면 풍경 소리도 들려 온다.

(1) 운동을 (한다). 목이 마르다.
(2) 여행을 (한다). 돈을 많이 쓴다.
(3) 사람을 자주 (만나다). 친해지게 된다.

Grammar Drill

1. 다음의 <예>를 이용하여 보기처럼 문맥에 맞게 복합명사를 만들어 보세요.

<예> 고리 (a ring; rink; loop)
걸이 (a hanger; peg; rack)
음악 (music)
품 (a piece)
점 (a shop)

<보기> 귀 (ear) + (고리) => 귀고리 (an earring)
목(neck) + (걸이) => 목걸이 (a necklace)
고전 (Classic) + (음악) => 고전 음악 (classical music)
미술 (art) + (품) => 미술품 (an art piece)
수리 (repair) + (점) => 수리점 (a repair shop)

(1) 현대(contemporary) + (　　) => ________ (contemporary music)
(2) 옷 (clothes) + (　　) => ________ (a clothes-hanger)
(3) 장식 (decoration) + (　　) => ________ (decorations)

(4) 음식 (food) + (   ) => ________ (a restaurant)
(5) 코 (nose) + (   ) => ________ (a nose pendant)
(6) 기념 (memory) + (   ) => ________ (a souvenir)
(7) 가구 (furniture) + (   ) => ________ (a furniture store)
(8) 교회 (church) + (   ) => ________ (church music)
(9) 문 (door) + (   ) => ________ (a doorknob)
(10) 모자 (hat) + (   ) => ________ (a hat rack)

연 습 문 제 (Exercises)

1. Answer the following questions.

(1) 인사동이 '거리의 박물관'으로 불리는 이유는 무엇입니까?
(2) 인사동에서 옛 문화와 현대 문화가 조화를 잘 이룬 예를 들어보세요.
(3) 인사동에서 한국의 옛 '멋'을 느낄 수 있는 이유는 무엇입니까?
(4) 인사동에서 한국의 옛 '맛'을 볼 수 있는 곳은 어디입니까?
(5) 인사동의 '구하산방'은 어떤 것을 파는 가게입니까?

2. Translate the following sentences using the pattern given in the parentheses.

(1) Susie uses chopsticks when she eats salad and even spaghetti. (심지어)
(2) Lisa didn't come to the meeting. Even Jisoo didn't come either. (심지어)
(3) As you read this book, you can understand the ideas of Democracy. (다 보면)
(4) While you watch this drama, you'll get sad. (다 보면)
(5) He is handsome and, in addition to that, he is rich. (게다가)
(6) Youngsu was late for the class. Moreover, he missed the test. (게다가)

3. Complete each dialogue with your own ideas.

(1) 한국의 대표적인 '문화의 거리'는 어디예요?
서울의 인사동이에요.

여러분이 사는 곳의 대표적인 '문화의 거리'는 어디예요?

____

(2) 인사동에서 옛 맛을 볼 수 있는 곳은 어디예요?
전통 음식점과 전통 찻집이에요.
여러분 나라의 대표적 전통 음식은 무엇이에요?

____

(3) 인사동의 특징은 무엇이에요?
옛 문화와 현대 문화가 조화를 잘 이루고 있다는 점이에요.
여러분이 살고 있는 곳의 특징은 무엇이에요?

____

4. 다음을 읽고 여러분이 친구를 만날 때 자주 가는 장소와 그 이유를 말해 보세요.

저는 친구를 만나러 인사동에 자주 가요. 인사동은 옛날 물건들을 파는 가게가 많아 구경할 것도 많고 또 카페도 많아서 젊은 사람들이 많이 가는 거리예요.

5. Create a dialogue between A and B based on the following situation.

I. Situation

A and B are friends.
They talk about their own favorite place (or street) in a city.

II. Role Play

A thinks Insadong is the best place in Seoul. He/She loves Insadong since it has a unique culture which embraces both the old and contemporary. A illustrates how Insadong looks and what one can enjoy there. A also talks about what he/she usually does when he/she goes there.

6. 한국의 대표적인 문화 거리인 '인사동'처럼 여러분 나라에서 인사동과 비슷한 곳은 어디인지 그리고 그 곳의 특징은 어떤지 함께 적어 보세요.

한 자 연 습 (Chinese characters)

한자	음	뜻	쓰는 순서
文	문	글 writing; a passage	文 文 文 文
言	언	말 words	言 言 言 言 言 言 言
字	자	글자 a character	字 字 字 字 字 字
古	고	옛 old	古 古 古 古 古
史	사	역사 history	史 史 史 史 史
語	어	말 language	語 語 語 語 語 語 語 語 語 語 語 語 語 語
記	기	기록하다 to record	記 記 記 記 記 記 記 記 記 記
信	신	믿다 to trust	信 信 信 信 信 信 信 信 信
名	명	이름 a name	名 名 名 名 名 名
新	신	새롭다 new	新 新 新 新 新 新 新 新 新 新 新 新 新
先	선	먼저 in advance; first	先 先 先 先 先 先
問	문	묻다 to ask	問 問 問 問 問 問 問 問 問 問 問

1. 다음 한자의 뜻과 음을 쓰세요.

	뜻	음
(1) 言	________	________
(2) 字	________	________
(3) 古	________	________
(4) 史	________	________
(5) 記	________	________

2. 다음 중 밑줄 친 부분에 공통으로 사용된 한자를 쓰세요.
   (1) 한문 (Chinese characters), 문화 (culture), 문장 (a sentence)
   (2) 영어 (English), 한국어 (Korean), 일본어 (Japanese)
   (3) 기자 (a reporter), 기록 (a record), 일기 (a diary)
   (4) 질문 (a question), 문제 (a problem), 의문 (doubt)
   (5) 성명 (a name), 유명 (fame), 명사 (a noun)

3. 다음 문장에서 밑줄 친 단어를 한자로 쓰세요.
   (1) 미국에는 여러 언어를 사용하는 사람들이 많다.
   (2) 우리 선생님은 키가 크시다.
   (3) 이 숙제를 1시간내에 끝낼 자신(self-confidence)이 있니?
   (4) 요즘 신인(a new face) 가수(a singer) 중에서 누구를 좋아하니?
   (5) 나는 어제 중고차(a used car)를 샀다.

낱 말 (Glossary)

[본문]

과거	past
현재	present
대표하다	to represent; stand for
거리	a street
들다	to cite; name; mention; state
달리	unlike; different from; contrary to
분위기	atmosphere
곳곳	place after place; here and there
화랑	an art gallery
골동품	antiques
가게	a store; shop
미술	art; the fine arts
재료	materials; ingredients
박물관	a museum
섬	an island
부르다	to call
그립다	to miss; yearn for

틀다	to play; tune in; turn on (e.g., a radio)
전통	traditional
찻집	a teahouse; teashop
심지어	what is more (worse); (not) so much as
조화를 이루다	to be in harmony (with)
본(을) 뜨다	to copy from a model; model after a pattern
풍경 소리	wind-bell sound
향 냄새	incense flavor
맡다	to smell; sniff
멋	beauty; taste
게다가	moreover; what is more (worse)
맛	taste; flavor
발걸음	pace; step

[대화]

한식집	a Korean-style restaurant

[낱말의 쓰임]

낙엽	fallen leaves
인기가 있다	to be popular
피라미드	pyramid
향기	scent
인도	Indian
빵(을) 굽다	to bake
신호등	a traffic signal
걸음	walking; pace; step

[문형 연습]

러시아어	Russian
뱀	a snake
따라 가다	to follow
실수를 하다	to make a mistake

[Drills]

사계절	four seasons
운동을 하다	to take excercise
여행을 하다	to make a trip

제 21 과 단군 신화

많은 나라들이 각기 고유한 건국 신화를 갖고 있다. 건국 신화는 자기 민족의 뿌리를 알게 해 주므로 사람들에게 소중하게 여겨지고 있다. 한국의 건국 신화는 단군 신화이며, 그 내용은 다음과 같다.

지금으로부터 약 5,000년 전 하늘 나라의 임금인 환인과 그 아들인 환웅이 살고 있었다. 환웅은 하늘 나라보다는 인간 세상을 더 좋아했다. 그래서 아버지는 3,000명의 신하와 바람, 구름, 비를 다스리는 신들과 함께 환웅을 인간 세상으로 보냈다. 환웅은 그 곳에서 임금이 되어 인간 세상의 여러 일들을 해결해 주었다.

환웅이 내려온 곳에는 곰 한 마리와 호랑이 한 마리가 살고 있었다. 곰과 호랑이는 환웅에게 사람이 되게 해 달라고 매일 빌었다. 그래서 환웅은 이들에게 쑥 한 줌과 마늘 스무 개를 주면서 말했다. "동굴 안에서 이걸 먹으면서 백일 동안 견뎌라. 그러면 틀림없이 사람이 될 것이다." 과연 환웅의 말대로 끝까지 견딘 곰은 예쁜 여자가 되었고, 이를 참지 못하고 밖으로 뛰쳐나간 호랑이는 끝내 사람이 되지 못했다.

여자로 변한 곰은 웅녀라는 이름을 가지게 되었다. 하지만 웅녀는 결혼을 하고 아이를 낳게 해 달라고 늘 기도하였다. 그래서 환웅은 잠깐 사람으로 변하여 웅녀와 결혼해 주었다. 이리하여 얼마 후 웅녀가 아들을 낳았는데 이 아기가 바로 한국 민족의 시조인 '단군'이다. 단군은 임금이 된 후 나라 이름을 '고조선'이라고 했다. 그리고 1,500년 동안 나라를 잘 다스렸다.

단군은 지금까지 계속 한국 민족의 시조로 받들어지고 있다. 예를 들면 환인, 환웅, 단군의 혼을 모시는 사당이 세워지기도 하고, 단군을 종교적인 신으로 모시는 종교가 생겨나기도 했다. 현재 한국 사람들은 10월 3일을 단군이 처음 나라를 세운 날로 기념하고 있다.

대 화 (Dialogues)

(I) 한국의 건국 신화

존: 한국에도 건국 신화가 있어요?

수미: 네. 한국에는 단군 신화가 있어요.

존: 단군은 누구예요?

수미: 옛날에 하늘 나라 임금의 아들인 환웅이 땅으로 내려와서 여자로 변한 곰과 결혼을 했대요. 거기에서 낳은 아들이 단군이에요.

존: 그렇다면 한국 사람들은 곰을 사랑해야겠네요. 자기의 조상이니까요.

(II) 개천절

메리: 오늘이 무슨 날인데 집집마다 태극기를 달았어요?

은우: 오늘은 10월 3일, 개천절이에요.

메리: 개천절? 개천절이 무슨 날이에요?

은우: 단군이 우리 나라를 처음 세운 것을 기념하는 날이에요.

메리: 단군이 언제 나라를 세웠어요?

은우: 약 오 천 년 전이에요. 그래서 한국은 반 만 년의 역사를 가졌다고 해요.

(III) '배고픈 건 못 참아!'

영수: 단군 신화에서 곰과 호랑이가 사람이 되고 싶어 했던 얘기 아니?

진수: 물론이지. 100일 동안 쑥과 마늘만 먹으면서 견뎌야 사람이 될 수 있었잖아. 호랑이는 그걸 못 참고 도망가서 사람이 못 되었고.

영수: 나는 도망친 호랑이를 이해할 수 있을 것 같아.

진수: 어떤 점에서?

영수: 생각해 봐. 쑥과 마늘만 먹고 어떻게 사니! 나는 배고픈 건 절대 못 참거든.

낱말의 쓰임 (Vocabulary Usage)

1. 고유하다: to be inherent (in); be native; be indigenous (to)

    이것은 한국의 고유한 음악이다.
    우리 나라의 고유한 풍습은 여러 가지가 있다.

2. 신화: a mythology

    로마 신화는 널리 알려져 있다.
    너희 나라의 건국 신화는 뭐냐?

3. 내용: a content

    이 책의 내용이 뭐니?
    너 그 강의 내용을 이해했니?

4. 다스리다: to rule; reign (over ...); govern

    나라를 훌륭하게 다스리는 것은 어려운 일이다.
    그 임금은 50년 동안 나라를 잘 다스렸다.

5. 빌다: to pray

    영희는 어머니 병이 빨리 낫게 해 달라고 빌었다.
    가뭄 때문에 비가 오기를 비는 사람들이 많았다.

6. 견디다: to endure; bear

어려움을 견딘 사람은 성공할 수 있다.
영희는 외국 생활 3년을 잘 견뎠다.

7. 틀림없이: certainly; without fail

내가 말한 대로 하면 틀림없이 살을 뺄 수 있다.
내일은 틀림없이 비가 올 거다.

8. 끝까지: to the end; throughout

영희는 아픔을 끝까지 견뎠다.
먼저 제 말을 끝까지 들어 보세요.

9. 참다: to bear; endure; stand

아프더라도 좀 참아라.
이제 더 이상 못 참겠다.

10. 뛰쳐 나가다: to burst out

영희는 갑자기 화를 내며 밖으로 뛰쳐 나갔다.
나는 영희가 교실을 뛰쳐 나간 이유를 모르겠다.

11. 나중에: later

나중에 다시 전화하겠습니다.
그 일은 나중에 하자.

12. 모시다: to serve; honor

부모님을 잘 모셔라.
이곳은 돌아가신 분들을 모시는 곳이다.

13. 생겨나다: to come about; come into being

요즘에는 새로운 직업들이 많이 생겨났다.
대부분의 컴퓨터 회사들은 최근에 생겨난 회사들이다.

14. 현재: at present

현재 여기에는 아무도 살고 있지 않다.

현재 서울의 인구는 얼마입니까?

15. 기념하다: to celebrate; commemorate

미국에서는 7월 4일을 독립 기념일로 기념하고 있다.

오늘은 정말 기념할 만한 날이다.

문 형 연 습 (Patterns)

1. ...게 여겨지다: to be considered (as)...; be regarded (as)...

The pattern ...게 여겨지다 consists of the adverbializer 게 and the verb form 여겨지다. Adjectives are attached to the pattern. The English equivalent of the pattern is 'be considered (as)...' or 'be regarded (as)...'.

(1) 건국 신화는 자기 민족의 뿌리를 알게 해 주므로 사람들에게 소중하게 여겨지고 있다.
The birth of a nation is regarded as valuable because it allows you to discover your people's roots.
(2) 사막에서는 물이 귀하게 여겨지고 있다.
(3) 한국에서는 자녀 교육이 매우 중요하게 여겨지고 있다.
(4) 처음에 그 일은 불가능하게 여겨졌다.
(5) 술을 마시고 운전하는 것은 위험하게 여겨지고 있다.

2. ...달라고: to do something for the benefit of the person (who is the sentential subject)

The pattern consists of the compound verb form 달라 and the quotation marker 고. The verb form 달라 'give' occurs only in an indirect quotation sentence. Another verb form 주라 which has the same meaning 'give' cannot substitute for this verb form. The pattern conveys the meaning that someone does something for the benefit of the person who is usually the subject of the main sentence. The main verbs which occur with this pattern are the saying verbs: 'say', 'ask', 'request', 'pray', or 'beg'.

(1) 이들은 환웅에게 사람이 되게 해 달라고 매일 빌었다.
They pleaded every day to Hwanwoong for them to be turned into human beings.
(2) 철수가 영희에게 전화해 달라고 말했다.
(3) 나는 부자가 되게 해 달라고 빌었다.
(4) 철수는 형에게 숙제를 해 달라고 부탁했다.
(5) 어머니는 아들이 빨리 낫게 해 달라고 기도했다.

3. 과연: as expected/thought/heard; as someone said

The adverb 과연 is used to confirm what the speaker expected, thought, or heard. Thus, it means 'as I expected', 'as I thought', 'as I heard', or 'as someone said'.

(1) 과연 환웅의 말대로 쑥과 마늘을 먹고 견딘 곰은 예쁜 여자가 되었다.
After listening to the advice of Hwanwoong, the bear turned into a beautiful woman as expected, after enduring eating sagebrush and garlic.
(2) 그 음식점은 맛이 좋다고 한다. 내가 가서 먹어 보니 과연 맛이 있었다.
(3) 설악산에 가 보니 과연 경치가 좋았다.
(4) 수미를 만나 보니 과연 키가 아주 컸다.
(5) 미국에 와 보니 과연 미국이 넓구나.

4. 끝내... negation: negation ... after all

The adverb 끝내 which as the meaning 'in the end', 'finally', or 'ultimately' means 'after all' when it occurs in the negative sentences.

(1) 이를 참지 못하고 밖으로 뛰쳐 나간 호랑이는 끝내 사람이 되지 못했다.
The tiger, which couldn't bear its circumstances and ran away outside, couldn't become a human being after all.
(2) 철수는 끝내 내게 전화를 하지 않았다.
(3) 하루 종일 기다렸지만 영희는 끝내 오지 않았다.

(4) 나는 열심히 했지만 끝내 이 일을 마치지 못했다.
(5) 영수는 잃어버린 책을 찾으려 했지만 끝내 찾지 못했다.

Substitution Drill

* 주어진 문형과 표현을 이용하여 <보기>와 같이 문장을 완성하세요.

1. ...게 여겨지고 있다

<보기> 건국 신화는 자기 민족의 뿌리를 알게 해 주므로 소중하다.
=> 건국 신화는 자기 민족의 뿌리를 알게 해 주므로 소중하게 여겨지고 있다.

(1) 올림픽에서 금메달을 따는 것은 자랑스럽다.
(2) 미국에서는 봉사 활동이 중요하다.
(3) 한국에서 어른에게 한 손으로 물건을 드리는 것은 버릇 없다.

2. ...어 달라고

<보기> 이들은 환웅에게 (사람이 되게 하다) 매일 빌었다
=> 이들은 환웅에게 사람이 되게 해 달라고 매일 빌었다.

(1) 메리가 (사전을 빌리다) 말했다
(2) 영희는 할머니께 재미있는 (이야기를 하다) 말했다
(3) 지니는 나에게 한국말을 (가르치다) 부탁했다

3. 끝내 ...(지 못했다/않았다)

<보기> 이를 참지 못하고 밖으로 뛰쳐 나간 호랑이는 / 사람이 되었다
=> 이를 참지 못하고 밖으로 뛰쳐 나간 호랑이는 끝내 사람이 되지 못했다.

(1) 철수와 영희는 서로 사랑을 했으나 / 결혼을 하다
(2) 수미는 여러 가게를 가 보았으나 / 마음에 드는 옷을 찾다
(3) 두 시간을 기다렸지만 지미는 / 나타나다

Grammar Drill

1. <보기>처럼 밑줄 친 부분을 짧은 형태로 바꾸어 보세요.

<보기> 가지고 있다 => 갖고 있다

(1) 이렇게 말하였다
(2) 해결하여 주다
(3) 이것을 먹으면서
(4) 외로움을 느끼었다
(5) 무엇을 샀니?

2. <보기>와 같이 동사를 명사로 바꾸어 보세요.

<보기> 외롭다 => 외로움

(1) 서럽다
(2) 괴롭다
(3) 즐겁다
(4) 놀랍다
(5) 반갑다

3. <보기>처럼 주어진 표현에 단위(unit)를 붙여서 뜻이 통하도록 해 보세요.

<보기> 줌 (meaning: 주먹) => 쑥(sagebrush) 한 (줌)
술 (meaning: 숟가락) => 밥(boiled rice) 한 (술)

(1) 모래(sand) 한 (　　)
(2) 국(soup) 한 (　　)
(3) 흙(soil) 한 (　　)
(4) 밀가루(flour) 한 (　　)
(5) 쌀(rice) 한 (　　)

연 습 문 제 (Exercises)

1. Answer the following questions.

(1) 사람들에게 건국 신화는 왜 소중하게 여겨지고 있습니까?
(2) 단군 신화에서 환웅은 누구와 함께 인간 세상으로 내려갔습니까?
(3) 단군 신화에서 환웅이 인간 세상으로 내려온 이유는 무엇입니까?
(4) 단군 신화에서 호랑이가 사람이 되지 못한 이유는 무엇입니까?
(5) 단군이 세운 나라의 이름은 무엇입니까?

2. Translate the following sentences using the pattern given in the parentheses.

(1) Gold is regarded as valuable everywhere. (...게 여겨지다)
(2) Nowadays money is regarded more importantly than a friend. (...게 여겨지다)
(3) Mary told John to call her at night. (...달라고)
(4) Susie asked me to help her with her homework. (...달라고)
(5) I wonder if John will really go to Korea. (과연)
(6) I heard that his house is huge, and indeed it is. (과연)
(7) I waited three hours for Mary, but she didn't come after all. (끝내 ... neg ...)
(8) I looked for my dog all day, but I couldn't find it after all. (끝내 ... neg ...)

3. Complete each dialogue with your own ideas.

(1) 한국에는 어떤 신화가 있어요?
단군 신화가 있어요.

여러분이 아는 신화로는 어떤 것이 있어요?

____

(2) 단군의 할아버지는 무엇을 하시는 분이었어요?
하늘 나라의 임금이었어요.
여러분의 할아버지는 무엇을 하시는 분이었어요?

____

(3) 웅녀가 가장 바라는 일은 무엇이었어요?
결혼을 하여 아이를 낳는 일이었어요.
여러분이 가장 바라는 일은 무엇이에요?

____

4. 다음과 같이 여러분의 나라가 처음 세워진 것을 기념하는 날이 언제인지, 그리고 그 날 무엇을 하는지 말해 보세요.

한국에서 10월 3일은 '개천절'이에요. 개천절은 한국 민족의 시조가 최초로 나라를 세운 것을 기념하는 날이에요. 개천절에는 집집마다 태극기를 달고 기념식을 가져요.

5. Create a dialogue between A and B based on the following situation.

I. Situation

A is an American who does not have any knowledge of myths regarding the foundation of his/her nation.
B is a Korean friend of A's who knows all about the myth of the founding of Korea.

II. Role Play

A, who just heard about the myth of the founding of Korea from B, is very curious about the myth. Even though A is interested in the myth, however, he/she is basically skeptical about it. To his/her reasoning, the story of the myth doesn't make sense at all. For example, he/she cannot accept that the bear could become a woman after eating only garlic and herbs. So A keeps asking 'why' and 'how' questions regarding the myth: for example, why 환웅 came down to earth from heaven; why he should take the bear as his wife; how 단군 could govern the country for 1,500 years, and so on.

B tells A the myth of the national foundation of Korea. Because B understands A's skeptical attitude regarding the myth, he/she keeps answering A's 'why' and 'how' questions. And he/she tries to explain the importance of the myth. Even though all of the myths and legends including Greek/Roman myths and Arthurian legends are unbelievable and do not make any sense, they are precious as long as they can let us know the roots of the nation.

6. 여러분의 나라가 어떻게 세워졌는지 짧게 적어 보세요.

한 자 연 습 (Chinese characters)

한자	음	뜻	쓰는 순서
王	왕	임금 a king	王 王 王 王
全	전	모두; 온전하다 all; perfect	全 全 全 全 全 全
主	주	주인 a master	主 主 主 主 主
半	반	절반 a half	半 半 半 半 半
有	유	있다 to exist	有 有 有 有 有 有
無	무	없다 not exist	無 無 無 無 無 無 無 無 無 無 無 無
不	불/부	아니다 not	不 不 不 不
可	가	옳다; 가능하다 right; possible	可 可 可 可 可
同	동	같다 the same	同 同 同 同 同 同
用	용	쓰다 to use	用 用 用 用 用
非	비	아니다 not	非 非 非 非 非 非 非 非

1. 다음 한자의 뜻과 음을 쓰세요.

	뜻	음
(1) 不	________	________
(2) 可	________	________
(3) 同	________	________
(4) 用	________	________
(5) 非	________	________

2. 다음 중 밑줄 친 부분에 공통으로 사용된 한자를 쓰세요.

(1) 전부 (all), 전체 (the whole), 안전 (safety)
(2) 왕국 (a kingdom), 왕비 (a queen), 리어왕 (King Lear)
(3) 무료 (free), 무식 (ignorance), 무죄 (innocent)
(4) 동시 (the same time), 합동 (union), 동포 (bretheren)
(5) 반 값 (a half price), 반 바지 (a pair of shorts), 절반 (a half)

3. 다음 문장에서 밑줄 친 단어를 한자로 쓰세요.

(1) 세종대왕에게는 세 명의 왕자(prince)가 있었다.
(2) 그 가게 주인은 비행(delinquent) 소년들을 야단쳤다.
(3) 나는 그 유명 가수가 불시에(unexpectedly) 나타나서 너무 놀랐다.
(4) 지난번 부정 선거(election)때문에 회장을 다시 뽑았다.
(5) 의사들이 전력을 다해 치료했다.

낱 말 (Glossary)

[본문]

신화	a myth; mythology
나라	a nation; country
각기	respectively
건국	foundation (establishment) of a country

민족	a race; nation
소중하게 여기다	to treasure; prize
내용	content
하늘 나라	the kingdom of Heaven
인간	human beings
세상	the world
바람	wind
구름	cloud
비	rain
다스리다	to rule (over ...); govern
신	(a) god
곰	a bear
마리	(classifier) a certain number (of animals)
호랑이	a tiger
사람	man; person
빌다	to pray (for)
쑥	sagebrush; wormwood
줌	a handful (of ...)
마늘	garlic
동굴	a cave
견디다	to endure; to bear; to suffer
틀림없이	without fail; certainly
끝까지	to the end (last); to a finish
예쁘다	to be pretty
참다	to endure; to bear; to suffer
뛰쳐 나가다	to rush out
끝내	to the last; to the very end
결혼을 하다	to marry
아이를 낳다	to give birth to; be delivered of
늘	always
기도하다	to pray (for)
잠깐	a little while; moment
아들	a son
시조	the founder; the progenitor
받들다	to treat (a person) with deference; esteem
모시다	to serve; honor
사당	a shrine
세우다	to build; construct
종교적인	religious
생겨나다	to come about; come into being
처음	the first time; first

[대화]

내려오다	to come down
개천절	the National Foundation Day; Dangun's Accession Day
집집마다	in every house
태극기	the national flag of Korea
달다	to put up; hoist
반 만 년	five millennia; 5,000 years
배 고프다	to feel hungry; be hungry
도망가다	to run away; flee

[낱말의 쓰임]

음악	music
로마 신화	the Roman mythology
강의	a lecture; class
훌륭하게	nicely; finely
병이 낫다	to be cured; become well; recover
가뭄	drought
외국	a foreign country
생활	life
살을 빼다	to lose weight
아픔	pain
교실	a classroom
분	(classifier) an esteemed person
직업	an occupation
최근	recently
독립 기념일	Independence Day

[문형 연습]

사막	a desert
자녀 교육	the education of one's children
불가능	impossibility
술을 마시다	to drink; have a drink
부자가 되다	to become rich
형	one's older brother
숙제를 하다	to do homework
경치가 좋다	to command a fine view
넓다	to be wide

[Drills]

올림픽	the Olympics
금메달	a gold medal
따다	to get; take; obtain
봉사 활동	a voluntary activity
드리다	(honorific) to give; offer
사전	a dictionary
할머니	a grandmother
사랑을 하다	to fall in love
서럽다	to be sad; be sorrowful
놀랍다	to be surprised
반갑다	to be glad; welcome
주먹	a fist
숟가락	a spoon

[연습 문제]

할아버지	a grandfather
기념식	a commemorative exercise (ceremony)

제 22 과 한국의 역사

연대		시대
B.C. 2333	고조선 건국(단군)	
A.D. 53	고구려 건국 (태조왕)	삼국시대
260	백제 건국 (고이왕)	
360	신라 건국 (내물왕)	
552	백제, 일본에 불교 전함	
676	신라, 삼국통일	남북국시대
698	발해건국	
751	통일신라, 불국사·석굴암 세움	
828	장보고, 청해진 설치	
925	고려 건국(왕건)	고려시대
958	과거제도 실시	
1086	대각국사 의천, 속장경 조판	
1219	몽고와 통교	
1234	세계최초 금속활자 발명	
1236	초조대장경 조판 (~1251)	
1363	문익점, 원에서 목화씨 도입	
1377	화약무기 제조(화통도감)	
1392	조선 건국	조선시대
1418	세종즉위	
1441	측우기 제작	
1443	훈민정음 창제	
1469	경국대전 완성	
1592	임진왜란, 한산도대첩	
1593	행주대첩	
1610	「동의보감」 완성	
1784	천주교 전도	
1876	강화도조약	
1897	대한제국수립	대한제국
1910	국권침탈	침략시대
1919	3·1운동, 임시정부 수립	
1945	8·15 민족광복	대한민국
1950	6·25 남침 (1953 휴전)	
1962	경제개발계획(~1976)	
1988	제24회 올림픽 개최	

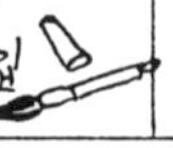

약 오 천 년 전 한반도에 고조선이라는 나라가 세워졌는데 이것이 바로 한국 역사의 시작이다. 고조선 이후 고구려, 백제, 신라의 삼국 시대가 있었다. 이 중 신라가 7세기에 삼국을 통일하여 통일 신라 시대가 시작되었다. 이 시대에 불교 문화가 크게 발전하였고 일본 문화에도 영향을 미쳤다.

통일 신라 시대를 거쳐 925년에 고려 왕조가 세워졌다. 활발한 무역 활동과 외국 상인의 출입으로 이 때 한국이 Korea라는 이름으로 세계에 알려지게 되었다. 고려 시대에는 불교 문화와 함께 인쇄술이 크게 발달하였다. 이때 만들어진 불경인 팔만 대장경은 세계적으로 유명하다. 또한 세계 최초로 금속 활자를 발명하기도 하였다. 이 시대 귀족 문화를 대표하는 청자는 아름다운 색깔과 독창성으로 유명하다.

1392년에 세워진 조선 왕조는 유교를 국가의 기본 이념으로 삼았다. 충과 효 그리고 예절을 강조한 유교의 이념은 지금까지 한국인의 생각과 행동의 바탕을 이루고 있다. 이 시대에 한국의 고유한 문자인 한글이 만들어졌다. 조선 후기에는 한글로 쓰여진 문학 작품이 많이 나왔으며 판소리, 탈춤 등의 서민 문화가 발달하였다.

조선 왕조는 1910년 일본의 침략으로 무너지고 이후 36년 간 한국 민족은 일본의 지배를 받았다. 1945년 독립 이후 동서 간 냉전의 결과로 남한과 북한으로 분단되었다. 1950년에는 북한이 남한을 침략하여 3년 간 6.25 전쟁을 겪기도 하였다.

남한은 70년대 이후 경제가 크게 발달하였고 1988년에는 올림픽 대회를 열기도 하였다. 현재 한국이 해결해야 할 문제는 남북을 평화적으로 통일하는 것이다. 90년대 초 동유럽 사회주의 국가들의 붕괴로 통일의 가능성은 점점 높아지고 있으며, 국민들도 가까운 시일 내에 통일이 될 것으로 믿고 있다.

대 화 (Dialogues)

(I) 반 만 년 역사

수미: 한국의 역사가 언제 시작되었는지 알아요?
존: 아니오. 잘 몰라요.
수미: 기원전 2333년에 처음 나라가 세워졌어요.
존: 야... 그러면 거의 5천 년이나 되었군요.
수미: 그래서 한국을 반 만 년 역사를 가진 나라라고 하는 거예요.

(II) 삼국 시대

혜진: 너 한국에서 삼국 시대에 어떤 나라들이 있었는지 아니?
우재: 물론 알지. 고구려, 백제, 신라 아니야?
혜진: 그럼, 그 세 나라 중 어느 나라가 삼국을 통일했는지 알아?
우재: 신라잖아. 그래서 통일 신라 시대가 되었지.
혜진: 너 정말 많이 알고 있구나. 그럼, 삼국 시대 문화가 일본 문화에 영향을 끼친 것도 알아?
우재: 그래? 그건 몰랐어.

(III) 고려 / Korea

혜진: 한국의 영어 이름이 왜 Korea인지 알아요?

존: 글쎄요...

혜진: 10세기에 고려라는 왕조가 있었는데 그때 한국이 세계에 알려지게 되면서 Korea라고 불리게 된 거에요.

존: 아, 그랬군요. 저도 '고려'는 들어 본 적이 있어요. 청자가 아주 유명하지요?

혜진: 네, 맞아요.

낱말의 쓰임 (Vocabulary Usage)

1. 세워지다: to be established

    내년에 이곳에 한국 학교가 세워진다고 한다.
    공원이 있던 자리에 큰 교회가 세워졌다.

2. 이후: since then

    수미를 만난 이후 철수는 아주 명랑해졌다.
    전화가 발명된 이후 편지 쓰는 사람이 줄었다.

3. 통일: unification

    이 학교는 학생들의 옷 색깔을 통일하였다.
    많은 한국 사람들이 남북 통일을 바라고 있다.

4. 발전하다: to develop

    최근에 컴퓨터 산업이 크게 발전하고 있다.
    한국은 옛날보다 많이 발전하였다.

5. 거치다: to pass by (through)

    그 기차는 대전을 거쳐 부산으로 간다.
    학교에 가려면 공원을 거쳐야 한다.

6. 활발하다: to be lively; vigorous
   수미의 성격은 무척 활발하다.
   도산 안창호는 미국에서 활발한 활동을 했다.

7. 알려지다: to be known
   김 선생님은 시인으로 알려져 있다.
   그 사람에 대해 알려진 사실은 아무 것도 없다.

8. 발달하다: to develop
   이 도시에서는 자동차 산업이 크게 발달하였다.
   청자가 발달한 것은 고려 시대이다.

9. 발명하다: to invent
   전화기를 처음 발명한 사람은 벨이다.
   에디슨은 전기를 발명하였다.

10. 강조하다: to emphasize
    아버지는 언제나 예절을 강조하신다.
    이 소설은 효성을 강조한 것이 특징이다.

11. 이루다: to form
    철수와 영희는 결혼하여 가정을 이루었다.
    이 교회의 바탕을 이루는 것은 사랑의 정신이다.

12. 쓰여지다: to be written
    햄릿은 세익스피어에 의해 쓰여졌다.
    미국에서는 한국말로 쓰여진 책을 찾기가 힘들다.

13. 무너지다: to collapse; fall down
    비가 많이 와서 다리가 무너졌다.
    낡은 집이 무너진 자리에 새 건물을 지었다.

14. 분단되다: to be divided

한국 전쟁 후 한국은 남과 북으로 분단되었다.
동서로 분단되었던 독일은 최근 통일되었다.

15. 겪다: to undergo; experience

한국 사람들은 한국 전쟁으로 고통을 겪었다.
우리 아버지는 한국 전쟁을 겪은 세대이다.

문 형 연 습 (Patterns)

1. 바로: just; right; very; exactly; precisely

The adverb 바로 has several uses such as 'rightly', 'correctly', or 'properly', and 'at once', 'immediately', or 'directly'. But, in this lesson, the adverb 바로 is used to mean 'just', 'right', 'very', 'exactly', or 'precisely'.

(1) 기원전 2333년 전에 고조선이 세워졌는데 이것이 바로 한국 역사의 시작이다.
In the era before the year 2333, the building of the Kochosun is the very beginning of Korean history.
(2) 저 집이 바로 철수가 살던 집이다.
(3) 이 책이 영희가 말한 바로 그 책이다.
(4) 이 분이 바로 우리 한국어 선생님이시다.
(5) 오늘이 바로 내 생일이다.

2. ...인: which is/are ...; who is/are ...

The pattern ...인 is an adnominal form consisting of the copula 이 and the attributive form ㄴ. The pattern roughly means 'which is/are ...' or 'who is/are ...'.

(1) 몽고 침입 때 만들어진 불경인 팔만 대장경은 그 규모와 글씨의 정교함으로 유명하다.
The Triptaka created during the invasion of Mongolia is famous for its great scale and elaborateness.
(2) 평화의 상징인 비둘기는 매우 순하다.
(3) 제주도에 가면 남한에서 제일 높은 산인 한라산을 볼 수 있다.
(4) 세계적 가수인 마이클 잭슨이 한국에 왔다.
(5) 한국의 수도인 서울은 교통이 복잡하다.

3. ...을/를 ...(으)로 삼다: to adopt ... as ...; to take ... as ...

The pattern ...을/를 ...(으)로 삼다 means 'to adopt ... as ...', 'to take ... as ...', or 'to make... ...'. Two nominal expressions occur with the particles 을/를 and (으)로.

(1) 조선 왕조는 유교를 국가의 기본 이념으로 삼았다.
The Chosun dynasty adopted Confucianism as its nation's ideology.
(2) 이선생님은 철수를 사위로 삼았다.
(3) 70년대 한국은 경제 발전을 국가의 목표로 삼았다.
(4) 한국에서 공부하는 동안 책을 친구로 삼았다.
(5) 나는 의사가 되는 것을 목표로 삼고 있다.

4. ...의 결과로: as a result of...

The pattern is used to state that something happens as a result of something else. The English equivalent of this pattern is 'as a result of ...'. Nouns or noun phrases occur with this pattern.

(1) 동서 간 냉전의 결과로 남한과 북한으로 분단되었다.
As a result of the Cold War between the East and West, there was a partitioning of South and North Korea.
(2) 오랜 연구의 결과로 이 논문이 완성되었다.
(3) 끊임없는 훈련의 결과로 철수는 올림픽에서 우승하였다.
(4) 오랜 가뭄의 결과로 먹을 물이 모자란다.
(5) 철수는 꾸준한 노력의 결과로 유명한 학자가 되었다.

Substitution Drill

1. <보기>와 같이 '...와/과 함께'를 사용하여 문장을 완성하세요.

<보기> 고려 시대에는 인쇄술이 크게 발달하였다. (불교 문화)
=> 고려 시대에는 불교 문화와 함께 인쇄술이 크게 발달하였다.

(1) 이 식당에서는 중국 음식도 먹을 수 있다. (한국 음식)
(2) 오늘 나는 소포도 받았다. (편지)
(3) 이 음식에는 설탕도 넣어야 한다. (소금)

2. <보기>와 같이 '...인'을 사용하여 문장을 완성하세요.

<보기> 팔만 대장경은 그 규모와 글씨의 정교함으로 유명하다. (몽고 침입 때 만들어진 불경)
=> 몽고 침입 때 만들어진 불경인 팔만 대장경은 그 규모와 글씨의 정교함으로 유명하다.

(1) 부산은 한국에서 두 번째로 큰 도시이다. (항구 도시)
(2) 영수는 키가 아주 크다. (내 사촌)
(3) 철수의 아버지는 항상 바쁘다. (유명한 의사)

3. <보기>와 같이 '...을/를 ...(으)로 삼다'를 사용하여 문장을 완성하세요.

<보기> 조선 왕조 / 유교 / 국가의 기본 이념
=> 조선 왕조는 유교를 국가의 기본 이념으로 삼았다.

(1) 아버지 / 골프 / 취미
(2) 이모 / 친구의 딸 / 며느리
(3) 김 선생님 / 철수 / 양자

Grammar Drill

1. <보기>와 같이 동사의 형태를 바꾸어 보세요.

<보기> 알다 => 아는 지

(1) 놀다
(2) 열다
(3) 줄다
(4) 불다
(5) 빨다

2. <보기>와 같이 동사의 형태를 바꾸세요.

<보기> 아름답다 => 아름다움

(1) 즐겁다
(2) 귀엽다
(3) 어렵다
(4) 지겹다
(5) 쉽다

연 습 문 제 (Exercises)

1. Answer the following questions.

(1) 삼국 시대에 속하는 나라 이름을 말해 보세요.
(2) 팔만 대장경은 언제 만들어졌습니까?
(3) 조선 시대에 발달한 서민 문화의 예를 들어 보세요.
(4) 한국이 일본의 지배에서 벗어나 해방된 때는 언제입니까?
(5) 현재 한국이 해결해야 할 과제는 무엇입니까?

2. Translate the following sentences using the pattern given in the parentheses.

(1) That's the book you're looking for. (바로)
(2) That is the very car that I dreamed about. (바로)
(3) Susan, one of my favorite friends, is going to marry in May. (...인)
(4) Everyone loves roses, the national flower of France. (...인)
(5) I set happiness as my lifetime goal. (...을/를 ...(으)로 삼다)
(6) He took Sunny as his stepson. (...을/를 ...(으)로 삼다)
(7) As a result of her diet, she lost ten pounds during spring break. (...의 결과로)
(8) As a result of his laziness, he could not pass the exam. (...의 결과로)

3. Complete each dialogue with your own ideas.

(1) 삼국 시대에 대표적인 종교는 무엇이었어요?
불교였어요.
여러분 나라의 대표적인 종교는 무엇이에요?
____

(2) 한국에서는 1950년에 무슨 전쟁이 있었어요?
6.25 전쟁이 있었어요.
여러분의 나라에서는 언제, 무슨 전쟁이 있었어요?
____

(3) 현재 한국이 해결해야 할 과제는 무엇이에요?
남북을 평화적으로 통일하는 것이에요.
현재 여러분의 나라가 해결해야 할 문제는 무엇이에요?
____

4. 다음과 같이 여러분 나라의 역사에서 중요했던 사건 하나를 말해 보세요.

저는 한국 역사에서 가장 중요했던 사건으로 한국 전쟁을 들 수 있다고 생각합니다. 한국 전쟁은 한국 역사에서 가장 비극적인 사건 중의 하나입니다. 지금도 그 결과로 한국은 남과 북으로 분단되어 있습니다.

5. Create a dialogue between A and B based on the following situation.

I. Situation

A is supposed to go to Seoul, Korea to study the Korean language this summer.
B is a Korean professor who teaches Korean language at the college that A attends.

II. Role Play

After greeting each other, A introduces himself/herself to B and asks B to give him/her general information about Korean history and culture. A wants to have at least a little knowledge about Korea in advance. A is specifically interested in the origin of the country, the major dynasties, the major religions, cultural characteristics, and even the present situation of Korea.

B briefly answers A's questions in order.

6. 본문에는 한국의 역사가 시대순으로 그 특징들과 함께 소개되어 있습니다. 여러분 나라의 역사를 시대순으로 간단히 적어 보세요.

한자 연습 (Chinese characters)

한자	음	뜻	쓰는 순서
東	동	동쪽 east	東 東 東 東 東 東 東 東
西	서	서쪽 west	西 西 西 西 西 西
南	남	남쪽 south	南 南 南 南 南 南 南 南 南
北	북	북쪽 north	北 北 北 北 北
本	본	기초; 근본 foundation	本 本 本 本 本
末	말	끝 an end	末 末 末 末 末
未	미	아니다 not	未 未 未 未 未
牛	우	소 a cow	牛 牛 牛 牛
馬	마	말 a horse	馬 馬 馬 馬 馬 馬 馬 馬 馬 馬
羊	양	양 sheep	羊 羊 羊 羊 羊 羊
交	교	사귀다 to get associated	交 交 交 交 交 交

1. 다음 한자의 뜻과 음을 쓰세요.

	뜻	음
(1) 羊	________	________
(2) 牛	________	________
(3) 南	________	________
(4) 馬	________	________
(5) 交	________	________

2. 다음 밑줄 친 부분에 공통으로 사용되는 한자를 쓰세요.

(1) 동해 (East Sea), 동아시아 (East Asia), 동부 (the east coast)
(2) 주말 (weekends), 말기 (the late stages), 학기말 (the end of school term)
(3) 근본 (the root), 본성 (original nature), 본래 (original)
(4) 사교적 (sociable), 교통 (transportation), 교제 (social intercourse)
(5) 미완성 (incompleteness), 미숙 (immaturity), 미성년 (under age)

3. 다음 밑줄 친 부분을 한자로 쓰세요.

(1) 한국 사람은 모두 남북 통일(unification)을 바라고 있다.
(2) 해는 동쪽에서 떠서 서쪽으로 진다.
(3) 이번 연말에는 꼭 여행(travel)을 갈 것이다.
(4) 양들이 한가롭게(leisurely) 풀(grass)을 뜯고 있다.
(5) 인터뷰(interview)를 할 때는 본인이 직접 오세요.

낱 말 (Glossary)

[본문]

한반도	Korean peninsula
세워지다	to be established
시작	a beginning
통일하다	unify
불교	Buddhism
발전하다	to develop
영향	influence
미치다	to leave; bequeath
활발한	lively; vigorous
무역	trade
활동	activity
상인	a merchant, trader
출입	going and coming
인쇄술	the art of printing; typography
불경	Buddhist classics

또한	also
금속	metal
활자	movable type; printing type
발명하다	to invent
귀족	nobility
독창성	creativity
기본	basic
이념	ideology
삼다	to adopt
충	loyalty
효	filial piety
예절	manners; etiquette
행동	behavior
바탕	ground
문자	letters
후기	latter period
문학	literature
작품	a work; production
판소리	the song of a drama recited by the Gwangdae performer
탈춤	a mask dance
서민	commoners
침략	invasion
무너지다	to collapse; fall down
지배	rule
냉전	cold war
남한	South Korea
북한	North Korea
분단되다	to be divided
겪다	to undergo; experience
평화적	peaceful
동유럽	Eastern Europe
붕괴	collapse; fall down
가능성	a possibility

[대화]

거의	almost

[낱말의 쓰임]

명랑하다	to be cheerful
자동차 산업	the auto industry

고통	pain; suffering
세대	a generation

[문형 연습]

상징	symbol
비둘기	a dove; pigeon
순하다	to be docile; gentle
사위	son-in-law
훈련	discipline; training
우승	the victory

[Drills]

소포	a parcel
설탕	sugar
소금	salt
며느리	daughter-in-law
양자	an adopted son
지겹다	to be tedious; tiresome

[연습 문제]

비극적	tragic

제 23 과 신 사임당

신 사임당은 어린 아들 율곡의 손을 잡고 대관령 위에 서 있었다. 멀리 구름 사이로 고향인 강릉이 보였다. '이제 떠나면 언제나 다시 돌아올까? 어머니께서는 그 때까지 살아 계실까?' 사임당은 어머니의 곁을 떠나게 되어 마음이 아팠다. 사임당은 그 동안 시댁과 친정 사이를 왔다 갔다 하며 어머니를 모셨다. 그러나 지금은 서울의 시어머니가 늙으셔서 시댁의 살림을 맡으러 떠나는 길이었다. 사임당은 서울에 있으면서도 강릉에 계신 홀어머니를 걱정하며 눈물을 흘릴 때가 많았다.

사임당은 글을 잘 썼고 또한 그림도 잘 그렸다. 사임당이 쓴 뛰어난 글씨와 포도, 풀벌레 등을 그린 섬세한 그림들은 율곡이 태어난 강릉의 오죽헌에 남아 있다.

사임당은 글씨와 그림에 뛰어났을 뿐 아니라 학식이 깊고 현명하였다. 그래서 남편에게도 많은 도움을 주었다. 사임당의 남편은 당시 정승인 이 기라는 사람을 자주 만났다. 이 기는 친척이기도 했지만 좀 더 높은 벼슬 자리를 구하려는 생각도 있었다. 사임당은 그런 남편에게 말했다. "그 집에는 출입하지 마세요. 그 분은 훌륭한 학자들을 많이 해치지 않았어요? 어진 사람을 해치면 권세가 오래 가지 못합니다. 오르막이 있으면 반드시 내리막이 있는 법입니다." 남편은 부인의 말에 따랐다. 그 후 학자들을 많이 죽인 이 기는 결국 자기도 죽임을 당했다. 이것을 본 사임당의 남편은 아내의 말이 맞았음을 깨달았다.

사임당은 또한 자녀들에게 좋은 어머니였다. 자녀들이 곧은 마음을 갖고 바른 행동을 하도록 가르쳤다. 그리고 항상 자신이 자녀들의 본보기가 되었다. 이와 같이 신 사임당은 훌륭한 어머니였고 현명한 아내였으며 효성이 깊은 딸이었다. 사임당은 또한 훌륭한 글씨와 그림으로도 이름이 높았으니 한국이 자랑할 만한 여성임에 틀림 없다.

대 화 (Dialogues)

(I) 신 사임당과 율곡

지은: 오늘 학교에서 신 사임당에 관한 이야기를 배웠어요.

존: 신 사임당이 누구에요?

지은: 신 사임당은 율곡의 어머니로 글씨와 그림에 뛰어났던 분이에요.

존: 율곡은 누구지요?

지은: 율곡은 조선 시대 유명한 학자이자 정치가였어요.

존: 그러니까 훌륭한 어머니 밑에 훌륭한 아들이 있었군요.

(II) 오르막 / 내리막

현우: 야, 저 가수 노래 굉장히 잘 하는구나.

혜진: 그렇지? 나도 저 가수 때문에 이 카페에 자주 와.

현우: 그런데 전에 본 듯한 얼굴이야.

혜진: 옛날에는 굉장히 유명한 가수였대. 그런데 요즘은 이런 조그만 카페에서 일하나 봐.

현우: 정말 안 됐구나.

혜진: 오르막이 있으면 내리막이 있다는 말이 맞는 것 같아.

(III) 포도와 풀벌레

우재: 수미야, 너 뭐 하고 있어?
수미: 어, 보지 말고 저리 가.
우재: 그러지 말고 좀 보자. 이게 뭐지? 포도하고 풀벌레를 그렸네?
수미: 응, 실은 신 사임당의 그림이 너무 예뻐서 나도 한 번 그려본 거야.
우재: 아주 잘 그렸는데! 네가 이렇게 그림을 잘 그리는 줄 몰랐어.

낱말의 쓰임 (Vocabulary Usage)

1. 시댁: the family of one's husband

나는 어제 시댁에 다녀왔다.
내일 시댁 어른들이 우리 집에 오신다.

2. 모시다: to wait upon; to serve

최근에는 부모님을 모시고 사는 사람들이 많지 않다.
여러분들을 이 자리에 모시게 되어 매우 기쁩니다.

3. 살림: a household

어머니는 집안 살림을 하시느라 늘 바쁘시다.
돈을 버는 것보다 살림을 잘 하는 것이 더 중요하다.

4. 맡다: to undertake

그는 여러 가지 일을 맡고 있어서 늘 바쁘다.
내가 그 아기를 맡아서 돌보기로 했다.

5. 섬세하다: to be delicate; subtle

수미의 성격은 무척 섬세하다.
이것은 무척 섬세하게 그려진 그림이다.

6. 현명하다: to be wise

나의 어머니는 무척 현명하신 분이었다.
그 곳에 가지 않은 것은 현명한 일이었다.

7. 출입하다: to go and come

요즘 그런 곳을 출입하는 사람은 거의 없다.
여기는 출입하는 사람들로 항상 붐빈다.

8. 권세: power; authority

그는 권세있는 집안에서 태어났다.
권세를 가진 사람은 다른 사람들을 무시하기 쉽다.

9. 오르막/내리막: an ascent/a descent

내 차는 오르막을 잘 못 올라간다.
나는 내리막에서 자전거를 멈출 수가 없었다.

10. 깨닫다: to realize

나는 이번에 건강의 중요성을 깨달았다.
선생님의 말씀을 듣고 잘못을 깨달은 학생이 많다.

11. 강조하다: to emphasize

나는 밑줄을 그어 그 부분을 강조했다.
선생님은 우리에게 늘 정직을 강조하셨다.

12. 본보기: an example; pattern

그는 우리에게 좋은 본보기가 된다.
에디슨(Edison)은 훌륭한 과학자의 본보기라고 할 수 있다.

문형 연습 (Patterns)

1. ...었/ㅆ 다 ...었/ㅆ 다 하다: to keep doing or being A and B

The pattern ...었/ㅆ 다 ...었/ㅆ 다 하다 is used to show when two related but opposite actions are repeated in succession or when two states alternate. Whether the main verb 하다 occurs with the future or the past tense, the past tense 었/ㅆ is retained in the pattern, to denote only the aspectual meaning of completion. The verbal stem forms occur with this pattern. The English equivalent of the pattern ...었/ㅆ 다 ... 었/ㅆ 다 하다 is 'to keep doing or being A and B'.

(1) 사임당은 시댁과 친정 사이를 왔다 갔다 하며 어머니를 모셨다.
Saimdang served both her mother-in-law and her own mother by commuting between them.
(2) 날씨가 맑았다 흐렸다 한다.
(3) 그는 창문을 열었다 닫았다 하고 있었다.
(4) 팔을 굽혔다 폈다 해 보아라.
(5) 성적이 좋았다 나빴다 한다.

2. ...를 당하다: to experience; encounter

The verb 당하다 means 'to experience', 'to encounter', or 'to be faced (or confronted) with'. The content of the object which occurs with the verb 당하다 usually denotes an undesirable, unfavorable, or harmful incident or event. Many expressions which are denoted by the pattern ...를 당하다 are expressed by the pasive form in English.

(1) 이기는 선비를 많이 죽이고 자기도 죽임를 당했다.
Yi Ki killed many good people and he himself met with an untimely death.
(2) 지난 주 그는 교통 사고를 당했다.
(3) 인수는 길 거리에서 강도를 당했다.
(4) 그 선수는 경기 중 잦은 반칙으로 퇴장을 당했다.
(5) 영미는 걷다가 넘어져서 창피를 당했다.

3. ...(으)니: since...

The pattern ...(으)니 is used as a conjunctive, usually meaning 'because' or 'since'. However, it is often used in the written style to allow the writing to flow from one clause to another without displaying any causal relation between the two clauses. The English equivalent of the pattern ...(으)니 in the latter sense would be the use of the various punctuation markers, such as the hyphen - or the semicolon ;. In many cases, however, the sentence containing the conjunctive ...(으)니 can be interpreted as denoting either meaning.

(1) 사임당은 예술가로서 이름이 높았으니 한국의 자랑할 여성의 본보기였다.
Saimdang was known as a famous artist—she is an example of a woman whom Koreans can be proud of.
(2) 세종대왕이 새 글자를 만들게 했으니 이 글이 한글이다.
(3) 율곡은 유명한 학자였으니 그에게 공부를 배우러 오는 사람이 많았다.
(4) 아시아의 동쪽 끝에 반도로 된 나라가 있으니 이 나라가 곧 한국이다.
(5) 한국에는 옛날부터 전해 오는 전설이 많았으니 이 전설들 중 가장 유명한 것이 단군 신화다.

Substitution Drill

* 주어진 문형과 표현을 이용하여 <보기>에서와 같이 문장을 완성하세요.

1. ...때까지

<보기> 어머니께서는 (내가 다시 돌아오다) 살아 계실까?
=> 어머니께서는 내가 다시 돌아올 때까지 살아 계실까?

(1) 나는 (어머니가 오시다) 낮잠을 잤다.
(2) (수업이 끝나다) 여기서 기다릴게.
(3) 철수는 (스무 살이 되다) L.A.에서 살았다.

2. ...었/ㅆ 다 ...었/ㅆ 다 하다

<보기> 사임당은 시댁과 친정 사이를 (오다/가다) 하며 어머니를 모셨다.
=> 사임당은 시댁과 친정 사이를 왔다 갔다 하며 어머니를 모셨다.

(1) 영수는 (앉다/서다) 하며 누군가를 기다리고 있었다.
(2) 네가 이 우산을 자꾸 (접다/펴다) 해서 망가졌어.
(3) TV를 자꾸 (끄다/켜다) 하지 말아라.

3. ...를 당하다

<보기> 이기는 결국 자기도 (죽임)
=> 이기는 결국 자기도 죽임을 당했다.

(1) 철수는 달리기를 못한다고 친구에게 (놀림)
(2) 사람이 많은 백화점에서 수미는 (소매치기)
(3) 부탁을 했다가 (거절)

Grammar Drill

1. <보기>와 같이 고치고 그 뜻을 말해 보세요.

<보기> 살림 => 살림을 맡다

(1) 책임
(2) 임무
(3) 자리
(4) 일
(5) 구역

연 습 문 제 (Exercises)

1. Answer the following questions.

(1) 신 사임당은 대관령 위에 서서 무엇을 걱정했어요?
(2) 신 사임당은 왜 서울로 가고 있었어요?
(3) 신 사임당이 쓴 글씨는 어디에 남아 있어요?
(4) 신 사임당은 왜 남편에게 이기를 만나지 말라고 말했어요?
(5) 신 사임당은 자녀들을 어떻게 가르쳤어요?

2. Translate the following sentences using the pattern given in the parentheses.

(1) Many people come and go in order to sightsee that famous street. (...었/ㅆ 다 ...었/ㅆ 다 하다)
(2) I repeatedly awoke and fell asleep because of a bad dream. (...었/ㅆ 다 ...었/ㅆ 다 하다)
(3) He was suspended from school because of his misconduct. (당하다)
(4) Youngmi was humiliated(창피) before her friends. (당하다)
(5) There are many different races(민족) in China; these races form the people of China. (...(으)니)
(6) After the Late Three Kingdoms, a new state was established; that was Koryo. (...(으)니)

3. Complete each dialogue with your own ideas.

(1) '고향'이란 말이 무슨 뜻이에요?
자기가 태어나서 자란 곳이라는 뜻이에요.
여러분의 고향은 어디예요?
____

(2) 한국이 자랑할 만한 여성은 누구예요?
신 사임당이에요.
여러분 나라에서는 자랑할 만한 여성이 누구예요?
____

(3) 신 사임당은 무엇에 뛰어났어요?
글씨와 그림에 뛰어났어요.
여러분은 무엇을 잘 해요?

____

4. 다음을 읽고, 여러분이 장래에 꼭 해 보고 싶은 일들과 그 이유를 말해 보세요.

저는 장래에 신 사임당과 같이 그림을 잘 그리는 화가가 되고 싶어요. 그래서 많은 사람들에게 알려지는 작품을 남기고 싶어요. 동시에 신 사임당과 같이 훌륭한 어머니도 되고 싶어요. 훌륭한 어머니가 되는 게 아주 중요하다고 생각하기 때문이에요.

5. Create a dialogue between A and B based on the following situation.

I. Situation

A is a mother who wants to be strict to her children.
B is a mother who wants to be mostly generous to her children.

II. Role Play

A insists that mothers should be strict in the upbringing of their children because children should be disciplined while they are young in spite of the criticism against those who are strict to their children. She believes that there are lots of benefits from discipline. For example, she does not allow the kids to watch TV except on Sundays; she wants to control their time schedule; she is even thinking about curfew for her teenaged children.

B opposes A's view because she believes that too much restriction could be harmful for the total growth of her children. She wants to give her children a lot of choices as well as a creative atmosphere after school. For example, she allows them to watch TV at least two hours after school. She insists that kids cannot grow up under too much parental pressure and stress. According to her, showing good behavior is very educational.

6. 신 사임당은 한국이 자랑하는 여성들 중의 한 사람입니다. 여러분이 가장 존경하는 여성이 누구인지, 그 이유와 함께 적어 보세요.

한 자 연 습 (Chinese characters)

한자	음	뜻	쓰는 순서
市	시	도시 a city	市 市 市 市 市
國	국	나라 a country	國 國 國 國 國 國 國 國 國 國 國
民	민	백성; 국민 people; nation	民 民 民 民 民
平	평	평평하다 even	平 平 平 平 平
和	화	화합하다 to harmonize	和 和 和 和 和 和 和 和
休	휴	쉬다 to rest	休 休 休 休 休 休
世	세	세상 the world	世 世 世 世 世
道	도	길; 지방 way; province	道 道 道 道 道 道 道 道 道 道 道 道
間	간	사이 an interval	間 間 間 間 間 間 間 間 間 間 間 間
軍	군	군대 the army; troops	軍 軍 軍 軍 軍 軍 軍 軍 軍
的	적	목표 a goal; target	的 的 的 的 的 的 的 的

1. 다음 한자의 뜻과 음을 쓰세요.

	뜻	음
(1) 世	________	________
(2) 平	________	________
(3) 國	________	________
(4) 的	________	________
(5) 軍	________	________

2. 다음 밑줄 친 부분에 공통으로 사용되는 한자를 쓰세요.

(1) 전라남도, 도로 (road), 효도 (filial piety)
(2) 인간 (human being), 간격 (interval), 주간 (weekly)
(3) 한국어 (Korean language), 미국 (United States), 국기 (national flag)
(4) 휴가 (vacation), 연휴 (holidays), 휴식 (rest)
(5) 화해 (reconciliation), 화목 (concord), 조화 (harmony)

3. 다음 밑줄 친 부분을 한자로 쓰세요.

(1) 이 문제는 평화적으로(peacefully) 해결(solve)하자.
(2) 휴일(holiday)에 보통 뭐 하세요?
(3) 거울(mirror)아, 거울아, 이 세상에서 누가 제일 예쁘니?
(4) 나는 서울 시민(citizen; resident)입니다.
(5) 어제 세 시간 공부했어요.

낱 말 (Glossary)

[본문]

대관령	the name of an uphill pass in Kangwon province, Korea
곁	side
...때까지	until; till
친정	the house of wife's parents
시댁	the house of husband's parents
...었/ㅆ 다 ...었/ㅆ 다 하다	to keep doing or being A and B
시어머니	mother-in-law (husband's mother)
살림	living; household; housekeeping
홀어머니	a widowed mother
오죽헌	the Yulgok's old residence
풀벌레	insects
섬세하다	to be delicate
학식	learning; knowledge
현명하다	to be wise
당시	at that time

친척	a relative
구하다	to seek; search for
출입하다	to frequent; go in and out
해치다	to harm; hurt; damage
권세	power; authority
오르막	rising up; going up; ascending
내리막	going down; descending
...을/를 당하다	to experience; encounter
이름이 높다	to be famous
...(으)니	since...
본보기	a model; example

[낱말의 쓰임]

붐비다	to be crowded
무시하다	to ignore
멈추다	to stop
정직	honesty

[문형 연습]

굽히다	to bend
잦은	frequent
반칙	foul play
퇴장	getting kicked out of court
창피를 당하다	to be embarrassed; be humiliated
반도	a peninsula
전설	a legend

[Drills]

망가지다	to be broken
놀림	teasing, bantering
소매치기	a pickpocket
거절	refusal
책임	a responsibility
임무	a duty
구역	a division

[연습 문제]

뛰어나다	to be outstanding; excel

제 24 과 춘원 이광수

러시아의 톨스토이, 영국의 세익스피어 등은 각각 그 나라의 문학을 대표하는 작가들로 여겨지고 있다. 그렇다면 한국 문학을 대표하는 작가는 누구인가? 만약 이러한 질문에 많은 한국 사람들은 한국 문학의 대표 작가로 춘원 이광수를 들 것이다.

이광수는 1892년 평안도 정주에서 태어났다. 그는 어려서부터 매우 총명했으나 11살 때 부모를 잃고 고아가 되어 불행한 어린 시절을 보냈다. 이광수는 1905년에 유학생으로 선발되어 일본에서 공부했다. 1910년 한국이 일본에게 나라를 빼앗기게 되자 이광수는 귀국하여 잠시 교사와 작가로 활동했다. 이광수는 1915년에 다시 일본에 건너가 대학에 다니면서 여러 가지 문학 활동을 했다.

이광수는 대학을 중퇴한 뒤 중국 상해로 건너가 독립 운동을 했다. 그 후 귀국해서 신문사 등에서 일하며 작가로서의 활동을 계속하였다. 그러나 이광수는 1937년 독립 운동과 관련된 사건 때문에 감옥에 갇혔다가 6개월 만에 병으로 풀려났다.

그 후 이광수는 일본인들의 강요로 일본 정부에 잠시 협조하기도 했는데 이 때문에 독립 후 다시 감옥에 갇힌 일도 있었다. 이광수는 1950년 한국 전쟁 때 북한의 군인들에게 붙잡혀 북한으로 끌려간 후 그 해에 사망한 것으로 전해지고 있다.

이광수는 한국의 근대 문학을 출발시킨 작가로 평가받고 있다. 그는 한국 최초의 근대적 단편 소설과 장편 소설을 썼으며 그 외에도 많은 글들을 남겼다. 특히 그가 쓴 한국 최초의 장편 소설인 '무정'은 그의 대표작으로서 한국 문학사에 커다란 영향을 끼쳤다.

이광수는 매우 힘든 생애를 살았지만 뛰어난 문학 작품을 많이 남겼다. 그가 남긴 소설들은 한국 현대 문학사에 중요한 자리를 차지하고 있다.

대 화 (Dialogues)

(I) '무정'
철수: 영희야, 지금 뭘 읽고 있니?
영희: '무정'을 읽고 있어.
철수: '무정'이 뭐야?
영희: 춘원 이광수가 쓴 소설인데 한국 최초의 장편 소설이야.
철수: 그럼 나도 한 번 읽어 봤으면 좋겠다.
영희: 그래? 내가 읽고 난 후에 빌려 줄게.

(II) '전쟁과 평화'
영희: 너 내일 뭐 하니?
민수: 글쎄. 특별히 할 일은 없어.
영희: 그럼 우리 영화 보러 갈까?
민수: 좋지! 그런데 무슨 영화를 볼까?
영희: '전쟁과 평화'를 보는 게 어때?
민수: 톨스토이의 소설을 영화로 만든 것 말이지? 재밌겠다.

(III) '뭐가 되고 싶니?'

민수: 영미야, 넌 앞으로 뭐가 되고 싶니?

영미: 난 선생님이 되고 싶어. 학생을 가르치는 것이 재미 있거든. 그런데 넌 뭐가 되고 싶니?

민수: 난 작가가 되고 싶어.

영미: 그래. 넌 평소에 책도 많이 읽고 글도 잘 쓰니까 아주 훌륭한 작가가 될 수 있을 거야.

낱말의 쓰임 (Vocabulary Usage)

1. 총명하다: to be clever; be intelligent

   철수는 어려서부터 매우 총명하였다.

   영희는 총명한 아이이다.

2. 시절: the time(s); certain period of one's life

   나는 소년 시절에 과학자가 되고 싶었다.

   철수는 미국에서 어린 시절을 보냈다.

3. 선발되다: to be chosen; be selected

   영미는 97년 미스 코리아로 선발되었다.

   50명 중에서 다섯 명이 학생 대표로 선발되었다.

4. 건너가다: to go across; come or sail across

   철수는 공부하기 위해 미국으로 건너 갔다.

   길을 건너 갈 때 차를 조심해라.

5. 귀국하다: to return to one's own country

   철수는 미국에서 어제 귀국했다.

   나는 오늘 귀국하는 친구를 만나러 공항에 나간다.

6. 활동하다: to work as ...; participate in ... (as ...)
미국에서 활동하는 한국인 작가가 있습니까?
그 작가는 나이가 많지만 아직도 활동하고 있다.

7. 중퇴하다: to drop out of school; leave school halfway
대학을 중퇴하고 나는 장사를 시작했다.
철수는 공부하기 싫어서 학교를 중퇴했다.

8. 독립: independence
많은 사람들이 한국의 독립을 위해 노력했다.
누구나 경제적인 독립을 원한다.

9. 갇히다: to be confined; be imprisoned
강도가 경찰에 잡혀 감옥에 갇혔다.
일주일 동안 비가 와서 나는 집안에 갇혀 있었다.

10. 풀려나다: to be released; get free
그 사람이 언제 감옥에서 풀려날 것 같습니까?
그 남자는 1년 만에 감옥에서 풀려났다.

11. 강요: coercion; extortion
영희는 부모님의 강요로 피아노를 배웠다.
철수는 친구들의 강요 때문에 할 수 없이 술을 마셨다.

12. 협조하다: to cooperate
협조해 주셔서 고맙습니다.
이번 일에 협조해 주시기 바랍니다.

13. 출발시키다: to launch; give ... a start
시간이 되었으니 버스를 출발시켜라.
노인과 어린이를 먼저 출발시켜야 한다.

14. 평가받다: to be recognized; be evaluated as

그 작가는 한국을 대표하는 작가로 평가 받고 있다.
이 그림은 한국에서 가장 오래된 그림으로 평가 받고 있다.

15. 생애: life(time)

어렵고 힘든 생애를 보냈지만 그는 위대한 작가로 평가 받고 있다.
그 작가는 가난한 생애를 살았지만 훌륭한 작품을 많이 남겼다.

문 형 연 습 (Patterns)

1. 그렇다면: if that is the case; if so; then

The pattern 그렇다면 functions as a sentence initial conjunctive indicating the conditional. The pattern consists of 그렇다, which is the contracted form of 그러하다 'that is so', and the conditional marker 면 'if'. The expression 그렇다 refers to the content of the preceding sentence. The pattern 그렇다면 means 'if that is the case', 'if so', or 'then'.

(1) 세익스피어는 영국 문학을 대표하는 작가로 여겨지고 있다. 그렇다면 한국 문학을 대표하는 작가는 누구인가?
Shakespeare is regarded as a representative writer of English literature. Then, who can be the representative writer of Korean literature?
(2) 이광수는 14세 때 일본으로 건너갔다. 그렇다면 그 이유는 무엇인가?
(3) 우리 가족 모두 이사하고 싶어 한다. 그렇다면 한 번 생각해 보자.
(4) 오늘도 철수가 결석했다. 그렇다면 철수가 아픈 것이 분명하다.
(5) 수미는 반에서 키가 가장 크다. 그렇다면 가장 작은 사람은 누구인가?

2. ...와/과 관련된: which is/are related to/with ...; related to/with ...

The pattern consisting of the conjunctive particle 와/과 'and' and the adnominal verb form 관련된 'which is related' is used to express that something is related to something else. The pattern ...와/과 관련된 means 'which is (or are) related to (or with)' or 'related to (or with)'.

(1) 이광수는 1937년 독립 운동과 관련된 사건 때문에 감옥에 갇혔다.
Lee Kwangsoo was imprisoned because of his scandal related to the 1937 Independence Movement.
(2) 김 교수님은 한국 역사에 관련된 책을 많이 쓰셨다.
(3) 영수는 한국과 관련된 이야기라면 무엇이든 좋아한다.
(4) 나는 어제 한국 전쟁과 관련된 영화를 하나 보았다.
(5) 나는 내 전공과 관련된 일을 하고 싶다.

3. ...만에: in ...; within ...; after ...; on ...

The noun 만 in the pattern indicates the passage of time, when the pattern is used with time expressions. The pattern ...만에 means 'in', 'within', or 'after a period of (time)'.

(1) 이광수는 감옥에 갇혔다가 6개월 만에 병으로 풀려났다.
Lee Kwangsoo was released due to his illness after being imprisoned for six months.
(2) 철수는 5년 만에 한국으로 돌아 갔다.
(3) 그는 대학을 8년 만에 졸업했다.
(4) 영수는 미자를 10년 만에 다시 만났다.
(5) 민기는 하루 만에 그 책을 다 읽었다.

4. ...것으로 전해지다: it is said that ...; it is reported that ...

The pattern consists of the sentential nominalizer 것 'that', the instrumental particle 으로 'with/as', and the verb form 전해지다 'to be said' or 'to be reported'. The pattern means 'it is reported that ...' or 'it is said that ...'.

(1) 이광수는 한국 전쟁 때 북한으로 끌려간 후 그 해에 사망한 것으로 전해지고 있다.
It is reported that Lee Kwangsoo died the year after being taken to North Korea during the Korean War.
(2) 그 절은 옛날에 불에 타서 없어진 것으로 전해지고 있다.
(3) 소크라테스는 키가 아주 작았던 것으로 전해지고 있다.
(4) 단군이 약 오 천 년 전 한국을 세웠던 것으로 전해지고 있다.
(5) 세종대왕에게는 많은 자식들이 있었던 것으로 전해지고 있다.

Substitution Drill

1. <보기>와 같이 '...와/과 관련된'의 표현을 이용하여 문장을 고쳐 쓰세요.

<보기> 이광수는 (독립 운동) 사건 때문에 감옥에 갇혔다.
=> 이광수는 독립 운동과 관련된 사건 때문에 감옥에 갇혔다.

(1) 영수는 (자동차) 사업을 하고 싶어 한다.
(2) 철수는 (동물) 이야기를 좋아한다.
(3) 미미는 (컴퓨터) 일을 찾고 있다.

2. <보기>와 같이 '...만에'를 이용하여 문장을 고쳐 쓰세요.

<보기> 이광수는 감옥에 갇혔다가 (6개월) 병으로 풀려났다.
=> 이광수는 감옥에 갇혔다가 6개월 만에 병으로 풀려났다.

(1) 일을 시작한 지 (1년) 그만 두었다.
(2) 철수는 (30분) 집에 도착했다.
(3) 우리는 (한 달) 또 이사를 하게 되었다.

3. <보기>처럼 '...ㄴ 것으로 전해지고 있다'를 이용하여 문장을 고쳐 쓰세요.

<보기> 이광수는 한국 전쟁 때 북한으로 끌려간 후 그 해에 (사망했다).
=> 이광수는 한국 전쟁 때 북한으로 끌려간 후 그 해에 사망한 것으로 전해지고 있다.

(1) 이광수는 일본에 여러 해 동안 (머물렀다).
(2) 철수는 한국을 (떠났다).
(3) 그들은 배를 타고 한 달만에 그 곳에 (도착했다).

Grammar Drill

1. <보기>와 같이 바꾸고 뜻을 말하세요.

<보기> 건너다 => 건너 가다

(1) 따르다
(2) 찾다
(3) 잡다
(4) 넘다
(5) 모시다

2. <보기>를 참고하여 주어진 표현이 무슨 뜻인지 말하세요.

<보기> 소설가 => 소설을 쓰는 사람

(1) 작가
(2) 미술가 (화가)
(3) 음악가
(4) 예술가
(5) 점성가

연습 문제 (Exercises)

1. Answer the following questions.

    (1) 이광수가 불행한 어린 시절을 보낸 이유는 무엇입니까?
    (2) 이광수는 대학을 중퇴하고 상해에 가 무엇을 했습니까?
    (3) 왜 이광수는 한국이 독립된 후 감옥에 갇혔나요?
    (4) 이광수가 쓴 '무정'이라는 소설은 어떤 특징이 있습니까?
    (5) 이광수는 언제, 어떻게 사망했나요?

2. Translate the following sentences using the pattern given in the parentheses.

    (1) You said you're done with your homework? Alright, then you can go out and play. (그렇다면)
    (2) You mean you're not going to the party tonight? Then, what are you going to do? (그렇다면)
    (3) John has a job related to computers. (...와/과 관련된)
    (4) Do you have any questions related to this problem? (...와/과 관련된)
    (5) Susan finished her homework in just ten minutes. (...만에)
    (6) John came back in two days. (...만에)
    (7) It is said that nobody lives on that island anymore. (...ㄴ 것으로 전해지다)
    (8) It is reported that John died of cancer. (...ㄴ 것으로 전해지다)

3. Complete each dialogue with your own ideas.

    (1) 춘원 이광수가 누구예요?
    한국의 대표적 작가 중 한 사람이에요.
    여러분 나라의 대표적 작가로는 누구를 들 수 있어요?

    ____

    (2) 이광수는 대학을 그만 두고 무엇을 했어요?
    중국에 건너가 독립 운동을 했어요.
    여러분은 대학을 졸업하면 무엇을 하겠어요?

    ____

(3) 이광수는 대학에 다니면서 어떤 활동을 했어요?
여러 가지 문학 활동을 했어요.
여러분은 대학에 다니면서 어떤 활동을 하고 있어요?

____

4. 다음과 같이 여러분이 가장 좋아하는 작가와 작품이 무엇인지, 그 이유는 무엇인지 말해 보세요.

저는 한국의 작가 중에서 이광수를 제일 좋아합니다. 이광수는 한국에서 장편 소설을 최초로 시작한 작가입니다. 그 중에서도 특히 '무정'은 그가 살던 시대에 필요한 인물들을 잘 표현한 뛰어난 작품으로 아주 재미 있습니다.

5. Create a dialogue between A and B based on the following situation.

I. Situation

A is a Korean-American who is interested in modern Korean literature.
B is a student who majored in Korean literature.

II. Role Play

A wants to know one of the representative writers of modern Korean literature. After A learns from B that 이광수 is one of them, A starts to ask about his life, his major works, and his achievements.

B introduces 이광수 to A: Even though 이광수 had an unhappy life in his early age, he became a successful writer and he fought for the independence of Korea; his major works are '무정', '유정', and '흙'; his major thoughts and ideas were based on humanism and national enlightenment.

6. 여러분이 재미 있게 읽었던 소설들이 있을 것입니다. 그 중 하나를 선택해서 그 소설의 주제와 내용을 짧게 요약해 보세요.

한자 연습 (Chinese characters)

한자	음	뜻	쓰는 순서
海	해	바다 the sea	海 海 海 海 海 海 海 海 海 海
地	지	땅 earth	地 地 地 地 地 地
春	춘	봄 spring	春 春 春 春 春 春 春 春 春
夏	하	여름 summer	夏 夏 夏 夏 夏 夏 夏 夏 夏 夏
秋	추	가을 fall	秋 秋 秋 秋 秋 秋 秋 秋 秋
冬	동	겨울 winter	冬 冬 冬 冬 冬
光	광	빛 light	光 光 光 光 光 光
美	미	아름답다 beautiful	美 美 美 美 美 美 美 美 美
花	화	꽃 flower	花 花 花 花 花 花 花 花
雨	우	비 rain	雨 雨 雨 雨 雨 雨 雨 雨
風	풍	바람 wind	風 風 風 風 風 風 風 風 風
氣	기	기운 air	氣 氣 氣 氣 氣 氣 氣 氣 氣 氣

1. 다음 한자들의 뜻과 음을 쓰세요.

	뜻	음
(1) 光	________	________
(2) 春	________	________
(3) 風	________	________
(4) 地	________	________
(5) 夏	________	________

2. 다음 낱말들의 밑줄 친 부분에 공통으로 해당하는 한자를 쓰세요.

(1) 우산 (an umbrella), 폭우 (a heavy rain), 강우량 (precipitation)
(2) 추석 (Korean Thanksgiving), 추수 (harvest), 추계 (fall)
(3) 기분 (feeling), 기온 (temperature), 열기 (heat)
(4) 미남 (a handsome man), 미녀 (a beautiful girl), 육체미 (physical beauty)
(5) 광선 (a beam of light), 영광 (an honor), 관광 (sightseeing)

3. 다음에서 밑줄 친 부분을 한자로 바꿔 쓰세요.

(1) 울릉도와 독도는 동해(the East Sea)에 있다.
(2) 영희는 아주 미인이다.
(3) 네덜란드(the Netherlands)에는 풍차(a windmill)가 많다.
(4) 선물하려면 조화(fake flower)보다 생화(real flower)가 더 낫다.
(5) 이 토지(a land)의 주인(an owner)은 누구입니까?

낱 말 (Glossary)

[본문]

러시아	Russia
영국	Britain; England; the United Kingdom
문학	literature
대표하다	to be representative of
작가	a writer; author; novelist
그렇다면	then; if that is the case; if so
평안도	Pyong-An Province
정주	Jungjoo (a city in Pyong-An Province)
총명하다	to be clever; be intelligent
고아	an orphan
시절	a certain period of time
유학생	a student studying abroad
선발되다	to be selected; be chosen
귀국하다	to return to one's own country
교사	a teacher

활동하다	to work as; participate in
중퇴하다	to drop out of school; leave school halfway
독립 운동	an independence movement
신문사	a newspaper publishing company
...와/과 관련된	related to ...
사건	accident; affair
감옥	a prison
갇히다	to be confined; be imprisoned
풀려나다	to be released; get free
강요	coercion; extortion
정부	government
협조하다	to cooperate
전쟁	a war
군인	a soldier
붙잡히다	to be caught; be taken hold of
끌려 가다	to be taken (or walked off) (to ...)
사망하다	to die
...ㄴ 것으로 전해지다	it is said or reported that ...
근대	modern ages
출발시키다	to launch; give ... a start
평가 받다	to be recognized; be evaluated as ...
최초(의)	first
단편 소설	a short story; novelette
장편 소설	a full-length story; novel
남기다	to leave (something) (behind ...)
대표작	the most important work (of ...)
생애	life(time)

[대화]

빌려 주다	to lend; loan
평화	peace

[낱말의 쓰임]

과학자	a scientist
학생 대표	a student representative

[문형 연습]

소크라테스	Socrates

[Drills]

나폴레옹	Napoleon
미남	a handsome man
화가	a painter
미술가	an artist; painter
점성가	an astrologer; one who prepares horoscopes

[연습 문제]

인물	a character
주제	a theme
내용	content
요약하다	to summarize

낱말의 쓰임 예문 번역

(Translation of examples of vocabulary usage)

제1과 한국의 풍속

1. 풍속
   What kinds of customs does Korea have?
   The best way to know one country's customs is to live in that country.
2. 옛날
   This story is from a long time ago.
   When people in the old days travelled to a place far away, they either walked or rode a horse.
3. 중
   Which one of these do you want?
   Who was the prettiest girl among the ones you saw today?
4. 가지
   Mother came from the marketplace with various things she bought.
   I'd like to buy some clothes, so please show me some.
5. 평화
   There is nobody who does not want peace.
   Do you know the meaning of the word 'peace'?
6. 명절
   Aren't you going anywhere during this holiday?
   I wish we had more holidays.
7. 서양
   The Americans also are the Westerners.
   What kind of things do you have from the West?
8. 사라지다
   A lot of old customs have disappeared now.
   The train disappeared into the distance.
9. 주로
   What kind of books do you mainly read?
   Korean people mainly eat rice and kimchi.
10. 대표적인
    Younghee is an exemplary math student.
    New York and Los Angeles are representative cities of the U.S.A.
11. 영양
    What kind of foods are high in nutrition?
    It is unhealthy to eat foods low in nutrition.

12. 모이다
    Many students gathered at the playground to exercise.
    My brother's friends gathered at our house and had a good time.
13. 특히
    There are a lot of mountains in Korea. Particularly in the north.
    I like Korean food. Among them, I especially like pulgogi.
14. 하루
    How are you going to spend your day today?
    I took a nap all day long.

제2과 서울

1. 수도
    The capital of the United Kingdom is London.
    Do you know where the capital of Germany is?
2. 도시
    There are many tall buildings in this city.
    I like to live in a city.
3. 시대
    The present time is called the era of science.
    Computers did not exist during his generation.
4. 지방
    There was heavy rainfall in the southern region.
    Which province did the president of the company go to?
5. 만일
    If I don't get up until six, please wake me up.
    If Chulsoo goes there, I won't go.
6. 정하다
    The teacher decided on this book as the textbook.
    Chulsoo and Younghee had decided that their wedding day be December 25th.
7. 중심지
    Seoul is the center of education.
    Daejon, located in the middle of South Korea, has become the center of traffic.
8. 인구
    The current population of the world is approximately five billion.
    The population of this city is decreasing.
9. 사적
    He went to see many of the historical sites in Seoul.
    We have to preserve the historical sites well.

10. 정원
    Beautiful roses blossomed in the garden.
    There is a big garden at Chulsoo's house.
11. 놀이
    I went to a cherry-blossom viewing party with my parents at the Chang Kyoung Palace yesterday.
    Chulsoo played a card game with his friends.
12. 제사
    Today is the ancestral worship ceremony for my deceased grandfather.
    I performed a sacrificial rite for my grandmother yesterday.
13. 독립
    Korea became free and independent from Japan in 1945.
    August 15th is the Independence Day of Korea.

제3과 황희 정승

1. 말동무
   It's good to have a conversation partner during a long trip.
   I flew for ten hours without anyone to talk to.
2. 갈다
   We have to cultivate the farm in the spring in order to plant new grain.
   We used to use cows to cultivate farms.
3. 장난 삼아
   Because Mary was bored, she made a call to her friend just for fun.
   Chulsoo pushed Younghee just for the fun of it.
4. 그까짓 것
   Forget such a worthless thing!
   Don't complain about such a trivial thing!
5. 서운하다
   I feel sorry that he left without calling me.
   Now that my friend has left for Korea, I miss him.
6. 남
   Let's be more careful when we use other people's things.
   One should be kind to others as well as to his or her own family.
7. 함부로
   You'll be short of money soon if you spend it thoughtlessly.
   Things won't last long if you use them recklessly.
8. 너그럽게
   Please show your mercy and release (him/her).
   Insoo's generosity attracts a lot of friends.

9. 대하다
   Minister Hwang Hee treated people generously.
   A mother always takes care of her children with love.
10. 마음이 곧은
   There are many people of integrity.
   He is a righteous person.
11. 시장하다
   I am very hungry because I missed my lunch.
   If you feel hungry, please eat now.
12. 당장
   Do this now!
   Go to school immediately!
13. 주위
   I could see no one around in my surroundings.
   Deep into the night, the surroundings were silent.
14. 말리다
   Everyone tried to dissuade him from leaving early.
   Insoo got a minor injury while trying to dissuade some people from fighting.
15. 마련하다
   Let's prepare food before the guests come!
   I got some extra money and gave it to my father.

제4과 한석봉과 어머니

1. 혼자서
   He always travels by himself.
   Stop worrying by yourself and tell me.
2. 떨어지다
   He was lonely because he was far away from his family.
   Chulsoo's house is a little away from my home.
3. 재주
   My sister has so many talents.
   Every person has different talents.
4. 노력
   There is nothing you cannot do as long as you make an effort.
   You are the only one who does not make any effort.
5. 앞으로
   Nobody knows who is going to be president in the future.
   Let's work together from now on.

6. 지나다
After several months passed, he became healthy again.
After this month passes, it will be seven years since I came to the U.S.
7. 그 동안
How are you these days?
How come you have never called all this time?
8. 솜씨
Mary's writing skill is pretty good.
Chulsoo sings incredibly well.
9. 조금도
Youngsoo was not surprised at all when he heard the news.
I don't think that she is pretty at all.
10. 오히려
Chulsoo was mad at me rather than thankful to me.
I'd better stay here rather than go there.
11. 모시다
I'm planning to live with my parents even after I am married.
I accompanied my teacher and traveled.
12. 자신 있게
Younghee spoke up with confidence.
John did the job confidently.
13. 얼마 후
The light turned off a while after he went out.
After a while, he came to me and asked for forgiveness.
14. 삐뚤어지다
The handwriting was not straight.
He had a distorted mind.
15. 똑같다
He looks the same as he did ten years ago.
There is no person who is the same as you.

제5과 서울의 교통

1. 교통 체증
Due to traffic congestion, streets in Seoul are often jammed.
Because of the traffic jam, it took two hours to get to the airport.
2. 심하다
Seoul has severe traffic congestion.
I had a severe headache, so I took medicine.

3. 대부분
   Most of the teachers in this school are female.
   The content of this book is mostly interesting.
4. 복잡하다
   The plot of this soap opera is too complicated.
   This book is so hard to understand because it is too complicated.
5. 놓치다
   I missed the train because of the traffic jam.
   Younghee, who missed the bus, took a taxi.
6. 허비하다
   Don't waste your time but use it sparingly.
   He doesn't waste a penny.
7. 길이 막히다
   I was late for class because of the traffic jam.
   There was a traffic accident, so the road was blocked.
8. 앞당기다
   Sumi wants to move up her wedding date.
   I took the test in advance.
9. 해결하다
   Who would be the person who could solve this matter?
   Many scientists are working on this problem.
10. 여전히
    Sumi is still pretty.
    Chulsoo is still a good student.
11. 피하다
    Sumi dodged a running car.
    I entered the store to avoid the rain.
12. 요령
    Tips on choosing the best fruits are written in this book.
    Sumi gave me some tips on getting good grades on tests.
13. 외출하다
    Sumi went out and is not home now.
    I forgot to shut the window before I went out.
14. 미끄럽다
    This road is very slippery when it snows.
    I fell down because the street was slippery.
15. 대중 교통
    In America, more people use their own cars than public transportation.
    The public transportation system is well developed in Korea.

제6과 약손

1. ...살 나다
   He has a five-year-old girl.
   That child is seven years old.
2. 티
   My eyes are sore because a mote got into them.
   You should be careful not to get a mote in the eyes while you clean.
3. 치료
   He went to the hospital and got his injured foot treated.
   This disease is hard to treat.
4. 가만히
   That child is never calm.
   I closed the door quietly.
5. 새끼
   A cow and a calf are playing together.
   This dog had five puppies.
6. 빠지다
   That man saved a child who fell into the water.
   He was so tired that he fell into a deep sleep.
7. 건지다
   Who rescued the person who fell into the water?
   I took the watch out of the water.
8. 품
   Babies love to be on their mother's bosom.
   The baby fell asleep on its grandmother's bosom.
9. 그치다
   Let's go since the rain stopped.
   The baby stopped crying as his mother came in.
10. 연세
    How old is that man?
    Now even Mother has gotten old.
11. 거칠다
    My complexion has become rough these days.
    Which lotion will be good for rough hands?
12. 신비하다
    That child has a mysterious talent.
    I had a mysterious experience last summer.
13. 병에 걸리다
    What disease does he have?
    A person afflicted with a disease cannot come to this place.

14. 쓰다듬다
   The teacher stroked the student's head.
   The grandfather stroked his chin.
15. 빠지다
   Although there are lots of side dishes here, kimchi is the only missing dish.
   That story was missing in today's newspaper.

제7과 효자 호랑이

1. 마침
   When Younghee was just about to go to her friend's house, her friend came to her.
   I have been waiting for you. You came here just in the nick of time.
2. 떠오르다
   A good idea suddenly came to Chulsoo's mind.
   The face of her missed son suddenly came into her (the mother's) mind.
3. 엎드리다
   As soon as Youngsoo saw the bear, he quickly prostrated himself.
   The child is sleeping face down.
4. 몰라 보다
   Many people failed to recognize Youngsoo because he grew so tall.
   His father who met Youngsoo after ten years could not recognize him at first.
5. 깜짝
   Younghee was startled all of a sudden by the loud sound.
   The child was so startled to hear the sound of the train that he started to cry.
6. 아니
   Well, who is this?
   What on earth! How come you are already at home from school?
7. 어째서
   Why don't you say much these days?
   Why is Mr. Kim always busy like that?
8. 밤낮으로
   Mothers take care of their children every day and night.
   Chulsoo calls Younghee every day and night.
9. 다정하게
   Chulsoo walked like pals with Younghee hand in hand.
   Her mother hugged Younghee fondly.
10. 생각에 잠기다
   My father was absorbed in his thoughts after he read the letter.
   Youngsoo was absorbed in his memories after he saw the picture taken with Younghee in Korea.

11. 보살펴 주다
We should take good care of our senior parents.
The United States is the country where the handicapped receive good care wherever they are.
12. 무사히
Please do not worry about me because I arrived here safely.
My father has safely arrived from Africa.
13. 정성껏
Even after his marriage, Youngsoo took care of his parents wholeheartedly.
Younghee did her utmost to serve food to Mr. Kim.
14. 돌아 가시다
Youngsoo's father had passed away three years ago.
Younghee suddenly became an orphan after both of her parents passed away in the traffic accident.
15. 감동을 받다
Many people were impressed when they read the novel.
Chulsoo was so impressed that he shed tears after hearing the story.

제8과 한국의 대도시들

1. 저마다
Each student has his/her own favorite singer.
Each person has his/her own merits.
2. 독특하다
He has a peculiar voice.
Younghee has a peculiar habit.
3. 바로
Chulsoo's house is right in front of his school.
Come home immediately after school.
4. 맞닿아 있다
His house is right next to the park.
Korea and China share the border.
5. 온화하다
The weather here is always mild.
I like mild weather.
6. 피서지
Chejudo is one of the famous summer resorts.
As the school break started, a lot of students left for summer resorts.
7. 전국적으로
This restaurant is nationally famous.
The rumor has been spread nationwide.

8. 몰리다
   This park is crowded on weekends.
   Department stores are crowded during sales.
9. 중심지
   Los Angeles is the center of the American film industry.
   Paris, France, was the center of European culture.
10. 가량
   It takes about an hour to go from my house to school.
   It was about thirty minutes since Chulsoo left home.
11. 역사적으로
   That was an incident of historical importance.
   Historically, Korea and China were in close relationship.
12. 활동하다
   The writer worked in the U.S.
   Younghee wants to work as a singer.
13. 대항하다
   Chulsoo confronted and fought with the man.
   You'd better not resist when you encounter a robber.
14. 특이하다
   There are a lot of remarkable things here.
   He has nothing peculiar about him.
15. 푸짐하다
   There is a lot of food on the dinner table.
   Just looking at a lot of food makes me feel full.

제9과 편지

1. ...동안
   My family had lived in Germany for three years.
   The teacher had taught at that university for seventeen years.
2. ...겠지요
   I suppose that you are preparing well for the exam?
   I suppose that everything will go well this time.
3. 지내다
   How are you doing these days?
   My family is doing fine.
4. 점잖게
   The professor talked in a decent manner.
   The man behaved gently in front of others.

5. 답답하다
   I feel bored because all I do every day is study.
   That man is so clumsy.
6. ...고 싶다
   We wanted to see that movie.
   I want to sleep early today because I'm sick.
7. 모시다
   I decided to invite my father to the concert.
   Let's invite many teachers to this meeting.
8. 참석하다
   My father went to attend the conference.
   I was so busy that I could not attend my friend's sister's wedding ceremony.
9. 참
   The girl student did the work very cheerfully.
   The couple lived a really happy life.
10. 마치다
   Chulsoo went back home after finishing all the work.
   The young man already finished college.
11. 경제적
   I quit school for financial reasons.
   This is not a political problem but an economic one.
12. 돈을 벌다
   John made a lot of money by doing that work.
   It is not easy to make money while studying.
13. 기억하다
   Do you still remember that?
   That man is so smart that he remembers a lot.
14. 찾아 가다
   I went to the hospital to see my sick friend.
   The student often visits the museum.
15. 그리
   Why is this problem so difficult?
   I'm not that hungry now.

제10과 일기

1. 입원하다
   Which hospital is your grandfather hospitalized in?
   Chulsoo couldn't go to school for a month because he was hospitalized.

2. 놀려대다
   Don't tease a poor beggar.
   The kids teased and laughed when Chulsoo fell down.
3. 기색
   Younghee looked a bit sad.
   Chulsoo didn't look the slightest bit pleased when he heard the news.
4. 기색을 보이다
   Youngsoo showed signs of sadness.
   Younghee is showing signs of depression because she broke up with her boyfriend.
5. 꼴
   It serves you right for assuming an air of importance.
   You can't go outside looking like this.
6. 낯
   She blushed because she was ashamed.
   I couldn't face my mother after she scolded me.
7. 장마
   The rainy season usually starts in late June and sometimes continues for a month.
   Once the rainy season was over, Younghee swept her house clean.
8. 지루하다 (지루한)
   The long and tiresome rainy season continued for a month.
   Time hung heavy on me as I watched the dull movie.
9. 우울하다 (우울한)
   Younghee is very depressed nowadays because her parents oppose her marriage to Chulsoo.
   A lady was walking with a very sad expression on her face when I looked outside the window.
10. 묻다
   The robbers buried the stolen gem in the back yard.
   Chulsoo took out the kimchi jar that was placed in the ground last year.
11. 수고하다
   You went through many hardships to do the difficult work.
   The teacher awarded prizes to students who worked hard.
12. 용돈
   Today is the day of receiving spending money from my father.
   Chulsoo bought a computer with his savings from his spending money.
13. 오래간만에
   Younghee visited her uncle's house for the first time in many days.
   Chungwoo bought a bright colored dress for the first time in many years.
14. 그만 두다
   Younghee stopped the work that she had been doing and took a walk.
   No matter what happens, I can't quit the work.

15. 온통
    Younghee's room was entirely filled with dolls.
    The house was all painted white.

제11과 관습의 차이

1. 관습
    When visiting a foreign country, one should be well aware of its customs.
    Each local area can vary a little in its customs.
2. 차이
    What is the difference between this book and that book?
    There is little difference between this thing and that thing.
3. 반드시
    I have to finish this work by this evening no matter what.
    Chulsoo will surely come.
4. 뜻하다
    What does this drawing mean?
    Korean people thought that white signified cleanliness.
5. 달아나다
    The man ran away as soon as the police showed up.
    The child ran away as he saw his father.
6. 의미하다
    UN stands for United Nations.
    What does this letter mean?
7. 헤어지다
    Chulsoo and Younghee parted at last.
    He parted from his family and went abroad.
8. 보이다
    Hurry and show the sick child to the doctor.
    You should not do good things only to show off in front of others.
9. 가로젓다
    Younghee said "No," shaking her head.
    The child ran away waving his hand.
10. 끄덕이다
    He nodded without a word.
    Chulsoo said "Yes," nodding his head.
11. 내밀다
    Chulsoo stretched out his right hand and grabbed Younghee.
    You should not offer your hand first when you shake hands with a senior.

12. 예의
    Chulsoo is a polite person.
    You should be polite in front of seniors.
13. 어긋나다
    It's against common courtesy to smoke in front of a senior.
    It's against the law to drink and drive.
14. 무작정
    Chulsoo just waited for Younghee forever.
    John went to Seoul without any particular plan.
15. 쓸다
    Sweep the front yard of the house clean with a broom.
    Be careful not to make the room dusty when sweeping.

제12과 한국어의 높임말

1. 참여하다
    Because my father participates in various meetings, he is always busy.
    Younghee got mad because she could not participate in the conversation.
2. 공손하다
    Chulsoo is always polite to the elderly.
    The young have to have polite attitudes toward the old.
3. 표현
    Eskimo has a lot of words for 'snow'.
    Don't use too many difficult expressions!
4. 경우
    Normally people eat meals three times a day.
    What should I do in this situation?
5. 상대방
    Chulsoo was not listening to his interlocutor.
    Younghee always makes a good impression on any person whom she is with.
6. 구별하다
    People sometimes do not distinguish the good from the evil.
    It is difficult to tell the imitations from the originals.
7. 손아래
    If you are not on close terms with someone, you'd better use the polite form of speech even if he/she is younger than you.
    Younghee's sister-in-law, who is younger than she, is giving her a hard time.
8. 권하다
    Chulsoo offered a cigarette to a person whom he'd met for the first time.
    The book Mr. Kim recommended to me was very interesting.

9. 높이다
   You do not have to use the polite form of speech when you talk to your friends.
   The success of the company is due to it improving the quality of its products.
10. 낮추다
   You are even older than I am. So please use the plain form of speech.
   When he talks to a person older than himself, Chulsoo always speaks in polite terms.
11. 자체
   Getting to know her itself was a mistake.
   This itself can account for Chulsoo's losing his job at the company.
12. 어울리다
   Do you think that outfit suits you well?
   My brother mingles well and plays with other children.
13. 잘못되다
   Youngsoo's answer is slightly wrong.
   That is where you're wrong.
14. 진실된
   Chulsoo truly respected his teacher.
   I could feel a true love from him.
15. 존경(심)
   It is ridiculous to demand others' respect.
   The letter Younghee had sent to Mr. Park was full of her respect (to him).

문 형 색 인

(Index to Patterns in the Lessons)

가

나

다

...다(가) 보면	as....; while.... **20**
...(다)는 듯이	as if ...; with the appearance of **16**
...다 보니	while doing something **3**
...달라고	to do something for the benefit of the person (who is the sentential subject) **21**
더 이상... Negation	not ... any more; no longer; no more **7**
V+던	was ...ing; was in the state of...; used to... **2**
...도록	in order to ...; for ... to ...; so that... **4**
...도록	to ... **14**
...도록	until...; till... **15**
...든지 ...든지	whether... or...; either... or... **15**
...듯(이)	as if; with the appearance of **6**
...때의 일이다	it happened when ...; it was when ... (that) **16**
또한	and; in addition **11**

라

...(라)는 말이 있다	there is a saying that...; people often say that... **5**
...를 당하다	to experience; to encounter **23**

마

...만 못하다	to be inferior to...; to be worse than...; not as good as... **3**
...만에	in; within; after; on **24**
...만으로도	just by; with just; only with **18**
...면 어쩌나	if (something happens), what to do/what shall I do **7**
...모양이다	it seems that; it appears that... **6**

바

바로	just; right; very; exactly; precisely **22**
...밖에... Neg...	only; nothing but **15**

사

심지어 (...도)	even; what is more; what is worse; so much as **20**

아

아니잖니?	something/someone is not ..., is it/he?; (as you know) something/someone is not ... **9**

아무리 ...(어)도	however ... may be...; no matter how ... **6**
..어(서) 죽겠다	I am dying to ... **9**
...(어)야 할	(a thing) that (one) has to...; that is supposed to... **5**
...(어/아)서는 안 되다	must not...; should not... **11**
...어 가다	to be ...ing; keep ...ing **1**
...어 놓다	someone does something in advance (for various reasons) **19**
...어 대다	repeatedly ...ing; continuously ...ing; keep ...ing **10**
...어 버리다	to do something completely; end up doing something **6**
...어 오다	to have ...en **10**
...었/ㅆ 다 ...었/ㅆ 다 하다	to keep doing or being A and B **23**
...ㅆ /었더니	as ...; when... **16**
...었던	that (someone) had ...en **3**
...었었	to have/had...en; V-ed **2**
...에 걸쳐서	for...; through... **13**
...에 관계없이	regardless of...; irrespective of..., in spite of... **5**
...에 관해서	about; regarding; as to **13**
...에 대하여(서)	to ...; against ...; about ...; toward...; for... **12**
...에 대한	concerning; about; toward **10**
...에야 비로소	for the first time; not... until...; only after..., finally... **17**
...에 의하여	by **13**
...에 이어서	following...; next to... **8**
...와/과 ...로 되어 있다	to consist of...; be composed of...; be made up of... **1**
...와/과 관계가 있다	to be related to **13**
...와/과 관련된	which is/are related to/with ...; related to/with **24**
...와/과 달리	differently from ...; unlike ... **12**
...와/과 더불어	(together) with; along with **17**
...와/과 같이	together with... **4**
왜냐하면 ...기 때문이다	the reason is that(because)... **10**
...외에도	besides; in addition to...; other than ... **8**
...(으)니	since... **23**
...(으)로 보아도	in terms of ... as well; even when considering... with/from... **18**
...(으)로 여겨지다	to be considered to be...; to be regarded as... **2**
...으로 ...을 들다	to cite... as...; name... as... **2**
...ㄴ /은적이 있다	to have ...en ...; one has the experience of doing... **9**
...ㄹ /을만 하다	worth ...ing; worthwhile ... **8**
...ㄹ /을 뿐만 아니라 ...도	not only...but also **14**
...ㄹ /을수도 있다	it is possible/probable that...; may... **11**
...ㄹ /을지	whether... will/would... **17**
...을/를 ...(으)로 삼다	to adopt ... as ...; take ... as ... **22**
...을/를 ...(이)라고 부르다	to name/call someone/something so and so **1**
...을/를 비롯하여	including ... **19**

...을 기초로 한	which is (are) based on **13**
...을까 봐(서)	for fear that ...; lest ...; in the case that... **3**
...을 향해(서)	toward ... **19**
...음/ㅁ 으로써	by doing ... **12**
...의 결과로	as a result of... **22**
...(이)므로	... so that; ... therefore **11**
...(이)야	as for... **15**
...인	which is/are ...; who is/are ... **22**

자

...자	upon V-ing; when...; as... **5**
...조차	even; besides that; on top of that **17**
...지 말다	don't ...; let's not ... **4**
...지 않으면 안 된다	must; should **2**
...지 않은가?	isn't it ... to (or that)...; isn't there... **18**
...지 않을 수 없다	to be compelled/forced/obliged to...; have to; must **19**

하

한	right (in the middle of ...) **8**

한 영 낱 말 색 인

(Korean-English General Glossary)

Chapter Legend

T	본문	**D**	대화
U	낱말의 쓰임	**P**	문형 연습
R	Drills	**E**	연습 문제

가

가게	a store; shop	**20T**
가끔	sometimes	**11E**
가난하다	to be poor	**4T**
가능성	possibility	**22T**
가득하다	to be full of	**10U**
가량	or so; about; approximately	**8T**
가렵다	to be itchy	**6R**
가로젓다	to shake (one's head or hand) slowly from side to side	**11T**
가만히	quietly; tenderly	**6T**
가뭄	drought	**21U**
가운데	in the middle of; centered	**2T**
가지	a kind; sort	**1T**
각기	respectively	**21T**
간	for (a period of)	**4P**
간결하다	to be simple	**19T**
간단하게	shortly	**7E**
간략하다	to be brief	**19E**
간략히	in short; briefly	**12E**
간장	soysauce	**1T**
간판	a sign board	**13E**
갇히다	to be confined; be imprisoned	**24T**
갈다	to cultivate	**3T**
갈비	rib	**4R**
감기	a cold; flu	**14U**
감기 약	cold medicine	**6D**
감기에 걸리다	to catch a cold	**3R**
감동을 받다	to be impressed	**7T**
감옥	a prison	**24T**
감추다	to hide; conceal	**7D**
갑자기	suddenly; all of a sudden	**5P**
강도	a robber; a burglar	**8U**
강아지	puppy	**15U**
강요	coercion; extortion	**24T**
강의	a lecture; class	**21U**
강의를 듣다	to attend a lecture	**8R**
개	a dog	**15D**
개구리	a frog	**1R**
개인적으로	personally	**17T**
개천절	the National Foundation Day; Dangun's Accession Day	**21D**
거나	or	**14T**
거리	a street	**20T**
거리	distance	**8T**
거의	almost	**22D**
거절	refusal	**23R**
거짓말을 하다	to tell a lie	**7T**
거치다	to pass through	**18T**
거칠다	to be rough	**6T**
건강	health	**7R, 18T**

건강을 유지하다 to stay healthy **12P**
건강하다 to be healthy **4P**
건국 foundation (establishment) of a country **21T**
건설하다 to construct; build **5E**
건져 주다 to take ... out of water **6T**
걸다 to hang; suspend **19R**
걸리다 to be taken; be needed; be required **5T**
걸음 walking; pace; step **20U**
걸치다 to extend (over); stretch; spread (over) **13T**
검정 소 a black ox **3T**
겁쟁이 a coward **1P**
것은 ...것이다 the one which... is that.. what... is that ... **14T**
게다가 moreover; what is more (worse) **20T**
게 되어 because someone/something comes to **1T**
게으르다 to be lazy **7P**
게으름뱅이 a lazy person **15T**
겨울 winter **15R**
겪다 to undergo; experience **22T**
견디다 to endure; bear; suffer **21T**
결혼식 a wedding (ceremony) **1D**
결혼식장 a place for a wedding ceremony **5T**
결혼하다 to marry **21T**
경기 a game; match **1P**
경복궁 the Kyungbok Palace **2T**
경우 an occasion; situation **12T**
경제 사정 economic conditions **1P**
경제적 economical **9T**
경찰 the police; policeman **11U**
경찰관 a police officer **15U**
경찰서 police station **15U**
경치가 좋다 to command a fine view **21P**
경험 an experience **6U**
곁 side **23T**
곁에 beside **7T**
계절 a season **5P**
고개 the back of the neck; head **11T**
고르다 to choose; pick (out) **5U**
고민 trouble; worry **9D**
고생하다 to suffer; have a hard time **12U**
고속버스 a high-speed bus **5T**
고아 an orphan **7U, 24T**
고양이 a cat **15D**
고유한 unique; one's own; peculiar; native **11T**
고장나다 to be out of order **7R**
고전 음악 classical music **14T**
고통 pain, suffering **22U**
고향 one's native place **1P**
곡식 crop; grain **1T**
골동품 antiques **20T**
곰 a bear **21T**
곳곳 place after place; here and there **20T**
공손하다 to be polite **12T**
공연 performance **7E**
공원 a park **2T**
공주 a princess (daughter of a king) **1R**
공통점 something in common; similarity **14E**
공항 an airport **2R**
과거 past **20T**
과목 a subject; course **2P**
과일 fruit **15R**
과자 cookies; candies **14R**
과학 science **14T**
과학자 a scientist **5U**
관계 relationship **18E**
관습 customs **11T**
관심 concern; interest **10R**
괴롭다 to be painful; to be agonizing **4R**
교사 a teacher **24T**
교수님 a professor **9U**
교실 a classroom **21U**
교육 education **2U**

교통	traffic; transportation	**5T**
교통 사고	a traffic accident	**9P**
교훈	a lesson	**3D, 18T**
구경	a spectacle; attraction; sightseeing	**7R, 19T**
구름	cloud	**21T**
구멍	a hole	**10T**
구별하다	to distinguish A from B; tell A from B	**12T**
구불구불 하다	to be meandering	**19T**
구역	division	**23R**
구하다	to seek; search for	**23T**
국가	a state; country	**11T**
국수	noodles	**1E**
군대	army	**1P**
군인	a soldier	**24T**
굽히다	to bend	**23P**
궁궐	a palace	**2T**
궁합을 맞춰보다	to compare the horoscopes of a young couple (to assure married bliss)	**17T**
권세	power; authority	**23T**
권투	a boxing	**17U**
권하다	to offer; present; ask; recommend	**12T**
귀국하다	to return to one's country	**9T**
귀족	nobility	**22T**
귀찮다	to be troublesome; bothering	**17R**
귀하다	to be precious; be rare	**2P**
권하다	to offer; present; recommend	**12E**
규칙	a rule	**3T**
규칙적으로	regularly	**5R**
그까짓	worthless	**3T**
그냥	without paying much thought	**18D**
그동안	during that time; in the meantime	**4T**
그렇다면	then; if that is the case; if so	**24T**
그리	so (much); (not) so...	**8T**
그리스	Greece	**11T**
그립다	to miss; have yearning for	**20T**
그치다	to stop	**6T**
극장	a theater	**18P**
근교	the suburbs; outskirts	**8T**
근대	modern ages	**24T**
근처	vicinity; neighborhood	**5T**
글씨	handwriting	**4T**
글자	a letter; character; an ideograph	**11T**
글짓기	composition; writing	**14D**
금	gold	**13T**
금방	immediately	**6T**
금새	at once; in a moment	**3U**
금속	metal	**22T**
급히	in a hurry	**5D**
긋다	to draw (a line)	**10R, 13T**
기관	an organization; an institution; an organ	**8T**
기구	an instrument	**14T**
기념식	a commemorative exercise (ceremony)	**21E**
기념일	a day (of remembrance)	**2U**
기념하다	to commemorate	**14T**
...기도 하다	sometimes someone does something happened	**1T**
기도하다	to pray (for)	**21T**
...기 때문에	because	**2T**
...기로 하다	to decide to ...; plan to ...	**4T**
기르다	to raise; breed; cultivate	**9R**
...기 마련이다	to be supposed to do; it is natural to ...	**12T**
기본	basic	**22T**
기부하다	to donate	**18U**
기분	one's feeling	**16E**

기분 나쁘다 to feel unhappy; feel badly **16P**
기색 a look; countenance; sign (of) **10T**
기술 technology **17R**
기억 memory; recollections **9E**
기억나다 to come into one's mind; remember **9T**
기억에 남다 to remain in one's memory **8E**
기여하다 to contribute **12P**
기온 temperature **8T**
기차를 놓치다 to miss the train **11P**
기초 a basis; foundation **13T**
기초하다 to be based on **17T**
기침 cough **15R**
긴팔 (옷) (a dress with) long sleeves **8P**
길 a street **3T**
길을 잃다 to get lost **7P**
길이 막히다 traffic is held up or jammed (lit. a road is blocked) **5T**
김 family name **13T**
김장 pickling vegetables for the winter **10D**
김치 독 a jar for kimchi **10T**
까치 a magpie **6T**
깎다 to cut **2R**
깜짝 놀라다 to be surprised **7T**
깨끗이 clean **10U**
깨끗함 cleanliness **11U**
깨다 to wake up; awaken **10T**
깨닫다 to realize **17P**
깨어나다 to get up; be awakened **18T**
깨우다 to wake up **15P**
꺼내다 to take out **1R**
꼬리 a tail **16P**
꼭 certainly: without fail **2D**
꼭대기 a top; peak **19T**
꼴 a shape; form; appearance **10T**
꼴 좋다 I told you so! Shame on you **10U**
꽤 fairly; very **2P**
꾀 resourcefulness: a trick **7T**
꾸중을 듣다 to be scolded; get reprimanded **10U**
꿈 a dream **7T**
꿈을 꾸다 to dream a dream **18T**
끄다 to turn off **18T**
끄덕이다 to nod **11T**
끊다 to quit; stop doing something **5P**
끌다 to pull; to drag **15T**
끌려 가다 to be taken (or walked off) (to ...) **24T**
끓이다 to boil **1R**
끝까지 to the end (last); to a finish **21T**
끝내 to the last; to the very end **21T**
끝말 an ending of a word or clause **12T**
끝에 as a result of...; after... **14T**
끼리 among oneselves; only with ... **12T**

나

...ㄴ 것만 같다 it really seems that ... **6T**
...ㄴ 것으로 전해지다 it is said or reported that ... **24T**
...ㄴ 뒤 after... **7T**
...ㄴ 말이다 I mean.... **15T**
...ㄴ 모양이다 it appears that ... **6T**
...ㄴ 적이다 to have done (something) **9T**

나다 (smell, sound, taste, etc.) to come out; issue **6T**
나라 a nation; country **21T**
나르다 to carry; transport; convey **15R**
나중에 later **3D**
나타나다 to show up; appear **5T**
나타내다 to represent; symbolize; indicate **1T**
나폴레옹 Napoleon **24R**
낙엽 fallen leaves **20U**
낡다 to be old; used; worn; old-fashioned **6R**
남 others **3T**
남기다 to leave (something) (behind ...) **10E, 24T**
남다 to remain; continue to be **9E**
남대문 the South Gate (of Seoul) **2T**
남동 southeast **8T**
남미 South America **11T**
남서 southwest **8T**
남한 South Korea **2P, 22T**
낫다 to be better (than ...) **6E**
낫다 to recover; be cured **7P**
낮잠 a nap **1U**
낮추다 to make humble (low); lower **12T**
낯 face **10T**
낯을 들다 to look up; lift one's face **10U**
낯을 붉히다 to make one's face red **10U**
낱말 a word **13P**
낳다 to bear; give birth (to ...) **6U**
내다 to finish **1P**
내려 오다 to come down **21D**
내리막 downward slope **23T**
내밀다 to stick out; stretch out **11T**
내용 a content **5U, 21T**
냄새 smell **6T**
냉면 cold noodle dish **15P**
냉장고 a refrigerator **3R**
냉전 cold war **22T**
너그럽게 broad-mindedly **3T**
너무 too much **18T**
너무나 too (adjective/adverb) **7T**
널리 far and wide; all over (a certain place) **7T**
넓다 to be wide **21P**
넓히다 to enlarge; broaden **12R, 14T**
넘다 to go beyond; exceed; jump **1R**
넣다 to put in **1R**
노력 effort **4T**
노력하다 to make efforts; try hard **14T**
노름 gambling **7R**
노릇 a role **12P**
노인 an old man **15T**
녹다 to melt **11R**
논문 a paper; article **10P**
논밭 paddy fields and dry fields **3U**
놀다 to be idle; play; amuse oneself **15T**
놀랍다 to be surprised **21R**
놀리다 to make fun of; tease **10T**
놀림 teasing, bantering **23R**
농담 a joke **9T**
농부 a farmer **3T**
높이다 to raise; lift; exalt **12T**
높임말 honorific forms or honorific words (expressions) **12T**
놓다 to put **2R**
놓치다 to miss; fail to catch **5T**
누구나 anybody; everybody **14T**
누렁 소 a yellow ox **3T**
누르다 to press **10R**
눈물을 흘리다 to shed tears **18T**
눈물이 나다 (tears) to well up (in one's eyes) **15P**
눈이 나빠지다 (of one's eyesight) to become poorer **11R**

눈이 쌓이다 to be covered with snow **10T**
눕다 to lie down **6T**
...는 순간 the moment ... **7T**
늘 always **21T**
늘다 to develop; improve; make progress **11D**
늘다 to increase; gain **18T**
늘리다 to increase; enlarge **12R**

다

다가 오다 to come close; step up to **3T**
다니다 to attend; come and go **16P**
다르다 to be different **9T**
...다 보니 while doing something **3T**
다스리다 to rule (over ...); govern **21T**
다정하게 friendly **7T**
다치다 to be injured; become injured **9P**
닦다 to wash **2R**
닦이다 to be washed **2R**
단지 a complex **8T**
단편 소설 a short story; novelette **24T**
달다 to put up; hoist **21D**
달라지다 to become different; be changed **5T**
달리 unlike; different from; contrary to **20T**
달아나다 to run away; flee **11T**
닮다 to resemble; take after **2P**
담 a fence **19U**
답답하다 to be boring; to be stuffy; feel anxious **9T**
답장 a reply letter; an answer **9D**
당시 at that time **23T**
당연하다 to be right; be a matter of course; be no wonder **16T**
당장 immediately **3T**
당하다 to suffer; experience **9P**
당황하다 to be embarrassed; be bewildered **11E**
대개 usually **7E**
대관령 the name of an uphill pass in Kangwon province, Korea **23T**
대다 to connect; link; bring into; contact **8R**
대단하다 to be considerable; be excessive; be immense **18T**
대도시 a metropolis **8T**
...대로 as ... **7T**
대머리 baldness **13R**
대부분 most; majority; greater/better part (of ...) **5T**
대신 instead of ... **2R, 7T**
대왕 a great king; The Great **14T**
대접하다 to treat **7U**
대중 교통 mass transportation **5T**
대표작 the representative work; the most important work (of ...) **24T**
대표적인 representative; typical **1T**
대표하다 to represent; stand for **20T**
대하다 to treat **3T**
대학원생 a graduate student **1R**
대항하다 to confront **8T**
대회 a contest; competition **14D**
댄스 뮤직 dance music **16U**
덕수궁 the Toksu Palace **2T**
던지다 to throw **1R**
데리고 가다 to take (somebody to someplace) **15T**
데이트 상대 one's date **17T**
도대체 (how/what/why) on earth **15T**
도둑 a thief **13P**
...도록 for ... to ...; in order to ... **4T**
도망치다 to run away; flee **21D**
도와 주다 to help with; give help **15D**

도움 help **7T**
도저히 not at all; by any possibility **5E**
독립 an independence **2T**
독립 기념일 Independence Day **21U**
독립문 the Gate of Independence **2T**
독립 운동 an independence movement **24T**
독일 Germany **9U**
독재 dictatorship; tyranny **8T**
독창성 creativity **22T**
독특한 peculiar **8T**
돈을 벌다 to earn money; make money **1P**
돈이 들다 to cost; spend money **3P**
돈이 생기다 to get money **10E**
돌보다 to take care (of ...) **7U**
돌아 가시다 to pass away; (honorific) die **7T**
돕다 to help **3R**
동구 Eastern Europe **22T**
동굴 a cave **21T**
동대문 the East Gate (of Seoul) **2T**
동료 a colleague **17T**
동물 an animal **5P**
동사구 a verb phrase **3R**
동상 a (bronze) statue **14D**
동양 the Orient; the East **9U**
동창 a school fellow; alumnus **12P**
돼지 a pig **15D**
돼지고기 pork **11T**
된장 soybean paste **1T**
두꺼운 thick **4R**
두려워하다 to be afraid **18T**
두말하다 to break one's word **15P**
두통 headache **5U**
둘레 circumference; surroundings **19T**
뒷마당 the backyard **10U**
드라마 drama; soap opera **13R**
드리다 (honorific) to give; offer **21R**
들다 to cite; name; mention; state **20T**
들려 주다 to read (something) (to a person); inform, tell **19U**
...듯(이) as if ... **6T**
등산 hiking; mountain-climbing **18P**
등산하다 to climb **19R**
따다 to get; take; obtain **21R**
따라 가다 to follow **20P**
딸기 a strawberry **16R**
땀 perspiration; sweat **13U**
땅 ground; earth **4T**
때까지 until; till **23T**
때때로 at times; sometimes **12U**
때리다 to hit; beat **15T**
떠나다 to leave; depart **4T**
떠들다 to make a noise (by talking a lot) **11P**
떠 오르다 to occur (to one); come into one's mind **7T**
떡국 rice cake soup **1T**
떨어지다 to be away from; to be separated from **4T**
떨어지다 to run out of; be short of **19R**
또한 also; and; furthermore; in addition **22T**
똑같다 to be even; be the same **4T**
뛰어나다 to be outstanding; excel **23E**
뛰어 들다 to plunge (jump, dive) into **15T**
뛰쳐 나가다 to rush out **21T**
뜻밖에 unexpectedly **10T**
뜻하다 to mean; signify **11T**

라

...ㄹ 모양이다 to look like; seem to ...; appear to do; show signs of ... **9T**
러시아 Russia **24T**
러시아어 Russian **20P**
로마 신화 the Roman mythology **21U**
로션 a lotion **6U**
...로 유명하다 to be famous for ... **8T**

마

마늘 garlic **21T**
마당 yard **7T**
마련하다 to have something ready; prepare **3T**
마르다 to be dry **6T**
마리 (classifier) a certain number (of animals) **6U, 21T**
마을 a village **2T**
마음 mind **8R**
마음씨 nature; disposition; temper **3P**
마음에 들다 to like; be to one's liking (taste) **18E**
마음을 너그럽게 쓰다 to be generous **3U**
마음이 곧은 honest; straightforward; upright **3T**
마음이 편해지다 to have one's mind at rest **10D**
마주보다 to face each other **13D**
마찬가지 the same; likewise; too; either **5D**
마치 just; just (exactly) like **3T**
마치다 to finish **9T**
마침 in the nick of time; fortunately **7T**
막내딸 the youngest daughter **6T**
막히다 to be blocked **7R**
...만 못하다 to be inferior to ...; not as good as ...; be worse than ... **3T**
만일 if; in case **2T**
만지다 to stroke; pat **6T**
만큼 as (much/many) as ; equal to **13T**
말동무 a conversation partner **3T**
말리다 to dissuade **3T**
말씀 saying; lesson (the honorific expression of '말') **9P**
맛 taste; flavor **20T**
망가지다 to be broken **23R**
맞닿아 있다 to be in touch (physically); be right next to **8T**
맡다 to smell; sniff **20T**
매력 a charm; appeal **8T**
매운(맵다) (taste) hot; spicy **1E**
매일 everyday **15T**
맥주 beer **8R**
맵다 to be hot **6R**
머리가 좋다 to be bright; be intelligent **9U**
먼지 dust **11U**
멀리 far away **1U,15T**
멈추다 to stop **23U**
멋 beauty; taste **9R, 13R, 20T**
멋있다 to be tasteful; be elegant; be fine **8D**
메달을 따다 to obtain a medal **8P**
메시지 a message **16P**
멕시코 Mexico **11T**
며느리 daughter-in-law **22R**
며칠 several days **9T**
...면 안 된다 must not; should not **15T**
명랑하다 be cheerful **22U**
명사구 noun phrase **4R**
명성 fame; reputation; renown **18T**
명절 a holiday; festive day **1T**
명필 a master of calligraphy **4T**
모든 all **14R**
모습 appearance; look **7T**

모시다 to accompany (honorific form); to live with; to serve; to take care of **4T**
모시다 to worship; to honor **21T**
모양 a shape; a form **15T**
모으다 to save; accumulate **10U**
모이다 to gather (together) **1T**
모임 a (social) gathering; assembly **1R**
목 the neck **15R**
목욕 a bathing; bath **7D**
목욕을 하다 to bathe **10T**
목이 마르다 to be thirsty **6P**
목표 a goal; aim **18T**
몰다 to drive (a vehicle) **19R**
몰라 보다 to fail to recognize **7T**
몰리다 to crowd **8T**
몹시 considerably; in a high degree; very **10T**
못하다 to perform or do (something) poorly 10P
무 radish **1T**
무너지다 to collapse, fall down **6R, 22T**
무덤 a tomb **7T**
무사히 safely **7T**
무서운 fearful **15U**
무섭다 to be scared; be frightened **6T**
무시하다 to ignore **23U**
무역 trade **22T**
무역항 a trade port **8T**
무작정 with no particular plan; aimlessly **11T**
무척 very; very much; highly **12D**
묶다 to bind **2R**
문자 letters **22T**
문장 a sentence **12T**
문학 literature **22T**
문화 culture **2D, 14T**
묻다 to bury **10T**
물건 a thing; object; article; goods; material; stuff **1U**
물결 wave **15R**
물다 to bite **10R**
물론 of course; to be sure; needless to say **10D**
미끄럽다 to be slippery; be sleek **5T**
미남 a handsome man **24R**
미리 in advance; beforehand **3U**
미술 art; the fine arts **20T**
미술가 an artist; painter **24R**
미치다 to go mad; become insane/crazy **15R**
미치다 to leave, bequeath **22T**
민족 a race; nation **12P, 21T**
민주화 democratization **8T**
민주화 운동 a movement for democratization **8T**
믿다 to believe **2P**

바

바꾸다 to change; alter **12T**
바꾸어 주다 to exchange **15R**
바람 wind **21T**
바로 just, right; immediately; properly; directly, straight **8T**
바로 right away **2D**
바르다 to be correct; be right **12T**
바탕 ground **22T**
박물관 a museum **9U, 20T**
밖에 only as... **15T**
반 a class **8P**
반가워하다 to be delighted **4T**
반갑다 to be glad; welcome **21R**
반대로 conversely; on the contrary **16T**
반도 a peninsula **23P**

반드시 certainly; without fail; necessarily; no matter what **11T**
반 만 년 five millennia; 5,000 years **21D**
반칙 foul play **23P**
받들다 to treat (a person) with deference; esteem **21T**
받아 적다 to write down; dictate **11D**
발 a foot/feet **15R**
발걸음 pace; step **20T**
발견되다 to be discovered **19U**
발달 development; advancement **17P**
발달하다 to advance; develop **12T**
발렌타인 데이 Valentine's Day **16T**
발명되다 to be invented **13R**
발명하다 to invent **14U, 22T**
발목 an ankle **10T**
발음 a pronunciation **13T**
발자국 a footprint **13T**
발전 progress; advancement **14T**
발전하다 to develop **2P, 22T**
발표 a presentation **1P**
밝다 to be bright **1R, 13T**
밤낮으로 day and night; every time **7T**
밤새 all night; overnight **10T**
밤을 새우다 to sit up all night **1R**
밤이 깊었다 The night grew late. **3P**
밤이 새다 to dawn; break **15P**
방문객 a visitor **11E**
방문하다 to visit **10U**
방법 a method; way; means **12T**
방송되다 to be broadcast **13R**
밭 a farm; a field **3T**
배가 부르다 to have a full stomach **7P**
배 고프다 to feel hungry; be hungry **21D**
배우다 to learn **14T**
배추 Chinese cabbage **1T**
백성 the people; the nation **14T**
백화점 a department store **5T**
뱀 a snake **20P**
버릇 a habit; acquired tendency; customary practice **5P**
버리다 to waste away; spend **15P, 18T**
번역하다 to translate (into another language) **14T**
번지 수 a house number **9D**
벌을 받다 to be punished **11P**
벌주다 to punish **18P**
벗겨지다 to be taken off **15T**
벚꽃 놀이 cherry-blossom viewing **2T**
베어 먹다 to take a bite and eat it **15T**
벽 a wall **19P**
변덕 fickleness; caprice; whim **9R**
변천 changes; vicissitudes **17T**
변하다 to change **7T**
변호사 a lawyer **17U**
별로 in particular (in a negative sentence); especially **8U**
병아리 a chick **15D**
병에 걸리다 to contract a disease **6T**
병이 나다 to get sick; contract a disease **6P**
병이 낫다 to be cured; become well; recover **21U**
보내다 to send **4T**
보살상 statue of a Buddhist saint; image of bodhisattva **19T**
보살펴 드리다 to take care of **7T**
보석 a jewel **10U**

보이다	to let (a person) see; show	**11T**
보존하다	to preserve; maintain	**2U**
복권	a lottery ticket	**17U**
복권이 맞다	to win a lottery ticket	**15D**
복습	review	**2P**
복잡하다	to be complicated; be complex; be intricate	**5T**
본(을) 뜨다	to copy from a model; model after a pattern	**13D, 20T**
본보기	a model; an example	**23T**
봉사 활동	a voluntary activity	**21R**
봉투	an envelope	**9D**
뵙다	to see; meet; have the honor of seeing (a person)	**12E, 7T**
부끄럽다	to be shameful; be ashamed of	**10U**
부두	a wharf; a pier	**8T**
부딪치다	to bump; collide with	**16U**
부르다	to call	**20T**
부모님	parents	**8D**
부자	a wealthy man	**15D**
부자가 되다	to become rich	**21P**
부족하다	to lack; be short (of)	**18U**
부지런하다	to be diligent; work hard	**11R**
부탁하다	to ask a favor	**11R**
북한	North Korea	**22T**
분	(classifier) an esteemed person	**21U**
분노	anger	**18T**
분단되다	to be divided	**22T**
분위기	atmosphere	**20T**
불가능	impossibility	**21P**
불가리아	Bulgaria	**11T**
불경	Buddhist classics	**22T**
불교	Buddhism	**22T**
불다	to blow	**10T**
불당	Buddhist altar room	**19T**
불상	Buddhist statue	**19T**
불쌍한	pitiable; pitiful	**10U**
불편하다	to be uncomfortable	**18T**
불평하다	to complain	**3U**
붐비다	to be crowded	**23U**
붓다	to swell up; pour	**10R**
붕괴	a downfall; collapse	**22T**
붙어 있다	to stick; adhere; cling	**8R**
붙잡히다	to be caught; be taken hold of	**24T**
비	rain	**21T**
비교하다	to compare	**2R**
비극적	tragic	**22E**
비난하다	to criticize	**11R**
비다	to empty	**10R**
비둘기	dove; pigeon	**22P**
비로소	for the first time; not... until	**17T**
비롯하여	including	**19T**
비슷하다	to be similar; be alike	**12P**
비원	the Secret Garden (in the Changduk Palace)	**2T**
빌다	to beg	**3T**
빌다	to pray (for)	**21T**
빌려주다	to lend; loan	**24D**
빌리다	to borrow	**14T**
빗자루	a broom	**11T**
빛	light; color	**10T**
빠르다	to be fast	**4D**
빠지다	to be omitted; be missing	**6T**
빠지다	to drown; fall in	**6T**
빨래	laundry	**14R**
빵(을) 굽다	to bake	**20U**
빵	bread	**14R**
빼앗기다	to be taken away; be deprived of	**18T**
빼앗다	to take away	**18T**
뿌리	a root	**18T**
뿐	only; merely	**18T**
삐뚤어지다	to get crooked; get out of the straight	**4T**
삐삐	a pager	**14R**

사

사건 accident; affair **8U, 24T**
사계절 four seasons **20R**
사고가 나다 an accident happens **11P**
사과(를) 하다 to apologize **6P**
사귀다 to make friends (with) **17T**
사냥 hunt **7R**
사당 a shrine **21T**
사라지다 to disappear; vanish **1T**
사람 man; person **21T**
사랑을 하다 to fall in love **21R**
사막 a desert **21P**
사망하다 to die **24T**
사물 a material; thing; object **13T**
사업 business **15D**
사용하다 to use **12T**
사원 an employee **14P**
사위 son-in-law **22P**
사이 relationship **8U**
사장(님) a president of a company (honorific expression) **2U**
사적 historical sites **2T**
사전 a dictionary **21R**
사직 공원 Sajik Park **2T**
사진이 찍히다 to be photographed **11T**
사탕 candy **16T**
사회 a society **9T**
사회적 social **5P**
산 길 a mountain trail **19T**
산돼지 a wild boar **7T**
산소 a grave **1T**
산업 industry **8T**
산책을 나가다 to go out for a walk **10U**
살 나다 to be ... years old **6T**
살리다 to let (a person) live **4R**
살림 living; household; housekeeping **23T**
살림 살이 household necessities **17T**
살을 빼다 to lose weight **21U**
살이 찌다 to gain weight **6R**
삼다 to adopt **22T**
3대 three generations **13R**
상 a prize **14D**
상관하다 to be concerned (about); to mind **15P**
상대방 the other party; opponent **12T**
상상하다 to imagine **7E**
상업 commercial **8T**
상을 주다 to present a prize **10U**
상을 타다 to win a prize **16U**
상인 a merchant, trader **22T**
상징 symbol **22P**
상쾌하다 to be refreshing; be exhilarating **18T**
상품 a (commercial) product **13R**
상하다 to be injured; be spoiled **3R**
상황 a situation **7E, 12T**
새끼 a newborn (or young) animal **6T**
새로 난 newly (freshly) harvested; newly born **1T**
새로운 new **13T**
새벽 early morning; dawn; break **3R**
생각이 깊다 to be thoughtful **3D**
생겨나다 to come about; come into being **21T**
생산지 a producing center/area **8T**
생애 life(time) **24T**
생활 life **21U**
서기 A.D. (Anno Domini) **14T**
서다 to be built; made **10R**
서두르다 to hurry **11P**

서럽다 to be sad; be sorrowful **21R**
서민 commoners **22T**
서양 the West **1T**
서양식 Western [European] style **17T**
서운하다 to be sorry; feel displeased (hurt); miss **3T**
서해안 the west coast **8T**
석고 붕대 cast **10T**
석기 시대 the Stone Ages **19U**
섞다 to mix; blend **1T**
선녀 a fairy; nymph **7D**
선물 a gift; present **18R**
선물하다 to give a present **11T**
선발되다 to be selected; be chosen **24T**
설날 New Year's Day **1T**
설명 an explanation **19U**
설악산 Sulak Mountain **2P**
설탕 sugar **22R**
섬 an island **1P, 20T**
섬세하다 be delicate **23T**
성공하다 to succeed; be successful **18T**
성적 grade; exam results **14P**
세계 the world **17R**
세대 generation **22U**
세배 formal bow of respect to one's elders on New Year's Day **1T**
세상 the world **14R, 21T**
세우다 to build; construct **21T**
세워지다 to be established **13R, 22T**
세월 time and tide **13U**
세일 기간 a time (period) for sale **5T**
세종대왕 the Great King Sejong **2P, 13T**
소 a cow (암소); a bull (황소) **15T**
소개 introduction **12R**
소개되다 to be introduced **12E**
소개 받다 to be introduced **17T**
소금 salt **22R**
소독 약 a disinfectant; antiseptic **6T**
소리를 지르다 to shout **10P**
소매치기 a pickpocket **23R**
소문 a rumor; gossip **8T**
소문이 나다 to be talked about **8T**
소설 a novel **7U**
소시장 a cattle market **15T**
소식 news **2R**
소중하게 여기다 to treasure; prize **21T**
소중하다 to be precious **18E**
소크라테스 Socrates **24P**
소포 a parcel **22R**
소화가 되다 to be digested **4R**
속다 to be fooled; be deceived **11R**
손녀 a granddaughter **6T**
손수건 a handkerchief **11T**
손아래 a younger person; junior (literally, under the hand) **12T**
손위 사람 one's senior; person older than someone **12U**
솜씨 skill; tact; deftness **4T**
솟다 to rise; tower; soar **13T**
송편 half-moon shaped rice cake steamed on a layer of pine needles **1T**
수고하다 to work hard; take pain **10T**
수도 the capital city of a country **2T**
수박 a watermelon **2R**
수첩 an organizer **18U**
슈퍼마켓 a supermarket **1D**
숙제를 하다 to do homework **21P**
순간 a moment; instant **6E**
순서 an order; a sequence **9D**

순서대로 in a certain specified order **14U**
순하다 be docile, gentle **22P**
숟가락 a spoon **21R**
술 alcohol **4R**
술을 마시다 to drink; have a drink **21P**
숨기다 to hide **4R**
숨다 to hide **6T**
숨이 차다 to be gasping; panting **15P**
숲 forest **13T**
쉰 fifty **6P**
스케이트장 a (skating) rink **10T**
스파게티 spaghetti **1E**
슬프게 sadly **7T**
승진 a promotion **17E**
시계 a clock **15P**
시골 countryside **4T**
시끄럽다 to be noisy **16P**
시내 a brook(let); a stream(let) **8R**
시누이 a sister-in-law (for a woman) **12U**
시대 a period; era **2T**
시댁 the house of husband's parents **23T**
시민 citizens; townsmen; civilians **5T**
시어머니 mother-in-law (husband's mother) **23T**
시일 time; period **13T**
시작 a beginning **22T**
시장 a market **15R**
시장하다 to be hungry (honorific form) **3T**
시절 a certain period of time **10P, 24T**
시제 형태 a tense form **2R**
시조 the founder; the progenitor **21T**
시키다 to make (let) a person do; order **3T**
시합 a match **17U**
시험 test **15U**
시험에 떨어지다 to fail in an examination **9P**
시험 준비 a preparation for a test **9U**
식사 a meal **12E**
신 (a) god **21T**
신기하게도 magically; miraculously **6T**
신기하다 to be mysterious; be wonderful **13E, 19T**
신라 the Shilla dynasty [57 B.C.–A.D. 935] **2T**
신문 a newspaper **6U**
신문사 a newspaper publishing company **24T**
신비하다 to be mysterious **6T**
신세대 the new generation **16T**
신하 king's officials **14T**
신호등 a traffic signal **20U**
신혼 여행 honeymoon; wedding trip **19D**
신화 a myth; mythology **21T**
실력 competency; ability **7R**
실수 a mistake **11R, 18T**
실수를 하다 to make a mistake **20P**
실제로 practically; actually **14T**
실패하다 to fail **18T**
심다 to plant **3U**
심부름 errand; message **15R**
심술 perverseness **17R**
심심하다 to be bored **3T**
심지어 what is more (worse); (not) so much as **20T**
심하게 severely; extremely **6T**
심하다 to be excessive; be extreme **5T**
싱글벙글 with a broad smile; with a smiling face **10T**
싸우다 to fight **7R**
쌍둥이 twins **1P**
쌓다 to pile **2R**
쑥 sagebrush; wormwood **21T**
쓰다 to wear; put on **10R**

쓰다듬다 to stroke; fondle **6T**
쓰이다 to be written **2R**
쓸다 to sweep (with a broom) **11T**
쓸데없다 to be needless; be unnecessary **18T**

아

아가씨 young lady; Miss **7D**
아내 (one's) wife **16T**
아니 well; why; dear me; good heavens **7T**
아니면 either... or... **8D**
아니잖니? someone (something) is not....., is s/he (it)? **9T**
아들 a son **21T**
아무리 ... 도 no matter how ... **6T**
아무리 however; no matter how **2P**
아무튼 anyhow; in any case **16T**
아시아 Asia **8T**
아이디어 an idea **13R**
아이를 낳다 to give birth to; be delivered of **21T**
아픔 pain **21U**
악수 handshaking **11U**
안다 to hold (a baby) in one's arms; hug **6T**
안전하다 to be safe **14T**
알리다 to inform; report **7T**
앞당기다 to move a date up; advance a date **5T**
앞으로 hereafter; from now on; in the future **4T**
야구 baseball **10P**
야채 vegetables **14R**
약 medicine; drug **15P**
약속 an appointment; promise **2R, 5T**
약속을 지키다 to keep (one's) promise **18T**
약손 a soothing touch of the hand; a comforting hand **6T**
양자 adopted son **22R**
어긋나다 to go against; violate **11T**
어느 날 one day **4T**
어떤 점 what kind of characteristics **3E**
어려움 difficulty **11D**
어른 a grown-up; senior **11T**
어리석다 to be foolish; be stupid **2P**
어릴 적 one's childhood **18T**
어서 quick(ly); without delay **12D**
...(어)서 죽겠다 I'm dying to ... **9T**
...(어)서 혼나다 to have a bitter experience; have a hard time of it **10U**
...어 오다 have done (something) **10T**
어울리다 to be suitable; match; become; associate with **12T**
어이구 oh **7T**
어째서 why; for what reason; how is it that **7T**
어쨌든 anyway; anyhow **13E**
어쩌나 What shall I do? **7T**
억지로 by force; under compulsion **12U**
언제나 always **1T**
얼른 quickly; swiftly **7U**
...었/ㅆ 다 ...었/ㅆ 다 하다 to keep doing or being A and B **23T**
엉덩이 the hips; the buttocks **15T**
엎드리다 to prostrate oneself **7T**
...에 관계 없이 regardless of **5T**
...에 따르면 according to **4E**
에스키모 Eskimo **12U**

여겨지다 to be regarded as **17T**
여든 eighty **5P**
여러모로 in many ways **5P**
여쭤보다 to ask (honorific word) **17E**
여행 a journey; trip **5T**
여행을 하다 to make a trip **20R**
역 a station **2D**
역사적 historical **8T**
연 a kite **13U**
연구 research **14T**
연구하다 to do research; study **3R, 14T**
연락이 오다 to receive a communication **16P**
연락하다 to make contact with; get in touch with **13U**
연모 a tool; an instrument **13P**
연세 age **6T**
연애 결혼 a love match (marriage) **17T**
연인 a couple who love each other **11T**
열 fever **6E**
열심히 eagerly; zealously; enthusiastically **15T**
영광 glory; honor **9R**
영국 Britain; England; the United Kingdom **9E, 24T**
영리하다 to be smart **3D**
영양 nutrition **1T**
영토 a territory **14T**
영향 influence **22T**
옆구리 a flank; the side (of the chest) **16D**
예복 a formal dress; dress suit **17T**
예쁘다 to be pretty **21T**
예술 art **8T**
예식장 a wedding hall **17T**
예의 etiquette; courtesy **11T**
예절 manners, etiquette **22T**
예정이다 to plan to do **2D**
옛날 old days; ancient times **1T**
옛날 얘기 old tales; tales of old **9P**
오래 for a long time **6P**
오래되다 to be old **2R**
오래 전에 a long time ago **7T**
오랜 long **14T**
오렌지 an orange **2P**
오르막 upward slope **23T**
오스트리아 Austria **19U**
50억 five billion **2U**
오죽헌 the Yulgok's old residence **23T**
오후 afternoon; p.m. **9T**
오히려 rather (than) **4T**
온천 a hot spring **8T**
온통 all; wholly **10T**
온화하다 (the weather) to be mild, temperate **8T**
...와/과 ...(으)로 있다 to consist of; be made up **1T**
...와/과 관계가 있다 to be related to/with... **13T**
...와/과 관련된 related to ... **24T**
...와/과 달리 unlike...; differently from... **12T**
...와 같이 together with **4T**
완공되다 to be completed in construction **13P**
완성되다 to be completed **13T**
완성하다 to complete; to finish **14T**
왕조 a dynasty **2T**
외국 a foreign country **21U**
외국어 a foreign language **2P**
외국인 a foreigner **14D**
외롭다 to be lonely **1R**
외모 appearance **18P**
외출하다 to go out **5T**
외치다 to cry out **7T**
요구하다 to demand; request **12U**
요령 a gist; point; tip **5T**
요약하다 to summarize **24E**

요즘	these days; nowadays; lately **1T**
욕	a swearword; curse **11T**
욕심	greed **7R**
용감한	brave **13P**
용기	courage **18T**
용기를 잃다	to be discouraged **15U**
용돈	pocket money; personal expenses **10T**
(용돈을) 타다	to get; receive; take **10U**
용서	forgiveness; pardon **3T**
용서를 빌다	to beg (one's) pardon; to apologize for **4U**
용서하다	to forgive **6P**
우승	the victory **22P**
우연	a chance; accident **17U**
우울하다	to be sad; be melancholy; be gloomy **10T**
우편 번호	zip code **9D**
운동	movement **8T**
운동을 하다	to take excercise **20R**
운동장	a playground; schoolyard; athletic park **1U**
운동하다	to exercise **14P**
운전하다	to drive a car **3R**
울음	crying **6T**
울음 소리	cry; crying sound **15D**
웅장하다	to be magnificent; be huge **19T**
원각사	the Wongak Temple **2T**
원리	a principle **13U**
원숭이	a monkey **13U**
위대하다	great **14T**
위로하다	to console; comfort **11R, 16T**
위치하다	to be located **8T**
위험	danger **7E**
위험하다 (위험한)	to be dangerous **11R, 18T**
유교	Confucianism **17T**
유난히	particularly; unusually **14U**
유람선	a barge; excursion ship **19D**
유래	an origin **13T**
유럽	Europe **11T**
유명한	famous **2T**
유물	a relic, antiquity **19T**
유학생	a student studying abroad **24T**
육지	the land **1R**
윷놀이	a game using four wooden sticks **1T**
...(으)니	since... **23T**
...으려고	in order to do something **7T**
...(으)로 여겨지다	to be considered to be ... **2T**
...으로 ... 을/를 들다	to cite... as...; name.... as... **2T**
...을/ㄹ 생각으로	with the intention of...; in order to... **15T**
...을/를 ... (이)라고 부르다	to name (call) something/someone so and so **1T**
...을/를 당하다	to experience; to encounter **23T**
...을/를 통해서	through; from **12T**
...을까 봐	for fear that; lest **3T**
...음/ㅁ 으로써	by doing ... **12T**
음	a sound **13T**
음력	the lunar calendar **1T**
음식상	the dinner table **8T**
음식점	a restaurant **14P**
음악	music **21U**
음악회	a concert **9U**
의견	an opinion **13E**
의도	one's intention **16T**
의미하다	to mean; signify **11T**
의학	medical science; medicine **17R**
이념	ideology **22T**
이따가	later **5D**

이론 a theory **13R**
이르다 to arrive (at ...), reach, get to **19U**
이르다 to carry tales (to a person); tell **9R**
이름이 높다 to be famous **23T**
이모 aunt **9D**
이사하다 to move **4R**
이상 more than ... **11T**
이상하다 to be odd; be strange; be unusual **2T**
이슬람 Islam **11T**
...(이)야 as for.... **15T**
이용하다 to use; utilize; make use of **2R, 5T**
이유 a reason; cause **5E**
이태리 Italy **1E**
이해하다 to understand **16R**
인간 human beings **21T**
인구 population **2T**
인기가 있다 to be popular **20U**
인도 Indian **20U**
인디언 Indian **11T**
인물 a person; a character; a figure **2P**
인사동 Insa-Dong (a district located in Seoul) **8P**
인상 impression **12U**
인상 깊다 to be impressive; be memorable **19E**
인쇄술 the art of printing, typography **22T**
인식 recognition; conception **18T**
인형 a doll **10U**
일리가 있다 to make sense **14D**
일본어 Japanese language **14P**
일부러 on purpose **16T**
일생 동안 during one's lifetime **18T**
잃다 to lose **18T**
잃어버리다 to lose **18T**
임금 a king **14T**
임무 duty **23R**
입원하다 to be hospitalized **9P**
입학 admission to a school; matriculation **17R**
잇다 to link; put together; connect **10R**
잊다 to forget **6P**
잊어버리다 to forget **18R**

자

자녀 교육 the education of one's children **21P**
자동차 산업 the auto industry **22U**
자르다 to cut **10R**
자리 a government position **3T**
자세하게 in detail **4E**
자신 confidence **9D**
자신 있게 confidently **4T**
자연 nature **9R**
자유롭다 to be free, unrestricted **17T**
자체 itself **12T**
작가 a writer **8T**
작업 work **14P**
작품 a work, a production **22T**
잔소리 nagging **15T**
잔칫상 feast table **3T**
잘난 체 하다 to assume an air of importance; put on superior airs **10U**
잘못 a mistake **3T**
잘못되다 to be wrong; be incorrect **12T**
잠기다 to be absorbed (in ...) **7T**
잠깐 a little while; moment **21T**
잠시 후 after a while **4T**
잠이 오다 to fall asleep **10T**
잠자리 a sleeping place; bed **18T**
잡다 to catch **7T**
잡아 먹다 to catch and eat **7T**

장갑	gloves; mittens **8R**
장난	play; a prank **9T**
장난감	toy **15U**
장난 삼아	playfully **3T**
장마	the rainy season; the rainy spell in (early) summer **10T**
장미꽃	a rose **2U**
장사	trade; business **7R**
장소	a place **5T**
장애인	handicapped person **7U**
장점	a strong point; advantage; merit **8U**
장편 소설	a full-length story; novel **24T**
잦은	frequent **23P**
재래 시장	a conventional market **8T**
재료	materials; ingredients **20T**
재산	property; one's posession(s) **10T**
재주	talent; gifts; endowments **4T**
저녁 식사	dinner **18T**
저마다	each (one); respectively **8T**
저항	resistance; defiance **8T**
저희	we (the humble expression of '우리') **9T**
적다	to write **14T**
전국적으로	nationwide **8T**
전기	electricity **7P**
전기가 나가다	the power is cut off **7P**
전설	a legend **23P**
전쟁	a war **13U, 24T**
전체	the whole **14R**
전통	traditional **20T**
절(을) 하다	to make a bow **19R**
절	a bow **1T**
절	a (Buddhist) temple **2T**
젊은	young **3T**
젊은이	a youngster **8T**
점성가	an astrologer **24R**
점잖다	to be serious **9T**
젓다	to stir; beat; whip **10R**
정교하다	to be exquisite **19T**
정류장	a bus stop **5T**
정리	arrangement; adjustment; organization **14R**
정리하다	to (re)arrange; put in order **10E, 14T**
정말	really **2D**
정부	government **5T**
정성껏	wholeheartedly; devotedly **7T**
정승	a prime minister **3T**
정신	mind; spirit; soul **8R**
정원	a garden **2T**
정직	honesty **23U**
정치가	a politician **14U**
정하다	to decide (on) **2T**
정해 놓다	to set up; decide **18T**
정확하다	to be accurate; be correct; be exact **5T**
제비	a swallow **3P**
제사	a ceremony for ancestral worship **2T**
제주도	Cheju island **2P**
제출하다	to submit; turn in **17R**
제품	a product; merchandise **18P**
조금	small quantity; a little **15P**
조금도	not at all; not in the least **4T**
조상	ancestors **1T**
조선	the Chosun (Yi) Dynasty [1392–1910] **2T**
조카	a nephew; niece **10T**
조화를 이루다	to be in harmony (with) **20T**
존경심	respect **12T**
존경하다	to respect **14T**
존중하다	to respect **18U**
졸다	to doze; fall asleep **3P**
졸리다	to feel drowsy; become sleepy **9R**
졸업	graduation **19U**

좁히다	to make ... narrow **12R**
종교적인	religious **21T**
종류	a kind; sort **1E**
종묘	the ancestral temple of the royal family **2T**
종일	whole day; all day long **1U**
죄	sin **18P**
주고 받다	to exchange; give and take **16T**
주로	mostly; mainly **1T**
주름	wrinkles; crumples **15R**
주말	weekends **1P**
주먹	a fist **21R**
주사	injection (주사를 놓다: give an injection) **6T**
주사를 맞다	to get a shot **6D**
주소	address **9D**
주위	surrounding **3T**
주유소	a gas station **9T**
주제	a theme **24E**
주중	weekdays **8D**
죽음	death **11T**
...줄만 알다	to know only that **7T**
줄이다	to make (something) smaller; lessen; shorten **12R**
줌	a handful (of ...) **21T**
중(에서)	among; between **1T**
중간	in the middle of **5E**
중국어	Chinese language **14P**
중매 결혼	an arranged marriage **17T**
중매쟁이	a matchmaker, a go-between **17T**
중퇴하다	to drop out of school; leave school halfway **24T**
즉	namely **13T**
즐겁다	to be pleasant; to be delightful **4R**
즐기다	to enjoy **8T**
지갑	a wallet **16R**
지겹다	be tedious; tiresome **22R**
지구	the earth **1R**
지나다	to pass; to go by **4T**
지내다	to perform; hold **2T**
지루하다	to be boring; be tedious; be bored (by) **10T**
지리산	Cheeree Mountain **2P**
...지 말다	don't ...; let's not ... **4T**
지방	a local area; region **2T**
지배	rule **22T**
지시하다	to order; to direct **14T**
...지 않으면 안 된다	must; should **2T**
지역	a region; area **8T**
지옥	hell; inferno **5T**
지키다	to abide by; keep (a promise) **11P**
지키다	to protect **14T**
지폐	a bill; bank note **14D**
지하철	a subway; underground railway **2D, 5T**
직업	an occupation **21U**
직장인	a salaryman; company worker **5T**
직접	personally **1D, 14T**
진실되다	to be true; be genuine; be faithful **12T**
진짜	really **7T**
진하다	to be thick; be rich (in certain qualities) **6T**
짐승	an animal **7T**
집다	to pick up (a thing) **1R**
집안	the inside of the house **10U**
집이 어렵다	to be poor **15D**
집집마다	in every house **21D**
짓다	to build; construct **10R, 19T**
짖다	to bark **10P**
짜리	(a thing) worth.... **14D**
쫓겨나다	to be forced; leave one's position **10P**
쯤	about; around; nearly **8D**
찌개	(Korean) stew **1E**

찌르다 to poke **16D**
찍다 to dot; print; cut down **5R**

차

차다 to kick **2R**
차라리 rather **15T**
차를 몰다 to drive a car **11P**
차이 a difference **11T**
차이나 타운 China Town **13E**
차이점 a difference **14E**
착하다 to be good; nice; be good-natured **11U**
참 indeed; really **9T**
참가하다 to participate **1P**
참다 to endure; bear; suffer **21T**
참석하다 to attend **9T**
참외 a Korean melon **2R**
찻집 a teahouse; teashop **20T**
창경궁 the Changkyung Palace **2T**
창덕궁 the Changduk Palace **2T**
창피를 당하다 to be embarrassed; to be humiliated **23P**
찾아 가다 to visit **9T**
채 the classifier for counting houses **15T**
책임 responsibility **23R**
챙기다 to tidy things up; pick up; put things in order **5R**
처리하다 to transact; deal with **17R**
처음 the first time; first **21T**
처지 situation; one's status **16T**
천사 an angel **1R**
천재 a genius **1R**
청년 a young man; a youth **9U**
청소 cleaning **14R**
청소하다 to clean **2R**
체육 physical education **1P**
체중 one's weight **12R, 18T**
체중 indigestion; digestive disorders **5T**
초가집 a house with a thatched roof; a thatched cottage **15T**
초콜렛 chocolate **16T**
총명하다 to be clever; be intelligent **24T**
최고 the best **15R**
최근 recently **21U**
최초(의) first **24T**
추석 the Korean Thanksgiving Day **1T**
추수 감사절 Thanksgiving Day **1E**
추억 memories **18T**
추천하다 to recommend **5E**
축구 경기 a soccer game **13U**
축복 a blessing **17U**
축하하다 to congratulate (someone) (on something) **19U**
출발 starting; departure; leaving **5P**
출발시키다 to launch; give ... a start **24T**
출입 coming and going; entrance and exit **17U, 22T**
출입 금지 Keep Out! **11P**
출입하다 to frequent; to go in and out **23T**
출퇴근 office attendance; going to work and leaving work **5T**
충 loyalty **22T**
충고 an advice **18T**
충고하다 to advise **14P**
취미 a hobby **12P**
취하다 to be drunk **19R**
층계 stairs **19T**
치료하다 to treat; remedy **6T**
친구를 사귀다 to make a friend **15R**
친절하다 to be kind **4E**
친정 the house of wife's parents **23T**
친척 a relative **23T**

침략 invasion **22T**
칭찬하다 to praise **3R**

카

카드 a card **18R**
커다란 big; huge **16D**
켜다 to turn on **7P, 18T**
콧물 a runny nose **6D**
크게 greatly **14T**
크기 size; bulk **4T**
키우다 to make ... larger; make ... bigger; grow **12R**

타

타다 to burn; ride **10R**
타다 to win (a prize) **14D**
탈 a mask (made of a gourd) **15T**
탈춤 a mask dance **22T**
태국 Thailand **11T**
태극기 the national flag of Korea **21D**
태도 an attitude **12U**
태어나다 to be born **8T**
터지다 to get broken **15R**
턱 a chin; a jaw **6U, 11T**
텅 비다 to be totally empty; be entirely vacant **5R**
토의 discussion **18U**
통신 telecommunication **17R**
통일하다 unify **22T**
통해서 through; via **18T**
퇴장 getting kicked out of court **23P**
특별시 the special city (district) **8T**
특이하다 to be unique; to be distinctive **8T**
특징 a characteristic; distinctive feature **12E**
특히 in particular; particularly; especially; specially **1T**
튼튼하다 to be strong; substantial **15T**
틀다 to play; tune in; turn on **20T**
틀림없이 without fail; certainly **21T**
티 a mote; particle; foreign element **6T**

파

파 a green onion **4D, 15T**
파다 to dig **2R, 10T**
판소리 the song of a drama recited by the Gwangdae performer **22T**
팔리다 to be sold **7P, 15T**
패하다 to be defeated **17U**
퍼지다 to spread **8U**
펴내다 to publish **14T**
펴다 to open **6T**
편 direction; inclination **4D**
편리하다 to be convenient **8T**
평가 받다 to be recognized; be evaluated as ... **24T**
평화 peace **1T**
평화적 peaceful **22T**
포도 grapes **15R**
표값 a ticket price **5P**
표시하다 to indicate; signify; express **11E**
표현 an expression **12T**
표현하다 to express; give expression (to) **15D**
푸짐하다 (food) to be abundant; be copious **8T**
푹 thoroughly; completely **6D**
풀다 to solve **10R**
풀려나다 to be released; get free **24T**
풀벌레 insects **23T**
품 a bosom; breast; place between one's chest and breast **6T**
품질 quality **12U**

화가 풀리다 to relent from anger **10T**
화랑 an art gallery **20T**
화려하다 to be luxurious; be splendid **19T**
화를 내다 to lose one's temper; be angry **3T**
확실하다 to be sure; be certain **13U**
활동 activity **22T**
활동하다 to be active; be actively engaged **8T**
활발한 lively; vigorous **22T**
활자 movable type, printing type **22T**
회 (sliced) raw fish; sashimi **8T**
회색 gray **10T**
회의 a meeting; conference **1P**
효 filial piety **22T**
효성 filial piety **7T**
효자 a devoted son **7T**
후기 latter period **22T**
후회하다 to regret **18D**
훈련 discipline; training **22P**
훌륭하게 nicely; finely **21U**
훌륭한 good; great **14T**
훔치다 to steal **10U**
휴일 a holiday **1R**
휴지 a wastepaper **11R**
휴학하다 to withdraw from school temporarily **1P**
흉내내다 to imitate; mimic **13T**
흐리다 to be cloudy **16P**
흔들다 to wag; swing; wave **16P**
흔히 usually; oftentimes **5T**
희한하다 to be unusual; be rare; be surprising **11D**
흰 white **1T**
힘 physical strength; power **4T**
힘들다 (힘든) to be difficult; be laborious **1P, 14T**
힘쓰다 to strive **14T**

영한 낱말 색인

(English-Korean General Glossary)

Chapter Legend

T	본문	**D**	대화
U	낱말의 쓰임	**P**	문형 연습
R	Drills	**E**	연습 문제

A

abide by	지키다	**11P**
ability	재주	**15R**
above all	특히	**12T**
absent (from school)	결석하다	**11P**
absorbed (in)	잠기다	**7T**
abundant	풍부하다	**2P**
abundant [food]	푸짐하다	**8T**
abusive language	욕	**17R**
academically	학문적으로	**18U**
accident	사건; 우연; 사고	**8U, 17U, 24T**
accidents happen	사고가 나다	**11P**
accompany (honorific)	모시다	**4T**
according to	...에 따르면; ...의하면	**4E**
accumulate	모으다	**10U**
accurate	정확하다	**5T**
active	활동하다	**8T**
activity	활동	**22T**
actually	실제로	**14T**
A.D. (Anno Domini)	서기	**14T**
address	주소; 번지 수	**9D**
adjustment	정리	**14R**
admission to a school	입학	**17R**
adopt	삼다	**22T**
adopted son	양자	**22R**
advance a date	앞당기다	**5T**
advancement	발달	**17P**
advancement	발전	**14T**
advantage	장점	**8U**
advice	충고	**18T**
advise	충고하다	**14P**
affair	사건	**24T**
afraid	두려워하다	**18T**
after...	...끝에; ...ㄴ 뒤	**14T, 7T**
after a long period of time	오랜만에	**7U**
after a while	자신 있게	**4T**
afternoon	오후	**9T**
age	나이; 연세	**6T, 21T**
agonizing	괴롭다	**4R**
aim	목표	**18T**
airport	공항	**2R, 5U**
alcohol	술	**4R**
all	모든; 온통	**10T, 14R**
all night	밤새	**10T**
all of a sudden	갑자기	**5P**
all over (a certain place)	널리	**7T**
allowed	허용되다	**17T**
almost	거의	**22D**

alone	혼자	**4T**
also	또한	**22T**
alumnus	동창	**12P**
always	늘; 언제나; 항상	**1T, 4E, 21T**
amazing	신기하다	**13E**
among (ourselves /themselves)	...끼리	**12T**
among	...중(에서)	**1T**
ancestor	조상	**1T, 21D**
ancestor worship	제사	**20T**
ancestral temple of the royal family	종묘	**2T**
angel	천사	**1R**
anger	화; 분노	**13R, 18T**
angry (as in 'get angry')	화를 내다	**3T, 21U**
animal	동물; 짐승	**5P, 7T, 13T, 15D**
ankle	발목	**10T**
anticipate	알아차리다	**21T**
antiques	골동품	**20T**
antiquity	유물	**19T**
antiseptic	소독 약	**6T**
anybody	누구나	**14T**
anyhow	아무튼; 어쨌든	**13E, 16T**
appear	나타나다	**10R**
appear that ... (as in 'it appears that ...')	...ㄴ 모양이다	**6T**
appearance	모습; 꼴; 외모	**7T, 10T, 15T, 18P**
appointment	약속	**5T**
approximately	한; 약; 쯤	**8D**
area	지역	**8T**
army	군대	**1P**
arrange	마련하다	**17T**
arranged marriage	중매 결혼	**17T**
arrangement	정리	**14R**
art	예술	**8T, 14T**
art gallery	화랑	**20T**
art of printing	인쇄술	**22T**
article	논문; 기사	**10P**
artist	미술가; 화가; 예술가	**20T, 23P, 24R**
as ...	...대로	**7T**
as a result of...	...끝에	**14T**
as (much /many) as	만큼	**13T**
as for....	...(이)야	**15T**
ashamed of	부끄럽다	**10U**
Asia	아시아	**8T**
as if ...	...듯(이)	**6T**
ask (honorific word)	여쭤 보다	**17E**
ask a favor	부탁하다	**11R, 14P**
assume an air of importance	잘난 체하다	**10U**
astrologer	점성가	**24R**
at a glance	한 눈에	**2D**
atmosphere	분위기	**20T**
at once	금새	**3U**
at present	현재	**21T**
attend	다니다; 참석하다	**9T, 16P**
attend a lecture	강의를 듣다	**8R**
at that time	당시	**23T**
at the moment ...	...는 순간	**7T**
at times	때때로	**12U**
attitude	태도	**12U**
aunt	이모	**9D**
Australia	호주	**9T**
Austria	오스트리아	**19U**
author	작가	**24T**
authority	권세; 권위	**23T**
auto industry	자동차 산업	**22U**
average	보통	**4U**
avoid	피하다	**5T**
awake	깨다	**10T**
away from	떨어지다	**4T**

B

Buddhist classics 불경 **22T**
Buddhist statue 불상 **19T**
Buddhist temple 절 **4T**
build 세우다; 짓다 **10R, 21T**
built 서다 **10R**
Bulgaria 불가리아 **11T**
bulk 크기 **4T**
bull 황소 **15T**
bump 부딪치다 **16U**
burglar 강도 **15U**
burn 타다 **10R**
bury 묻다 **10T**
business 장사; 사업 **7R, 15D**
bus stop 정류장 **5T**
buttocks 엉덩이 **15T**
by doing something ...음/ㅁ 으로써 **12T**
by force 억지로 **12U**

C

call 부르다 **20T**
candy 사탕 **16T**
capital city 수도 **2T, 19T, 21T**
caprice 변덕 **9R**
card 카드 **18R**
carry 나르다 **15R**
carry tales (to a person) 이르다 **9R**
case 경우 **13T**
cast 석고 붕대 **10T**
cat 고양이 **15D**
catch 잡다 **7T**
catch a cold 감기에 걸리다 **3R**
catch and eat 잡아 먹다 **7T**
cattle market 소 시장 **15T**
caught 붙잡히다 **24T**
cave 동굴 **21T**
ceremony for ancestral worship 제사 **2T**
certain 확실하다(확실한) **13U**
certainly 틀림없이; 꼭 **2D, 21T**
certain period of time 시절 **24T**
chance 우연; 기회 **17U**
Changduk Palace 창덕궁 **2T**
change 변하다; 바꾸다 **7T, 12T, 15T, 21T**
changes 변천 **17T**
Changkyung Palace 창경궁 **2T**
character 글자 **14T**
character 인물 **24E**
characteristic 특색 있는 **20T**
characteristics 특징 **12E, 20E, 22E**
charm 매력 **8T**
Cheeree Mountain 지리산 **2P**
cheerful 명랑하다 **22U**
cheer up 힘내다 **13R**
Cheju Island 제주도 **2P**
cherry-blossom viewing 벚꽃 놀이 **2T**
chick 병아리 **15D**
childhood 어릴 적 **18T**
China Town 차이나 타운 **13E**
Chinese cabbage 배추 **1T, 14R**
Chinese characters 한자 **1P, 13T**
Chinese language 중국어 **14P, 20P**
chin 턱 **11T, 19R**
chocolate 초콜렛 **16T**
choose 선택하다; 고르다 **5U, 9U**
Chosun (Yi) Dynasty 조선 **2T**
circumstances 상황 **18U**
cite ... (as) (으로) ...을/를 들다 **2T**
citizens 시민 **5T**
class 반; 학급 **8P**
classical music 고전 음악 **14T**

construct 건설하다; 짓다 **5E, 19T**
content 내용 **5U, 21T, 24E**
contest 대회; 경기 **14D**
contract a disease 병에 걸리다 **6T**
contribute 기여하다 **12P**
convenient 편리하다 **8T**
conventional market 재래시장 **8T**
conversation partner 말동무 **3T**
conversely 반대로 **16T**
convey 나르다 **15R**
cookies 과자 **14R**
cooperate 협조하다 **24T**
correct 틀림없다 **8P**
cough 기침 **15R**
countenance 기색 **10T**
country 국가 **11T**
countryside 시골 **4T**
couple who love each other 연인 **11T**
courage 용기 **18T**
covered with snow (눈이) 쌓이다 **10T**
cow 암소 **15T**
coward 겁쟁이 **1P**
creativity 독창성 **22T**
criticize 비난하다 **11R**
crooked 삐뚤어지다 **4T**
crowd 몰리다 **8T**
crowded 복잡하다; 붐비다 **5T, 23U**
crumples 주름 **15R**
cry out 외치다 **7T**
crying 울음 **6T**
crying sound 울음 소리 **15D**
cultivate 갈다 **3T**
culture 문화 **2D, 14T, 20T, 22T**
cure 치료하다 **17R**
cured 낫다 **7P**
curse 욕 **17R**
customs 풍속; 풍습; 관습 **1T, 11T, 13R, 14U, 21U**
cut 자르다; 깎다 **2R, 10R**

D

dance music 댄스 뮤직 **16U**
dangerous 위험하다(위험한) **11R, 18T, 21P**
danger 위험 **7E**
Dangun's Accession Day 개천절 **21D**
daughter-in-law 며느리 **22R**
dawn *v.* 밤이 새다 **15P**
dawn *n.* 새벽 **3R**
day 하루 **1T**
day (of remembrance) 기념일 **2U**
day and night 밤낮으로 **7T**
deal with 처리하다 **17R**
death 죽음 **11T**
deceived 속다 **11R**
decide on 정하다 **2T**
decide to ... ...기로 하다 **4T**
defeated 패하다 **17U**
delicate 섬세하다 **23T**
delighted 반가워하다 **4T**
delightful 즐겁다 **4R**
demand 요구하다 **12U**
democratization 민주화 **8T**
depart 떠나다; 출발하다 **15T**
department store 백화점 **5T, 23R**
departure 출발 **5P**
deprived of (as in 'be deprived of') 빼앗기다 **18T**
desert 사막 **21P**
develop 발달하다 **12T, 22T**

effort 노력 **4T**
eighty 여든 **5P**
either... or... 아니면 **8D**
electricity 전기 **7P, 22U**
elegant 멋있다 **8D**
embarrassed 당황하다; 창피를 당하다 **11E, 23P**
employee 사원; 종업원 **14P**
empty 비다 **10R**
empty, totally 텅 비다 **5R**
ending of a word or clause 끝말 **12T**
endowments 재주 **7R**
endure 견디다 **21T**
engaged (to marry someone) 약혼하다 **9U**
enjoy 즐기다 **8T**
enlarge 넓히다; 늘리다 **12R, 14T**
enthusiastically 열심히 **15T**
entrance 입구 **11T**
entrance and exit 출입 **17U**
envelope 봉투 **9D**
errand 심부름 **15R**
Eskimo 에스키모 **12U**
established 세워지다 **22T**
establishment of a country 건국 **21T**
esteemed person (used as classifier) 분 **21U**
etiquette 예의; 예절 **11T, 22T**
Europe 유럽 **11T**
evaluated 평가 받다 **24T**
even 똑같다 **4T**
everybody 누구나; 모두 **14T**
every day 매일 **15T, 21T**
evil 악 **21T**
exam results 성적 **14P**
excel 뛰어 나다 **23E**
excessive 심하다 **5T**
exchange 바꾸어 주다; 주고 받다 **15R, 16T**
excursion ship 유람선 **19D**
exercise 운동하다 **14P**
experience 겪다 **22T**
experience 경험 **6U, 11E, 13R**
explanation 설명 **19U**
express 표현하다 **15D**
express bus 고속버스 **5T**
expression 표현 **12T**
exquisite 정교하다(정교한) **19T**
extend (over) 걸치다 **13T**

F

face *n.* 얼굴; 낯 **10T**
face *v.* 향하다 **19P**
face each other 마주 보다 **13D**
fact 사실 **8P**
fail 실패하다 **18T**
fail in an examination 시험에 떨어지다 **9P**
fail to catch (a bus) 놓치다 **5T**
fail to recognize 몰라 보다 **7T**
fairly 꽤 **2P**
fairy 선녀 **7D**
fall (in ...) 빠지다 **6T**
fall asleep 잠이 오다 **10T**
fallen leaves 낙엽 **20U**
fall in love 사랑을 하다 **21R**
fame 명성 **18T**
family name 김 **13T**
famous (for ...) (...로) 유명하다(유명한) **2T, 8T**
far 멀리 **1U**
far and wide 널리 **7T**
far away 멀리 **15T**
farm 밭 **3T**
farmer 농부 **3T, 15T**
farming 농사 **21T**
fast 빠르다 **4D**

G

gas station	주유소	**9T**
Gate of Independence	독립문	**2T**
gather (together)	모이다	**1T, 20T**
generation	세대	**22U**
generous	마음을 너그럽게 쓰다	**3U**
genius	천재	**1R**
Germany	독일	**9U, 19P**
get angry	화내다	**13R**
get an injection	주사를 맞다	**6D**
get lost	길을 잃다	**7P**
get money	돈이 생기다	**10E**
get out of the straight	삐뚤어지다	**4T**
get sick	병이 나다	**6P**
get sold	팔리다	**15T**
get up	깨어나다	**18T**
getting kicked out of court	퇴장	**23P**
gift	선물	**18R**
gist	요령	**5T**
give (honorific)	드리다	**21R**
give a present	선물하다	**11T, 15R**
give and take	주고 받아	**16T**
give birth to (a baby)	(아기를) 낳다	**1R, 6U, 21T**
glad	기쁘다(기쁜); 반갑다 (반가운)	**21R**
gloomy	우울하다(우울한)	**10T**
glory	영광	**9R**
gloves	장갑	**8R**
go against	어긋나다	**11T**
go back to one's country	귀국하다	**9T**
go beyond	넘다	**1R**
go by	지나다	**4T**
go crazy	미치다	**21P**
go in and out	출입하다	**23T**
go mad	미치다	**15R**
go out	외출하다	**5T**
go out for a walk	산책을 나가다	**10U**
god	신; 하느님	**14P, 21T**
going and coming	출입	**22T**
gold	금	**13T**
gold medal	금메달	**21R, 24U**
good	선	**21T**
good	훌륭한; 좋은	**14T**
good-natured	착하다	**11U**
govern	다스리다	**21T**
government	정부	**5T, 8T, 19U, 24T**
government position	자리	**3T**
grade	성적	**14P**
graduate student	대학원생	**1R**
graduation	졸업	**19U**
grain	곡식	**1T, 3U**
granddaughter	손녀	**6T**
grandfather	할아버지	**21E**
grandmother	할머니	**21R**
grapes	포도	**15R**
grave	산소	**1T**
gray	회색	**10T**
great	위대하다(위대한); 훌륭하다(훌륭한)	**14T, 14U**
Great (king)	대왕	**14T**
Great Britain	영국	**9E**
Great King Sejong	세종대왕	**13T**
greatly	크게	**14T**
Greece	그리스	**11T, 13U**
greed	욕심	**7R**
greediness	욕심	**17R**
green onion	파	**4D, 15T**
ground	땅	**4T**
ground	바탕	**22T**
grow	키우다	**12R**
grown-up	어른	**11T**

H

habit 버릇 **5P, 18P, 21R**
half-moon shaped rice cake steamed on a layer of pine needles 송편 **1T**
Halla Mountain 한라산 **2P**
handful (of ...) ... 줌(의 ...) **21T**
handicapped person 장애인 **7U**
handkerchief 손수건 **11T**
handshaking 악수 **11U**
handsome man 미남 **24R**
handwriting 글씨 **4T**
hang 걸다 **19R**
Hangul Day (October 9th) 한글날 **14T**
happening 사건 **8U**
hard 힘들다(힘든) **4R**
harmonious 잘 맞다 **8P**
harm 해치다 **23T**
have a bitter experience ...(어)서 혼나다 **10U**
have a difficulty 어려움을 겪다 **9E**
have a drink 술을 마시다 **21P**
have a full stomach 배가 부르다 **7P**
have a hard time 고생을 하다; ...(어)서 혼나다 **10U, 15D**
have an audience with ... 뵙다 **12E**
have done (something) ...ㄴ 적이 있다; ...어 오다 **9T, 10T**
have one's mind at rest 마음이 편해지다 **10D**
headache 두통 **5U**
health 건강 **7R, 9U, 18T**
healthy 건강하다 **4P**
height 키 **1P**
hell 지옥 **5T**
help *n.* 도움 **7T, 14U**
help *v.* 돕다 **3R**
help with 도와 주다 **15D**
hereafter 앞으로 **4T**
hide 감추다; 숨기다; 숨다 **4R, 6T, 7D**
high degree 몹시 **10T**
hips 엉덩이 **15T**
historical 역사적 **8T**
historical sites 사적 **2T, 19T**
history 역사 **20P, 21D**
hit 치다; 때리다 **15T**
hobby 취미 **12P**
hoist 달다 **21D**
hole 구멍 **10T**
holiday 명절; 휴일 **1T**
homework (to do) 숙제를 하다 **21P**
honest 마음이 곧은 **3T**
honesty 정직 **23U**
honeymoon 신혼 여행 **19D**
honor 영광 **9R**
honorific expressions 높임말 **13P**
honorific words 높임말 **12T**
hospitalized 입원하다 **9P**
hot, spicy (of food) 맵다 **6R**
hot spring 온천 **8T**
household necessities 살림살이 **17T**
housekeeping 살림 **23T**
house of husband's parents 시댁 **23T**
house of wife's parents 친정 **23T**
house with a thatched roof 초가집 **15T**
how/what/why on earth 도대체 **15T**
hug 안다 **6T, 7U**

huge 커다란 **16D**
human beings 인간 **21T**
humiliated 창피를 당하다 **23P**
hungry 배 고프다 **21D**
hungry (honorific form) 시장하다(시장한) **3T**
hunt 사냥 **7R**
hurry 서두르다 **11P**

I

I'm dying to ... ...어서 죽겠다 **9T**
idea 아이디어 **13R**
ideograph 글자 **14T**
ideology 이념 **22T**
idle 놀다 **15T**
if 만일 **2T**
if so 그렇다면 **24T**
ignore 무시하다 **23U**
imagine 상상하다 **7E**
I mean.... ...ㄴ 말이다 **15T**
imitate 흉내내다; 본뜨다 **13T, 13U**
immediately 당장; 금방 **3T, 6T**
impossibility 불가능 **21P**
impressed 감동을 받다 **7T**
impression 인상 **12U**
impressive 인상 깊다(인상 깊은) **19E**
imprisoned (감옥에) 갇히다 **24T**
improve 늘다 **11D**
in a certain specified order 순서대로 **14U**
in addition 또한 **23T**
in advance 미리 **3U**
in a hurry 급히 **5D**
in any case 아무튼 **16T**
in detail 자세하게 **4E**
in every house 집집마다 **21D**
in harmony (with) 조화를 이루다 **20T**
in many ways 여러모로 **5P**
in order to ... ...도록; ...으려고; ...을/ㄹ 생각으로; ...하기 위해 **4T, 7T, 15T**
in particular 특히 **1T**
in the future 앞으로 **4T**
in the meantime 그 동안 **4T**
in the middle of 가운데 **2T**
in the nick of time 마침 **7T**
in touch (physically) 맞닿아 있다 **8T**
in trouble 괴롭다 **21R**
incense flavor 향 냄새 **20T**
incidentally 한편 **12T**
inclination 편 **4D**
including 비롯하여 **19T**
increase 늘다 **18T**
indeed 참 **9T**
independence 독립 **2T**
Independence Day 독립 기념일 **21U**
independence movement 독립 운동 **24T**
Indian 인디언; 인도의 **11T, 20U**
indicate 표시하다 **11E**
indigestion 체증 **5T**
industry 산업 **8T**
influence 영향 **22T**
inform 알리다 **7T, 14T**
injection 주사 (주사를 놓다: give an injection) **6T**
injured 다치다 **9P**
insects 풀벌레 **23T**
inside of the house 집안 **10U**
insist 고집하다 **4P**
instant 순간 **6E**
instead of ... ...대신 **2R, 7T, 9T**
institution 기관 **8T**
instrument 기구; 연모 **13P, 14T**

intelligent 머리가 좋다 **9U**
interest 관심 **10R**
intimate 친하다 **9E**
introduced 소개되다; 소개 받다 **12E, 17T, 22E**
introduction 소개 **12R**
invasion 침략 **22T**
invent 발명하다 **14U, 22T**
invented 발명되다 **13R**
Islam 이슬람 **11T**
island 섬 **1P, 20T**
Italy 이태리 **1E, 11D, 24U**
itchy 가렵다 **6R**
it is said /reported that ... ...ㄴ 것으로 전해지다 **24T**
itself 자체 **12T**

J

Japanese language 일본어 **14P, 20P**
jar for kimchi 김치 독 **10T**
jaw 턱 **6U**
jewel 보석 **10U**
joint 잇다; 연결하다 **10R**
joke 농담 **9T**
journey 여행 **5T**
just 바로 **8T**
just (exactly) like 마치 **3T**

K

keep (one's) word/promise 약속을 지키다 **9R, 18T**
keep doing or being A and B ...었/써 다 ...었/써 다 하다 **23T**
keep out 출입 금지 **11P**
kick 차다 **2R**
kicked out (as in 'get kicked out') 쫓겨나다 **12U**
kind *n.* 종류; 가지 **1T**
kind *adj.* 친절하다(친절한) **4E, 14P**
king 임금 **2P, 14T, 21T**
king's officials 신하 **14T, 21T**
King Sejong 세종대왕 **2P**
kingdom of Heaven 하늘 나라 **21T**
kite 연 **13U**
know only that ... ...줄만 알다 **7T**
knowledge 학식 **23T**
Korea 한국 **1T**
Korean melon 참외 **2R**
Korean peninsula 한반도 **22T**
Korean stew 찌개 **1E**
Korean-style restaurant 한식 집 **20D**
Korean Thanksgiving Day 추석 **1T**
Korean traditional game using four wooden sticks 윷놀이 **1T**
Kyungbok Palace 경복궁 **2T**

L

lack 부족하다 **18U**
lake 호수 **8R**
land 육지 **1R**
later 나중에; 후에; 이따가 **3D, 21T**
last third of a month 하순 **10U**
latter period 후기 **22T**
launch 출발시키다 **24T**
laundry 빨래 **14R**
lawyer 변호사 **17U**
lazy 게으르다 **7P**

lazy person	게으름뱅이	**15T**
leader	지도자	**21U**
leak out	새다	**12P**
learn	배우다	**14T**
learning	학문	**8R**
leave	떠나다	**4T, 14P, 15T**
leave one's position	쫓겨나다	**10P**
leave (something) behind	남기다	**10E, 24T**
lecture	강의	**21U**
legend	전설	**23P**
lend	빌려주다	**24D**
lesson	교훈	**3D, 7D, 15R, 18T**
let's not ...	...지 말다	**4T**
let (a person) know	알리다	**7T**
let (a person) live	살리다	**4R**
let (someone) see	보이다	**11T**
letter	편지	**14T**
letter (orthography)	글자; 문자	**11T, 22T**
lie down	눕다	**6T**
life	생명	**21T**
life	생활	**21U**
lifetime	일생; 생애	**18T**
lift	높이다	**12T**
lift one's face	낯을 들다; 얼굴을 들다	**10U**
light *adv.*	간단한	**3T**
light *n.*	빛	**13U**
like	마음에 들다	**18E**
likewise	마찬가지	**5D**
linguist	언어학자	**23P**
link	잇다; 연결하다	**10R**
literature	문학	**22T, 24T**
a little	조금	**15P**
local area	지방	**2T**
located	위치하다	**8T**
location	위치	**24P**
loneliness	외로움	**21T**
lonely	외롭다(외로운)	**1R, 4U**
long	오랜	**14T**
long for	그리워하다	**23E**
long sleeves	긴팔	**8P**
a long time ago	오래 전에	**7T**
look	모습	**10T, 15T**
look up	낯을 들다; 얼굴을 들다	**10U**
lose	잃다; 잃어버리다	**18T, 21P**
lose weight	살을 빼다	**21U**
lotion	로션	**6U**
lottery ticket	복권	**17U**
love match (marriage)	연애 결혼	**17T**
lower	낮추다	**12T**
loyalty	충	**22T**
lunar calendar	음력	**1T**

M

magically	신기하게도	**6T**
magnificent	웅장하다	**19T**
magpie	까치	**6T**
main text	본문	**4E**
make	짓다; 만들다	**10R**
make a bow	절(을) 하다	**19R**
make a friend	친구를 사귀다	**15R**
make a mistake	실수를 하다	**20P**
make a noise (by talking a lot)	떠들다	**11P**
make a trip	여행을 하다	**20R**
make contact with	연락하다	**13U**
make efforts	노력하다	**14T**
make friends (with)	사귀다	**17T**
make fun of	놀리다	**10T**
make ... larger	키우다	**12R**

make money 돈을 벌다 **1P, 15D**
make ... narrow 좁히다 **12R**
make one's face red 낯을 붉히다 **10U**
make sense 일리가 있다 **14D**
manners 예절 **22T**
mark 긋다; 표시하다 **10R**
market 시장 **15R**
marry 결혼하다 **9U, 21T**
mask (made of a gourd) 탈 **15T**
mask dance 탈춤 **22T**
mass transportation 대중 교통 **5T**
master of calligraphy 명필 **4T**
match *n.* 시합 **17U**
match *v.* 어울리다 **12T**
matchmaker 중매쟁이 **17T**
materials 재료 **20T**
matriculation 입학 **17R**
matter of course 당연하다 **16T**
meal 식사 **12E**
mean *v.* 뜻하다 **11T**
meandering 구불구불하다 (구불구불한) **19T**
means 방법 **12T**
medical science 의학 **17R**
medicine 의학; 약 **15P, 17R**
meeting 회의; 모임 **1P, 9U**
melancholy 우울하다(우울한) **10T**
melt 녹다 **11R**
memories 추억 **18T**
memory 기억 **9E**
merchandise 제품 **18P**
merchant 상인 **22T**
merely 뿐 **18T**
merit 장점 **8U**
message 메시지 **16P**
metal 금속 **22T**
metropolis 대도시 **8T**
Mexico 멕시코 **11T**
middle 중간 **5E**
mild (the weather) 온화하다 **8T**
mind *v.* 상관하다 **15P**
mind *n.* 정신; 마음 **8R**
minister of a state 정승 **23T**
miss 그립다; 그리워하다 **20T, 23E**
miss a train 기차를 놓치다 **11P**
missing 빠지다 **6T**
mistake 실수; 잘못 **3T, 11R, 18T**
mix 섞다 **1T, 2R**
model after a pattern 본(을) 뜨다 **20T**
modern 현대 **6T**
modern ages 근대 **24T**
monkey 원숭이 **13U**
moreover 게다가 **20T**
more than ... ...이상 **11T**
most 대부분 **5T**
mostly 주로 **1T**
mote 티 **6T**
mother-in-law (husband's mother) 시어머니 **23T**
mountain-climbing 등산 **18P**
mountain god 산신 **21T**
mountain trail 산길 **19T**
move 이사하다 **4R**
movement 운동 **8T**
movement for democratization 민주화 운동 **8T**
museum 박물관 **9U, 19U, 20T**
music 음악 **21U**
musician 음악가 **23P**
must not ...면 안 된다 **15T**
mysterious 신비하다 **6T**
mythology 신화 **21T**

N

nagging 잔소리 **15T**
name (call) something /someone so and so ...을/를 ...(이)라고 부르다 **1T**
namely 즉 **13T**
nap 낮잠 **1U, 23R**
Napoleon 나폴레옹 **24R**
nation 나라 **21T**
nation 백성; 민족 **14T**
national flag of Korea 태극기 **21D**
nationwide 전국적으로 **8T**
native 고유한 **14T**
natural 당연하다 **18P**
natural to do ... (as in 'it's natural to do...') ...기 마련이다 **12T**
nature 자연 **9R**
neck 목 **15R**
need 필요하다 **14T**
needless 쓸데없다 **18T**
needless to say 물론 **10D**
nephew 조카 (남자) **10T**
new 새로운 **13T**
new generation 신세대 **16T**
newly (freshly) harvested 새로 난 **1T**
news 소식; 뉴스 **2R, 15U, 16R**
newspaper 신문 **6U**
newspaper company 신문사 **24T**
New Year's Day 설날 **1T**
nice 친절하다(친절한) **14P**
nicely 훌륭하게 **21U**
niece 조카 (여자) **10T**
nobility 귀족 **22T**
nod 끄덕이다 **11T**
noisy 시끄럽다 **16P**
no matter how ... 아무리 ...도 **2P, 6T**
no wonder 당연하다 **16T**
noodle 국수 **1E**
normal 보통 **4U**
North Korea 북한 **22T**
not as good as ...만 못하다 **3T**
not at all 도저히; 조금도 **4T, 5E**
not in the least 조금도 **4T**
not... until 비로소 **17T**
noun phrase 명사구 **4R**
novel 소설; 장편 소설 **7U, 13R, 15U, 24T**
novelette 단편 소설 **24T**
nowadays 요즘 **1T**
nutrition 영양 **1T**

O

object 물건; 사물 **13T, 15P**
obtain a driver's license 운전 면허를 따다 **9R**
obtain a medal 메달을 따다 **8P**
occasion 경우 **12T**
occupation 직업 **21U**
odd 이상하다 **21U**
of course 물론 **10D, 15D, 22D**
offer 권하다 **12T**
office attendance 출퇴근 **5T**
oh 어이구 **7T**
old 오래되다(오래된);낡다 (낡은) **2R, 6R, 17P**
old days 옛날 **1T**
old person 노인 **15T, 20U**
old tales 옛날 얘기 **9P**
older brother 형 **21P**
old-fashioned 낡다; 오래 된 **17P**
Olympics 올림픽 **21R, 24U**

personal workroom	개인 작업실	**20T**
personality	성격	**8P, 9U**
personally	개인적으로	**17T**
perverseness	심술	**17R**
physical education	체육	**1P**
physical strength	힘	**4T**
pick up (a thing)	집다	**1R**
pickpocket	소매치기	**23R**
pier	부두	**8T**
pig	돼지	**15D**
pigeon	비둘기	**22P**
pile	쌓다	**2R**
pitiable	불쌍한	**10U**
pitiful	딱하다(딱한); 불쌍한	**10U, 21T**
place	장소	**5T**
place after place	곳곳	**20T**
place for a wedding ceremony	결혼 식장	**5T**
plan to ...	...기로 하다; 예정이다	**2D, 4T**
plant	심다	**3U**
play *v.*	놀다	**15T**
play *n.*	장난; 놀이	**9T**
playfully	장난 삼아	**3T**
playground	운동장	**1U**
pleasant	즐겁다	**4R, 21R**
plow	갈다	**19R**
plunge (jump, dive) into	뛰어들다	**15T**
pocket money	용돈	**10T, 20U**
poke	찌르다	**16D**
police	경찰	**11U**
police officer	경찰관	**15U, 16P**
police station	경찰서	**15U**
polite	공손하다	**12T**
politician	정치가	**14U**
poor	가난하다	**4T, 9U, 15R**
popular	인기가 있다(인기 있는)	**20U**
popularity	인기	**22R**
population	인구	**2T, 21U**
pork	돼지고기	**11T**
port	항구	**8T**
possibility	가능성	**22T**
pour	붓다	**10R**
power	힘	**13R**
(power) cut off	전기가 나가다	**7P, 10R**
practically	실제로	**14T**
practice	연습하다	**4R**
praise	칭찬하다	**3R**
prank	장난	**9T**
pray	빌다; 기도하다	**14P, 21T**
precious	귀하다(귀한); 소중하다(소중한)	**2P, 18E**
preparation for a test	시험 준비	**9U**
prepare	마련하다	**3T, 17T**
preparing kimchi for the winter	김장	**10D**
present *v.*	선물하다	**15R**
present (time)	현재	**20T**
present a prize	상을 주다	**10U**
presentation	발표	**1P**
preserve	보존하다	**2U**
president (of a company)	사장(님)	**2U, 6P, 14P**
press	누르다	**10R**
pretty	예쁘다	**21T**
prime minister	정승	**3T**
princess	공주	**1R**
principal	교장	**9U**
principle	원리	**13U**
printing type	활자	**22T**
prison	감옥	**24T**
prize	상	**14D**
producing center/area	생산지	**8T**
professor	교수(님)	**9U**

progenitor 시조 **21T**
progress 발전 **14T**
promise 약속 **2R**
promotion 승진 **17E**
pronunciation 발음 **13T**
property 재산 **10T, 18T**
prostrate (oneself) 엎드리다 **7T**
protect 지키다 **11P, 14T**
publish 펴내다 **14T**
pull 끌다 **15T**
punish 벌 주다 **18P**
punished (as in 'be/get punished') 벌을 받다 **11P**
puppy 강아지 **15U**
put 놓다 **2R**
put in 넣다 **1R**
put in order 정리하다 **10E, 14T**
put on 쓰다 **10R**
put on superior airs 잘난 체하다 **10U**
put things in order 챙기다 **5R**
pyramid 피라미드 **20U**

Q

quality 품질 **12U, 18P**
quickly 얼른; 빨리 **7U**
quit smoking 담배를 끊다 **9R**

R

race 민족 **21T**
radish 무 **1T**
rain 비 **21T**
rainy season 장마 **10T**
rainy spell in (early) summer 장마 **10T**
raise 기르다 **9R, 14D, 15R**
rather 오히려; 차라리 **4T, 15T**
reach 이르다 **19U**
realize 깨닫다 **17P, 18E**
really 정말; 진짜; 참 **2D, 7T, 9T**
rearrange 정리하다 **14T**
reason 이유 **5E, 8E, 16E, 21U**
receive a communication 연락이 오다 **16P**
recently 최근 **21U**
recognized 평가받다 **24T**
recollections 기억 **9E**
recommend 추천하다 **5E**
record 기록 **8P**
recover (from an illness) (병이) 낫다 **7P, 21U**
refrain from ... ...지 말다 **18T**
refreshing 상쾌하다 **18T**
refrigerator 냉장고 **3R**
refusal 거절 **23R**
regarded 여겨지다 **17T, 24T**
regardless of ...에 관계 없이 **5T**
region 지역 **8T**
regret 후회하다 **18D**
regular 규칙적이다 **12P**
regularly 규칙적으로 **5R, 15U**
related to ... ...와/과 관련된; ...와/과 관계가 있다 **13T, 24T**
relationship 관계; 사이 **8U, 18E**
relative 친척 **23T**
released 풀려나다 **24T**
relent from anger 화가 풀리다 **10T**
religious 종교적인 **21T**
remain 남다 **9E**
remain in one's memory 기억에 남다 **8E**
remember 기억나다; 기억에 남다 **9T, 16E**
renowned 이름이 높다 **23T**
reply letter 답장 **9D**
represent 나타내다 **1T**
representative 대표적인 **1T**
representative of ... 대표하다 **24T**
representative work 대표작 **24T**

reprimanded 꾸중을 듣다 **10U**
research *n.* 연구 **14T, 22P**
research *v.* 연구하다 **14T**
resemble 닮다 **2P**
resistance 저항 **8T**
resort on the beach 해수욕장 **8T**
resourcefulness 꾀 **7T**
respect *n.* 존경심 **12T**
respect *v.* 존경하다; 존중하다 **14T, 18U**
respectively 저마다; 각기 **8T, 21T**
responsibility 책임 **23R**
restaurant 음식점; 식당 **14P, 21P**
return to one's own country 귀국하다 **24T**
review 복습 **2P**
rib 갈비 **4R**
rice cake soup 떡국 **1T**
rich (in certain qualities) 진하다 **6T**
ride 타다 **10R**
right *adv.* 바로 **21T**
right *adj.* 바르다 **12T**
right away 바로 **2D**
right next to 맞닿아 있다 **8T**
right now 금방 **20D**
rise 솟다 **13T**
robber 강도 **8U, 15U**
role 노릇 **12P**
Roman mythology 로마 신화 **21U**
root 뿌리 **18T, 21T**
rose 장미꽃 **2U**
rough 거칠다 **6T**
rule (principle) 규칙 **3T**
rule (ruling) 지배 **22T**
rumor 소문 **8T, 13R**
run away 달아 나다 **11T**
runny nose 콧물 **6D**
rush out 뛰쳐 나가다 **21T**
Russia 러시아 **24T**
Russian language 러시아어 **20P**

S

sad 슬프다(슬픈); 서럽다 (서러운) **10T, 21R**
sadly 슬프게 **7T**
safe 안전하다 **14T**
safely 무사히 **7T**
sagebrush 쑥 **21T**
Sajik Park 사직공원 **2T**
salaryman 직장인 **5T**
salt 소금 **22R**
same 똑같다 **4T**
sashimi 회 **8T**
save 모으다 **10U**
saying (the honorific expression of '말') 말씀 **9P**
scared 무섭다 **6T**
scenery 경치 **24P**
scent 냄새; 향기 **20U**
scholar 학자 **13T, 14T**
school is closed 학교가 쉬다 **7R**
science 과학 **14T**
scientist 과학자 **5U, 24U**
scolded 꾸중을 듣다; 혼나다 **10U**
score 점수 **11R**
season 계절 **5P, 9E, 17P**
Secret Garden 비원 **2T**
see (somebody) (honorific form) 뵙다 **7T**
seek 구하다 **23T**
seem that ... ...ㄴ 것만 같다 **6T**
seem to ... ...ㄹ 모양이다 **9T**
select 선택하다 **9U**
selected 선발되다 **24T**
sell 팔리다 **11P**
send 보내다 **4T**
senior 손윗사람 **12U**
sentence 문장 **12T**
separate 헤어지다 **10U**
separated from 떨어지다 **4T**

South Gate (of Seoul) 남대문 **2T**
South Korea 남한 **2P, 22T**
southeast 남동 **8T**
southwest 남서 **8T**
soybean paste 된장 **1T**
soy sauce 간장 **1T**
spaghetti 스파게티 **1E, 24U**
spectacle 구경 **7R**
spend money 돈이 들다 **3P**
spicy 매운 (맵다) **1E**
spirit 혼 **21T**
splendid 화려하다(화려한) **19T**
spoiled 상하다(상한) **3R**
spoon 숟가락 **21R**
spread 퍼지다 **8U**
spread a rumor 소문 내다 **13R**
stairs 층계 **19T**
stand for 대표하다 **20T**
state 국가 **22T**
statesman 정치가 **23D**
station 역 **2D**
statue of a Buddhist saint 보살상 **19T**
stay healthy 건강을 유지하다 **12P**
stay up all night 밤을 새우다 **23E**
steal 훔치다 **10U**
step 발걸음 **20T**
stick 붙어 있다 **8R**
stir 젓다 **10R**
Stone Ages 석기 시대 **19U**
stop 그치다; 멈추다 **6T, 7R, 23U**
strange 이상한 **2T**
strawberry 딸기 **16R**
street 길; 거리 **3T, 20T**
stretch out 내밀다 **11T**
strive 힘쓰다 **14T**
stroke 만지다; 쓰다듬다 **6T**
strong 튼튼하다 **15T**
student representative 학생 대표 **24U**
student studying abroad 유학생 **24T**
study *v.* 공부하다; 연구하다 **3R, 13U, 14T**
style 멋 **9R**
subject *n.* 과목 **2P**
submit 제출하다 **17R**
suburbs 근교 **8T**
subway 지하철 **2D, 5T**
succeed 성공하다 **18T**
successful 성공하다 **21U**
suddenly 갑자기 **5P**
suffer 고생하다; (고난/고통을) 당하다 **9P, 12U, 15D, 23T**
suffering 고통 **22U**
sugar 설탕 **22R**
suitable 어울리다 **12T**
Sulak Mountain 설악산 **2P**
summarize 요약하다 **24E**
summer resort 피서지 **8T**
sunlight 햇빛 **21T**
sunrise 해돋이 **19T**
supermarket 슈퍼마켓 **1D**
sure 물론 **10D**
surely 반드시 **23T**
surprised 깜짝 놀라다 **7T**
surprising 놀랍다 **21R**
surroundings 둘레; 주위 **3T, 19T**
swallow 제비 **3P**
swearword 욕 **11T**
sweat 땀 **13U**
sweep (with a broom) 쓸다 **11T**
swell up 붓다 **10R**
swiftly 얼른; 빨리 **7U**
swing 흔들다 **16P**
symbol 상징 **22P**

T

tail 꼬리 16P
take (somebody to someplace) 데리고 가다 15T
take a bite and eat it 베어 먹다 15T
take away 빼앗다 18T
take care of 돌보다; 보살피다; 보살펴 주다; 모시다 7T, 9R, 12P, 23T
take excercise 운동을 하다 20R
take off (one's clothes, shoes, etc.) 벗다 11T
take out 꺼내다 1R
take ... out of water 건져주다 6T
take pains 수고하다 10T
taken 걸리다 5T
taken a photograph (of) 사진이 찍히다 11T
taken off 벗겨지다 15T
taken to 끌려 가다 24T
talent 재주; 재능 4T, 7R, 15R
taste 맛 20T, 21P
teacher 교사 24T
teaching 교훈 15E
tears to well up (in one's eyes) 눈물이 나다 15P
tease 놀리다 10T
teashop 찻집 20T
teasing 놀림 23R
technology 기술 17R
tedious 지루하다; 지겹다 10T, 22R
telecommunication 통신 17R
tell a lie 거짓말을 하다 7T
tell on 이르다 15R
temperature 기온 8T, 17P
temple 절 2T
tenderly 가만히 6T
tense form 시제 형태 2R
territory 영토 14T
test 시험 15U
Thailand 태국 11T
Thanksgiving Day 추수 감사절 1E
thatched cottage 초가집 15T
theater 극장 18P
theme 주제 24E
theory 이론 13R
thesis 논문 22P
thick 두꺼운 4R
thief 도둑 13P
thing 물건 1U, 15P
thirsty 목이 마르다 6P, 20R
thoroughly 푹 6D
thoughtful 생각이 깊다 3D
thoughtlessly 함부로 3T
three generations 3대 13R
through ... ...을/를 통해서 12T
throw 던지다 1R
throw away 버리다 15P, 20U
ticket price 표값 5P
tidy things up 챙기다 5R
tiger 호랑이 21T
time and tide 세월 13U
time for sale 세일 기간 5T
time 시절 10P
to one's liking (as in 'to be to one's liking') (...의) 마음에 들다 21R
to the end 끝까지 21T
to the very end 끝내 21T
together with ...와 같이 4T
tomb 무덤 7T
too 너무나 7T
too much 너무 18T
top 꼭대기 19T
toy 장난감 15U

trade	무역	**22T**
trade port	무역항	**8T**
traditional	전통	**20T**
traditional Korean clothes	한복	**1T**
traffic	교통	**5T**
traffic accident	교통 사고	**9P**
traffic is jammed	길이 막히다	**5T**
traffic signal	신호등	**20U**
tragic	비극적	**22E**
training	훈련	**22P**
transact	처리하다	**17R**
transformed	변하다	**15T**
translate (into another language)	번역하다	**14T**
transportation	교통	**17P**
treasure	소중하게 여기다	**21T**
treat *v.*	대하다; 대접하다	**3T, 7U**
treat (try to cure)	치료하다	**6T, 17R**
treat (someone) with deference	받들다	**21T**
trick	꾀	**7T, 15R**
troublesome	귀찮다	**17R**
true	진실되다(진실된)	**12T**
truth	진실; 사실	**8P**
try hard	노력하다	**14T**
try to look pretty/stylish	멋내다	**13R**
turn in	제출하다	**17R**
turn off	끄다	**18T**
turn on	켜다; 틀다	**7P, 18T, 20T**
twice a month	한 달에 두 번씩	**7T**
twins	쌍둥이	**1P**
typography	인쇄술	**22T**

U

uncomfortable	불편하다	**18T**
understand	이해하다	**16R, 21D**
unexpectedly	뜻밖에	**10T**
unify	통일하다	**22T**
unique	고유한; 독특한; 특이한	**21T, 11T, 14T, 20T**
United Kingdom	영국	**9E, 24T**
unlike ...	...와/과 달리	**12T, 20T**
unnecessary	필요없다	**4T**
until	...때까지	**23T**
unusual	희한하다	**11D**
unusually	유난히	**14U**
upland field	밭	**19R**
upward slope	오르막	**23T**
use	이용하다; 사용하다	**2R, 5T, 12T**
used car	헌 차	**4P**
usually	흔히; 대개	**5T, 7E**

V

Valentine's Day	발렌타인 데이	**16T**
valuable	귀하다	**21P**
vegetables	야채	**14R**
verb phrase	동사구	**3R**
very	무척	**12D**
very much	몹시	**11P**
via ...	...을 통해서	**18T**
vicinity	근처	**5T**
vicissitudes	변천	**17T**
victory	우승	**22P**
vigorous	활발한	**22T**
village	마을	**2T**
visit	찾아 가다; 방문하다	**9T, 10U**
visitor	방문객	**11E**
voluntary activity	봉사 활동	**21R**

W

work	작업	**14P**
work (artistic)	작품	**22T**
work as	활동하다	**24T**
work hard	수고하다	**10T**
workmanship	솜씨	**19T**
world	세상; 세계	**14R, 17R, 21T**
worn	낡다(낡은)	**17P**
worry	고민; 걱정	**9D**
(a thing) worth ...	...짜리	**14D**
worthless	그까짓	**3T**
wrinkles	주름	**15R**
write	적다; 쓰다	**14T**
writer	작가	**8T**
writing	글짓기	**14D**
written	쓰이다	**2R**
wrong	잘못 되다	**12T**

Y

yard	마당	**7T**
years old	... 살 나다	**6T**
yellow ox	누렁 소	**3T**
young	젊은	**3T**
young animal	새끼	**6T**
young lady	아가씨	**7D**
young man	청년	**9U**
younger person (lit. under the hand)	손아래	**12T**
youngest daughter	막내딸	**6T**
youngster	젊은이	**8T**
youth	청년	**9U**

Z

zip code	우편 번호	**9D**

About the Author

Nam-Kil Kim, who received his bachelor's and master's degrees from Yonsei University and his doctorate in linguistics from the University of Washington, is president of the International Circle of Korean Linguistics and chief editor of that organization's journal, *Korean Language Education.* In addition to his service as president of the International Association of Korean Language Schools in Southern California, Dr. Kim is a bilingual examiner for the City of Los Angeles. Among his publications are a book and numerous articles on Korean-language teaching and learning, bilingual education, and linguistics. Dr. Kim is currently professor of East Asian languages and cultures and director of the Korean Studies Institute at the University of Southern California.